Vorwort zur dritten Edition

Die Edition »Die schönsten Uhren«, gestartet am Anfang des letzten Jahrzehnts eines Jahrtausends, geht in die dritte Runde. Während sich 1992 Europa an die Entdeckung der »Neuen Welt« durch Christoph Columbus vor 500 Jahren erinnerte, wird 1993 für die Europäer das Jahr des gemeinsamen Marktes sein. Christoph Columbus, der Pionier, erregte auch die Phantasie der Uhrenbauer. Europa hingegen war bislang noch kein Thema für eine neue Uhr. Der Grund ist einleuchtend: Uhren sind nicht nur funktionelle Zeitmesser, sondern Symbole für Legenden, für Heldentaten und die großen Sternstunden der Menschheit.

Davon zeugen schon die Namen, die Uhrenmarken ihren Stars verleihen: Kontiki, Da Vinci, Cellini, Galileo, Lindbergh, Hünefeld oder eben Christoph Columbus. Und Uhren sind darüber hinaus zum unerläßlichen Begleiter der Pioniere und Forscher, der zahlreichen bekannten und unbekannten, geworden. Uhren sind das Basisinstrument der Piloten und Raumfahrer, der Seefahrer und Tiefseetaucher, der Bergsteiger und Höhlenforscher. Die Uhr, mit einem Metall-, Leder- oder Plastikband um das Handgelenk geschnallt, ist zum eigentlichen Kennzeichen des Menschen im 20. Jahrhundert geworden.

Gibt es etwas Kostbareres als die Zeit? Die Gesundheit, das Leben selbst, das sich natürlich nur in der Zeit vollziehen kann. Auf jeden Fall messen wir mit Uhren unsere Zeit und vergessen allzu leicht, daß es eine Zeit ist, die uns die Uhren des Universums, der Schöpfung vorgegeben haben. Der Tag entspricht einer Drehung der Erde um ihre Achse. Welch wundervolle Uhr, auf der wir uns alle tummeln können, ohne sie aus dem Takt zu bringen.

Die Einstellung zu den Uhren, die wir am Arm tragen, hat sich fast überall in Europa dramatisch verändert. Nach einer Phase des Niedergangs der »Uhrkultur« in den 70er Jahren erfolgte ein lebhaftes Anwachsen des Interesses an interessanten Uhren in den 80er Jahren. Nach dem Grundsatz: die Zeit muß recht und billig sein, folgte die Einsicht: wir lassen uns die Zeit wieder etwas kosten. Diese Betrachtung ist zugegeben sehr vereinfachend. Haben doch die Auguren und übrigens auch die Juweliere ein neues Verbraucherverhalten in den 90er Jahren festgestellt. Die 80er Jahre waren gekennzeichnet durch das Haben, die 90er werden durch das Sein charakterisiert, hört man. Auf die vordergründige Zurschaustellung der Statussymbole folgt die Suche nach dem wahren Erlebnis, die Suche nach persönlicher Identität. Nach dem überkommenen Luxusbegriff des Vorzeigens, was man hat und wer man ist, kommt ein neuer Luxus mit veränderten Inhalten.

Wie könnte dieser am Beispiel der Uhren aussehen? Da ist zunächst einmal die Grundsatzfrage: Welche Uhr paßt zu mir? Früher hätte die Frage gelautet: Mit welcher Uhr kann ich in der gewünschten Gruppe, in meiner Umgebung am meisten auffallen? Der Kauf einer Uhr, die immerhin über ihren Funktionsnutzen hinaus ein anerkanntes Signal meiner Persönlichkeit ist, wird so gesehen jetzt und zukünftig zu einer Frage nach meinem Wesen. Ich trage sichtbar nach außen, was ich bin. Paßt das warme Gold – Roségold ist übrigens wär-

mer als Gelbgold – zu mir oder besser das kühle Understatement von Platin? Ist mir das technische Innenleben einer mechanischen Uhr so wichtig, daß ich auf das Edelmetall ganz verzichte und mit schlichtem Stahl leben kann? Soll die Ästhetik der Form oder die innere, unsichtbare Ästhetik Vorrang haben?

Im Umgang mit Materialien und Formen hat sich schon immer ein wesentlicher Teil der Kultur eines Volkes ausgedrückt. In der Vergangenheit war dies jedoch oft das Diktat einer Elite. Gerade die Uhr ist jedoch ein sehr demokratisches Produkt. Der emanzipierte Ver- oder besser gesagt Gebraucher der Zukunft wird jedoch viel stärker als früher selbst diese Produktkultur formen.

Die jährlich erscheinende Edition soll in diesem Sinne für Sie, liebe Leser und Uhrenfreunde, Hilfestellung leisten. Seite für Seite können Sie in aller Ruhe entscheiden, welche Uhr Ihrem Wesen wirklich entspricht. Ihrem Gefühl für Farbe, Form, Harmonie und Ihrem Anspruch.

Das wachsende Interesse an Hintergrundwissen in Sachen Uhren kann nur so gedeutet werden, daß das Produkt alleine nicht ausreicht. Das Stück Identität soll mit einer Geschichte, mit glaubwürdiger Tradition einer Marke, verbunden sein. Die kurzen Informationen, die wir Ihnen in dieser Edition geben, lassen sich ergänzen. Erlauben Sie mir, an dieser Stelle auf die seit September erscheinende Zeitschrift CHRONOS hinzuweisen. Ausführliche Tests und Produktbesprechungen von den wichtigsten Uhren, große Marktübersichten, eine Revue für klassische Uhren und sorgfältig recherchierte Hintergrundinformationen zeichnen CHRONOS, das neue Top-Magazin für Uhren, aus.

Die Frage könnte auftauchen, warum regelmäßig eine Zeitschrift, jedes Jahr eine neue Edition »Die schönsten Uhren« erscheint? Uhren haben noch einen entscheidenden Vorteil gegenüber anderen Dingen. Ästhetisch und technisch interessant lassen sie sich ohne Probleme ergänzen und sammeln. Die intensive persönliche Aussage, die wir mit einer Uhr machen können, bedeutet nicht, daß wir uns mit einem einzigen Modell zufriedengeben müssen. So wie der »eindimensionale« Mensch gehört auch die »Uhr fürs Leben« der Vergangenheit an. Selbsterkenntnis bedeutet auch, die Vielschichtigkeit unseres Wesens kennenzulernen. Sportlichkeit schließt keine Eleganz aus. Können wir nicht zugleich nostalgisch und modern sein? Möchten wir nicht unsere Rolle ab und zu wechseln, unseren Stil verändern? Möchten wir uns nicht ab und zu auf eine neue Beziehung einlassen? Uhren bieten uns dafür heute eine reiche Vielfalt. Dafür danke ich, auch im Namen meines Verlages, den Marken, die ihre wunderschönen Zeitmesser für die Auswahl '93 zur Verfügung gestellt haben. Ihnen, lieber Leser, wünsche ich glückliche Stunden bei der Lektüre. Sicher finden Sie eine neue schöne Uhr – und vielleicht entdecken Sie wieder etwas mehr von sich selbst.

REINHOLD LUDWIG
Chefredakteur

INHALT

Kapitel 1
MECHANIK UND SPEZIALITÄTEN — 4

GLOSSAR TECHNISCHER BEGRIFFE — 105

Kapitel 2
ÄSTHETIK UND DESIGN — 116

Kapitel 3
DIE UHR ALS SCHMUCKSTÜCK — 178

Kapitel 4
ORIGINELLE UHRENMODE — 200

BEZUGSQUELLENNACHWEIS — 222

Kapitel 1
MECHANIK UND SPEZIALITÄTEN

Audemars Piguet	*Triple Complication* 6
Audemars Piguet	*Springende Stunde mit Minutenrepetition* 8
Audemars Piguet	*Royal Oak Quantième Perpétuel* 10
IWC	*Il Destriero Scafusia* 12
IWC	*Doppelchronograph* 14
Patek Philippe	*Minutenrepetition mit Tourbillon* 16
Blancpain	*Tourbillon* 18
Blancpain	*Chronograph Rattrapante Quantième Perpétuel* 20
Blancpain	*Ultraplate* 22
Breguet	*Tourbillon* 24
Vacheron Constantin	*Chronograph mit ewigem Kalender* 26
Daniel Roth	*Rückläufige Stunde* 28
Franck Muller	*Doppelchronograph* 30
Svend Andersen	*Ewiger Kalender* 32
Bucherer	*Ewiger Kalender* 34
Chronoswiss	*Rattrapante* 36
Chronoswiss	*Orea Automatique* 38
Ulysse Nardin	*Berlin* 40
Ulysse Nardin	*San Marco* 42
Jaeger-LeCoultre	*Reverso Grande Taille* 44
Jaeger-LeCoultre	*Master Control 1000 Hours* 46
Kelek	*Fünf-Minuten-Repetition* 48
Maurice Lacroix	*Les Mecaniques, Wecker* 50
Revue Thommen	*Cricket GMT* 52
Girard-Perregaux	*GP 9000 Chronograph* 54
Omega	*Titan Chronograph Automatic* 56
Zenith	*El Primero-Chronograph* 58
Universal	*Compax 1950* 60
Brand	*Mondphasen-Chronograph mit Vollkalendarium* 62
Numa Jeannin by Rainer Brand	*Kompaßuhr* 64
Alain Silberstein	*Krono 2* 66
Chevignon	*Skyhawk by Hendrix* 68
Roamer	*Chronograph* 70
Eberhard & Co.	*Tazio Nuvolari* 72
Marvin	*Carré Gold* 74
Marvin	*Saltarello* 76
Ernest Borel	*Indigo Sky* 78
Breil	*Chronograph* 80
Bulova	*Reserve de Marche* 82
Loran	*Chronograph Epirus* 84
Raymond Weil	*Parsifal* 86
Antima	*Chrono Art* 88
Jean Marcel	*Chronograph* 90
Eterna	*Squelette 1856* 92
TAG Heuer	*S/EL Chronometer* 94
Motochron	*2.7 RS Chronometer* 96
Genée	*Reserve de Marché* 98
Bunz	*Moontime* 100
Sattler	*1935* 102

AUDEMARS PIGUET

Hochkomplizierte Taschenuhren haben bei Audemars Piguet eine lange Tradition. Schon 1915 begann die Serienfertigung der »Grande Complication«, die heute noch in kleinsten Stückzahlen gebaut wird und als teuerste Serienuhr der Welt gilt. Was also lag für Audemars Piguet näher, als diese Erfahrung in eine Armbanduhr einzubringen. Nicht weniger als 650 Bauteile bei einer Werkhöhe von nur 7,8 mm sorgen bei der »Triple Complication« für die Realisierung der zahlreichen Funktionen: Neben einem Chronograph mit 30-Minuten-Zähler gehört ein ewiger Kalender mit Mondphase, Schaltjahresanzeige und Wochenanzeige sowie eine Minutenrepetition zum technischen Repertoire der »Triple Complication«. Nur fünf Exemplare verlassen 1992 die Manufaktur in Le Brassus.

Modell:	Triple Complication
Hersteller:	Audemars Piguet, CH-1348 Le Brassus
Referenz:	25725
Debüt:	1992
Werk:	Automatikwerk, Kaliber Audemars Piguet 2880
Besonderheit des Werkes:	ewiger Kalender, Minutenrepetition, Chronograph
Gehäuse:	Gelbgold 18 Karat (künftig auch in Platin)
Band:	Krokodilleder
Maße:	Ø 42 mm, Höhe 11,95 mm
Preis:	475 000.– DM

Audemars Piguet

Die Minutenrepetition gilt seit jeher als die aufwendigste Komplikation bei mechanischen Uhren. Bei diesem neuen Audemars Piguet-Modell, dessen äußere Schlichtheit in krassem Gegensatz zum uhrmacherischen Aufwand steht, der in seinem Inneren betrieben wurde, kombinierte man erstmals das Tonfederschlagwerk mit einer numerischen Stundenanzeige. Das Gehäuse dieser Uhr erinnert an ein AP-Modell aus den 20er Jahren, als die »springende Stunde« gerade besonders »en vogue« war.

Modell:	Minutenrepetition mit springender Stunde
Hersteller:	Audemars Piguet, CH-1348 Le Brassus
Referenz:	BA 25723
Debüt:	1992
Werk:	Handaufzug, AP-Kaliber 2865
Besonderheit des Werkes:	Minutenrepetition und springende Stunde
Gehäuse:	Gold 18 Kt. oder Platin, Zifferblatt: Anzeige der Stunde numerisch, Minuterie mit Zeiger, kleine Sekunde
Besonderheit des Gehäuses:	in Anlehnung an ein AP-Modell von 1924 gestaltet
Band:	Krokodilleder mit Gold- bzw. Platinschließe
Maße:	Breite 29 mm, Länge 31 mm, Höhe 7,95 mm
Preis:	Gelbgold 18 Kt. 158 000.– DM Platin 175 000.– DM

Mechanik und Spezialitäten

Audemars Piguet

Als sportliche Stahl-Luxusuhr konzipiert, rief die Royal Oak von Audemars Piguet nicht nur zahlreiche renommierte Nachahmer dieser Idee auf den Plan, sondern sie überraschte mit ihrer mutigen Konzeption. In der relativ großen Uhr kam eines der flachsten Automatikwerke überhaupt zum Einsatz. Ihr elegantes und gleichzeitig markantes Design verband die bisher für unvereinbar gehaltenen Gegensätze Sportlichkeit und Eleganz. Die Krönung der Royal-Oak-Serie ist die Quantième Pérpétuel in Skelettversion mit einem in künstlerischer Vollendung gravierten Werk.

Modell:	Royal Oak Quantiéme Perpétuel Squelette
Hersteller:	Audemars Piguet, CH-1348 Le Brassus
Referenz:	BA. 25636.344
Debüt:	1984
Werk:	Automatikwerk, Kaliber 2120 QP
Besonderheit des Werkes:	Handskelettiert, ewiger Kalender, Rotor mit Goldschwungmasse und auf Rubinrollen gelagert
Gehäuse:	Gold 18 Kt. oder Platin, Saphirglas und Saphirglasboden, wasserdicht bis 20 m
Band:	Gold 18 Kt. oder Platin
Maße:	⌀ 39 mm, Höhe 9 mm
Preis:	in Gelbgold 18 Kt. 79 500.– DM in Platin 105 000.– DM

IWC

Setzte die IWC Grande Complication bereits 1988 sein Zeichen als uhrentechnische Meisterleistung par excellence und stieß an die Grenzen des technisch Machbaren, so gilt beides um so mehr für das neue Flaggschiff der IWC. Ein Flaggschiff, das eigentlich ein Vollblut-Champion ist, denn die freie Übersetzung des Namens Il Destriero Scafusia heißt soviel wie Schaffhauser Streitroß. Der Grande Complication hat es dem Schleppzeiger voraus, und verfügt wie selbstverständlich über alle klassischen Komplikationen: Tourbillon, Minutenrepetition, Chronograph und ewiger Kalender. Aber diese nüchterne Aufzählung wird der ungeheuren Faszination, die diese komplexe mechanische Schöpfung ausstrahlt, nicht gerecht. Das kunstvoll gravierte und mit dem Schaffhauser Wappen verzierte Werk ist – gelinde gesagt – eine Augenweide, die perfekte Synthese von Technik und Ästhetik. Ein wahrhaft würdiges Ereignis zum 125jährigen Jubiläum der IWC. Nur 125 werden insgesamt das Schaffhauser Werk in den nächsten Jahren verlassen, für jedes Jahr der Firmengeschichte eine »Il Destriero Scafusia«.

Modell:	Il Destriero Scafusia
Hersteller:	International Watch Co. AG, CH-8201 Schaffhausen
Referenz:	1868, limitiert auf 125 Exemplare
Debüt:	1993 (Entwicklungszeit 1982 bis 1992)
Werk:	Kaliber 1868
Besonderheit des Werkes:	Tourbillon, Minutenrepetition, Chronograph-Rattrapante, ewiger Kalender, gravierte Brücken
Gehäuse:	Rotgold 18 Kt.
Besonderheit des Gehäuses:	Saphirglasboden entspiegelt, handgraviert und einzeln numeriert
Band:	handgenähtes Krokoband mit Goldschließe 18 Kt.
Maße:	Ø 42 mm, Höhe 18 mm
Varianten:	mit viersprachigem Zifferblatt lieferbar
Preis:	440 000.– DM

MECHANIK UND SPEZIALITÄTEN

IWC

Schleppzeiger-Chronographen liegen spätestens seit der Baseler Messe 1992 voll im Trend, der immer mehr in Richtung komplizierte mechanische Uhren geht. Auch IWC kombinierte den Schleppzeigermechanismus mit einem automatischen Chronographenwerk und verlieh dem Doppelchronographen – er heißt so, weil er gleichzeitig zwei Abläufe stoppen kann – ein unverwechselbares Gesicht, das an die legendäre Fliegeruhr Mark IV erinnert. Der Doppelchronograph strahlt ein technisch kühles, sehr maskulines Flair aus, ganz im Stil der alten IWC-Fliegeruhren.

Modell:	Doppelchronograph
Hersteller:	International Watch Co. AG CH-8201 Schaffhausen
Referenz:	3711-001
Debüt:	1992
Werk:	A/79030 Automatik
Besonderheit des Werkes:	Chronograph mit Schleppzeigermechanismus (Rattrapante)
Gehäuse:	Stahl
Besonderheit des Gehäuses:	Magnetfeld-Abschirmung
Band:	Krokoleder, schwarz, leicht gefüttert
Maße:	Ø 42,2 mm Höhe 16,5 mm
Varianten:	Edelstahl mit Mark XI-Zifferblatt
Preis:	9700.– DM

MECHANIK UND SPEZIALITÄTEN

Patek Philippe

In ein klassisch-schlichtes Gehäuse bettete Patek Philippe wieder einmal komplizierteste Mechanik ein. Die Referenz 3939, vorgestellt auf der Baseler Messe 1992, verbindet die uhrmacherischen Herausforderungen Tourbillon und Minutenrepetition miteinander. Hemmung und Unruh bauten die Patek-Philippe-Uhrmacher in ein ultraleichtes Drehgestell aus Titan ein. Es dreht sich einmal pro Minute um die eigene Achse, um die Schwerkraft auszugleichen. Das Schlagwerk besitzt zwei Tonfedern. Jede Uhr trägt als Auszeichnung den Stempel von Genf und ist außerdem als Chronometer mit offiziellem Zertifikat ausgewiesen. Das Zifferblatt ist weiß emailliert und mit goldenen Reliefziffern versehen.

Modell:	Armbanduhr mit Minutenrepetition und Tourbillon
Hersteller:	Patek Philippe Genève
Referenz:	3939
Debüt:	1992
Werk:	Handaufzug Cal. 27 PS
Besonderheit des Werks:	Tourbillon und Minutenrepetition
Gehäuse:	Gold 18 Kt.
Band:	Lederband
Maße:	keine Angabe
Preis:	auf Anfrage

BLANCPAIN

Auch bei der Blancpain Tourbillon handelt es sich um einen Meilenstein in der Geschichte der Uhrmacherkunst. Denn erstmals realisierten die Konstrukteure aus Le Brassus eine Tourbillon-Armbanduhr mit Acht-Tage-Werk. Die Unruh samt Regulierorgan dreht sich in einer Minute einmal um ihre Achse, um so den negativen Einfluß der Erdanziehung auf die Ganggenauigkeit zu vermindern. Das Tourbillon ist sowohl von der Zifferblattseite als auch vom Gehäuseboden dank eines Saphirglasausschnittes sichtbar. Die Gangreserve des Acht-Tage-Werkes wird zusätzlich angezeigt.

Modell:	Tourbillon
Hersteller:	Blancpain SA, CH-1348 Le Brassus
Referenz:	0023-1418-55
Debüt:	1988, Produktionsbeginn 1990
Werk:	Blancpain Handaufzug, 8-Tage-Werk
Besonderheit des Werkes:	Tourbillon
Gehäuse:	Gelbgold 18 Kt.
Besonderheit des Gehäuses:	Tourbillon von beiden Seiten sichtbar, Saphirglasausschnitt im Gehäuseboden
Maße:	Ø 34,7 mm, Höhe 7,7 mm
Band:	Krokodilleder
Varianten:	Roségold und Platin
Preis:	Gelbgold 86 000.– DM Roségold 87 000.– DM Platin 107 000.– DM

MECHANIK UND SPEZIALITÄTEN

BLANCPAIN

Blancpains jüngsten Beitrag zu den sechs Meisterstücken der Uhrmacherkunst liefert dieser Schleppzeiger-Chronograph mit ewigem Kalender. Es verwundert nicht, daß er zum flachsten seiner Art geriet und den für Blancpain typischen Stil der zeitlos eleganten Gestaltung in zierlichen Gehäusen aufgreift. Der außergewöhnliche Reiz dieser Uhr liegt im sehr hohen uhrmacherischen Anspruch, der nach außen hin denkbar schlicht auftritt. Der Schleppzeigermechanismus ermöglicht es, mehrere zeitgleiche Vorgänge von unterschiedlicher Dauer exakt zu messen.

Modell:	Chronograph mit Schleppzeiger und ewigem Kalender		auch der erste seiner Art
Hersteller:	Blancpain SA, CH-1348 Le Brassus	Gehäuse:	Gelbgold 18 Kt.
		Besonderheit des Gehäuses:	wasserdicht bis 50 m
		Band:	handgenähtes Lederband oder Goldband
Referenz:	5581-1418 A 55		
Debüt:	1992	Maße:	Ø 34 mm, Höhe 11 mm
Werk:	Blancpain, 388 Werkteile	Varianten:	Roségold, Platin
Besonderheit des Werkes:	weltweit flachster Chronograph mit Schleppzeiger und ewigem Kalender,	Preis:	Gold 18 Kt. 69 000.– DM Platin 81 700.– DM

MECHANIK UND SPEZIALITÄTEN

BLANCPAIN

Die ultraflache Automatikuhr bedeutet immer wieder eine Herausforderung der Uhrmacher. Die »Ultraplate«, aus der Blancpain-Serie »Die sechs Meisterstücke der Uhrmacherkunst«, beschränkt sich auf eine Bauhöhe von nur 5,5 mm und zählt damit zu den flachsten Automatikuhren der Gegenwart. Die ausgeprägte Eleganz der Uhr findet im klassischen Design, das sogar auf ein Datumsfenster verzichtet, ihre Bestätigung.

Modell:	Ultraplate Automatic
Hersteller:	Blancpain SA, CH-1348 Le Brassus
Referenz:	0071-1418-55
Debüt:	1990
Werk:	Frédéric Piguet für Blancpain
Besonderheit des Werkes:	automatisch, ultraflach
Gehäuse:	Gelbgold 18 Kt.
Besonderheit des Gehäuses:	Saphirglasboden
Band:	handgenähtes Lederband
Maße:	Ø 34 mm, Höhe 5,5 mm
Varianten:	Roségold/Platin
Preis:	Gelbgold 18 Kt. 11 400.– DM Roségold 18 Kt. 12 100.– DM Platin 23 200.– DM

MECHANIK UND SPEZIALITÄTEN

BREGUET

Der Einfluß der Erdanziehung auf die Ganggenauigkeit war den Uhrmachern schon seit jeher ein Dorn im Auge. Der berühmte Meisteruhrmacher Abraham-Louis Breguet aus Paris packte das Übel an der Wurzel und meldete 1798 ein Patent an, das Geschichte machen sollte. Er montierte Unruh und Hemmung einer Taschenuhr auf eine kleine Platte und ließ sie in jeweils einer Minute um ihre eigene Achse kreisen. Dabei durchläuft die Hemmung sämtliche vertikalen Lagen und kompensiert die Gangfehler. Breguet nennt seine Erfindung Regulateur à Tourbillon. Der Genius von Breguet lebt heute in der Armbanduhr Breguet Tourbillon weiter, deren Handaufzugwerk diese seltene Komplikation besitzt. Unruh und Hemmung führen auch hier eine Drehung innerhalb einer Minute aus. Das Tourbillon ist von der Zifferblattseite aus deutlich sichtbar, darüber befindet sich die Skala für den Sekundenzeiger.

Modell:	Tourbillon
Hersteller:	Breguet SA, CH-1348 Le Brassus
Debüt:	1988
Werk:	Handaufzug, Breguet-Kaliber 558
Besonderheit des Werkes:	Ein-Minuten-Tourbillon mit Sekundenzeiger, Breguet-Spirale
Gehäuse:	Gelbgold 18 Kt. und Platin/Roségold 18 Kt.
Band:	Krokoleder mit Gold- oder Platinschließe
Maße:	⌀ 36 mm, Höhe 8,5 mm
Preis:	98 000.– DM in 18 Kt. Gold, 115 000.– DM in Platin

Vacheron Constantin

Vacheron Constantin ist die älteste Uhrenmanufaktur der Welt. Jedes Modell, gekennzeichnet mit dem Malteserkreuz, beweist Achtung und Ethik schönster Uhrmacherkunst, die das Unternehmen seit 1755 verfolgt. Der neu entwickelte automatische Chronograph mit ewigem Kalender wird dem hohen Anspruch des Hauses vollends gerecht. Er wird in 18 Kt. Rotgold sowie in Platin gefertigt und ist eine technische Herausforderung aus der Produktlinie »Complications«. Das Streben nach Perfektion drückt sich auch in den Chronographen ohne ewigen Kalender aus. Exakte Nachbildungen aus den 40er Jahren sowie skelettierte Modelle sind ebenso Zeugen anspruchsvoller Mechanik.

Modell:	Complication
Referenz:	49005
Debüt:	1992
Werk:	Automatikwerk
Besonderheit des Werks:	Chronograph, Mondphase, ewiger Kalender
Gehäuse:	Platin oder Rotgold 18 Kt.
Band:	Krokoleder mit Schließe aus Platin oder Rotgold
Preis:	81 200.– DM in Platin, 66 100.– DM in Rotgold

Mechanik und Spezialitäten

Daniel Roth

Daniel Roth gehört zweifellos zu den größten Uhrmacher-Persönlichkeiten unserer Zeit. Sein Atelier im Vallée de Joux ist vor allem durch zahlreiche Meisterwerke bekannt, die einen hohen Seltenheitswert besitzen. Weil die Herstellung solcher uhrmacherischen Kunstwerke unglaublich viel Zeit und Geduld erfordert, ist die Stückzahl seiner Uhren limitiert. Zu den Höhepunkten in Daniel Roths Schaffen gehört die außergewöhnliche Rücklaufuhr, die die Zeit auf einem mit römischen Ziffern von VI bis XII und von I bis VI numerierten Kreisausschnitt anzeigt. Der Stundenzeiger bewegt sich darauf von links nach rechts, um jeweils wieder zum Anfangspunkt zurückzuspringen, während der Minutenzeiger seine übliche Runde dreht. In dem nach unten offenen Kreisausschnitt befindet sich eine kleinere kreisrunde Sekundenskala.

Modell:	2127
Hersteller:	Daniel Roth
Debüt:	1991
Besonderheit:	Limitierte Auflage: 255 aus 18 Kt. Gold, 30 aus Platin 950, 15 Skelettuhren
Werk:	Handaufzug mit einer Gangreserve von 41 Stunden
Besonderheit des Werks:	wird komplett in Handarbeit hergestellt
Gehäuse:	Exklusiventwurf von Daniel Roth, ausgeführt in 18 Kt. Gold oder Platin 950
Besonderheit des Gehäuses:	goldenes, guillochiertes Zifferblatt
Band:	Mississippi-Alligator mit Goldschließe
Preis:	auf Anfrage

Franck Muller

Der Genfer Meisteruhrmacher Franck Muller bereichert die Welt der Uhr immer wieder mit seinen ungewöhnlichen Kreationen und gilt als Spezialist für Tourbillons. Die Begeisterung über seine Minuten-Repetieruhr mit ewigem Kalender und Tourbillon, den er 1989 präsentierte, ist noch nicht verhallt, da landet er mit seinem Doppelchronographen schon den nächsten Coup. Es handelt sich dabei allerdings nicht um einen Schleppzeigerchronograph, sondern um ein Modell mit zwei Zifferblättern, bei dem auf der Rückseite ebenfalls ein Stoppzeiger mitläuft. Hier wird die gestoppte Zeit allerdings nicht wie auf der Vorderseite addiert, sondern in Relation zu den drei Skalen Tachymeter, Telemeter und Pulsometer gesetzt, so daß mit einem Blick Geschwindigkeiten und Entfernungen ermittelt sowie Pulsschläge gezählt werden können. Der Doppelchronograph von Franck Muller verfügt über ein Automatikwerk in Chronometerqualität.

Modell:	Doppelchronograph
Hersteller:	Franck Muller, Genève
Referenz:	7000 DF
Debüt:	1992
Werk:	automatisches Chronographenwerk, 31 Steine
Besonderheit des Werks:	Chronometer
Gehäuse:	Roségold 18 Kt.
Zifferblatt:	beidseitig, hinten mit Tachymeter-, Telemeter- und Pulsometerskala und zusätzlichem Stoppzeiger
Band:	Krokoband
Maße:	Ø 38 mm
Varianten:	Platin und Weißgold
Preis:	30 800.– sFr

Mechanik und Spezialitäten

Svend Andersen

Svend Andersen, dänischer Meisteruhrmacher mit Sitz in Genf, ist für seine ausgefallenen Uhrenkreationen bekannt. Mit der neuen Perpétuel 2000, einem ewigen Kalender, macht er diesem Ruf alle Ehre. Denn im Gegensatz zu allen anderen Uhren, die sich ewiger Kalender nennen, verlagerte Svend Andersen die Monatsangabe auf die durchsichtige Rückseite der Uhr. Auf dieser Monatsscheibe ist ein kompletter Schaltjahreszyklus von viermal zwölf Monaten aufgetragen. Aus Platzgründen sind die meisten Monatsnamen nur durch Punkte markiert. Ein Drücker bei der »10« dient zur Einstellung des Kalenders. Der Vorteil dieser eigenwilligen Lösung der rückwärtigen Monatsanzeige besteht darin, daß die Zifferblattaufteilung so erhalten blieb, wie man sie von klassischen Uhren gewohnt ist.

Modell:	Perpétuel 2000
Hersteller:	Svend Andersen, CH-1201 Genève
Debüt:	1992, lieferbar ca. ab März 1993
Werk:	Eta 2892-2
Besonderheit des Werks:	Chronometer mit offiziellem Gangschein, ewiger Kalendermechanismus mit Monatsanzeige auf der Rückseite
Gehäuse:	zweiteilig, wasserdicht, Saphirgläser
Band:	Straußenleder
Maße:	⌀ 38 mm, Höhe 10,3 mm
Varianten:	Gelb- oder Rotgoldgehäuse 18 Kt., Platin
Preis:	ca. 23 000.– DM in Gold ca. 32 000.– DM in Platin

BUCHERER

Der renommierte Schweizer Juwelier Bucherer unterhält ein eigenes Atelier zur Fertigung exclusiver Uhren. Die neueste Creation des traditionsreichen Hauses heißt Archimedes Perpetual und bezeichnet einen klassischen ewigen Kalender in 18karätigem Goldgehäuse mit Automatikwerk. Besonders bestechend ist die raffinierte Gehäuseausführung mit der spiegelbildlichen Gestaltung von Vorder- und Rückseite durch sogenannte Godrons. Der skelettierte Gehäuseboden wird von einem Saphirglas geschützt.

Modell:	Archimedes Perpetual
Hersteller:	Bucherer AG, Luzern, Schweiz
Referenz:	207-300/301
Debüt:	1992
Werk:	Automatikwerk Kaliber QP 5100
Besonderheit des Werks:	ewiger Kalender mit Mondphasen- und Schaltjahranzeige
Gehäuse:	Gelbgold, respektive Rotgold, 18 Kt., thermisch gehärtet
Besonderheit des Gehäuses:	flache, spiegelbildliche Gestaltung von Vorder- und Rückseite, skelettierter Gehäuseboden mit Saphirglas
Maße:	Ø 35 mm, Höhe 9,2 mm
Band:	Krokoband, handgenäht mit 18karätiger Goldschließe
Varianten:	Gelbgold und Rotgold, 18 Kt.
Preis:	8900 sFr.

Chronoswiss

Chronoswiss gelang die seltene Verbindung von Automatik-Chronograph und Schleppzeigerfunktion mit dem Modell Rattrapante. Die Zifferblattaufteilung mit dezentraler Stundenanzeige erinnert ebenso wie die markante Gehäuseform an den Kairos-Chronograph mit dem verfeinerten Valjoux-Kaliber 7750, auf dessen solider Basis auch der Rattrapante aufbaut. Der Schleppzeigermechanismus funktioniert nur bei eingeschaltetem Chronographen. Er dient dazu, Vorgänge, die gleichzeitig beginnen, aber von unterschiedlicher Dauer sind, genau festzuhalten. Etwa bei Autorennen oder Langstreckenläufen. Sobald ein Wettbewerber ins Ziel kommt, wird der Schleppzeiger mit dem separaten Drücker auf der »Zehn« angehalten und die Zeit abgelesen. Für die zweite Messung läuft der Schleppzeiger-Sprung zunächst wieder synchron mit dem Stoppzeiger, um dann erneut zum Ablesen angehalten und wieder per Drücker synchronisiert zu werden.

Modell:	Chronograph Rattrapante
Hersteller:	Chronoswiss Uhren GmbH, 8000 München 50
Referenz:	CH 7322
Debüt:	1992
Werk:	Automatikwerk, Kaliber C.732, Basiswerk Valjoux 7750
Besonderheit des Werks:	dezentrale Stunden- und Minutenanzeige, Schleppzeigermechanismus mit Zangen und Schaltrad, Werk in vielen Punkten verbessert und veredelt
Gehäuse:	mehrteiliges Gehäuse, Gold 18 Kt./Stahl, Saphirglas, Mineralglasboden
Band:	Lederband
Varianten:	Gold mit Goldband, Gold mit Lederband, Stahl mit Lederband
Preis:	9000.– DM, in Gold

Mechanik und Spezialitäten

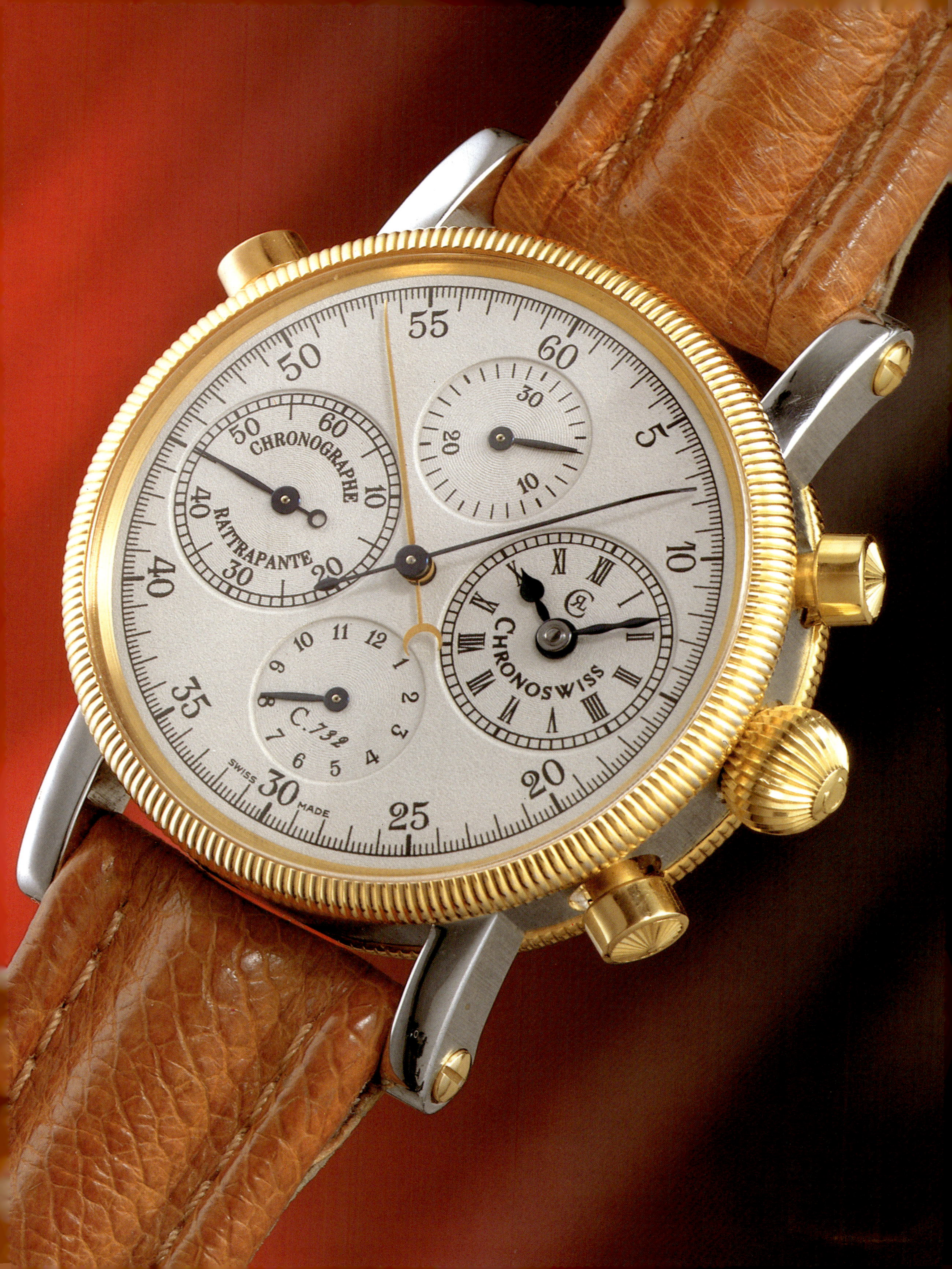
CHRONOGRAPHE
RATTRAPANTE
CHRONOSWISS
C.732
SWISS
MADE

CHRONOSWISS

Funktionalität und stilvolles Design müssen sich bei einer Armbanduhr nicht ausschließen. Die Chronoswiss Orea verbindet beides. Zwar sollte die Orea getreu der Bedeutung ihres klangvollen Namens in erster Linie schön sein, aber dies nicht als Selbstzweck. Das weiße, handgebrannte Email-Zifferblatt mit den umlaufenden Breguet-Ziffern und der kleinen Sekunde erinnert an die Taschenuhren der Jahrhundertwende. Das Uhrwerk unterstreicht den hohen Anspruch der Orea, es handelt sich um das Automatik-Kaliber C. 121, das exklusiv von Chronoswiss verwendet wird. Die Orea gibt es auch in einer Handaufzugsversion, diese ist als Damen- und Herrenmodell lieferbar.

Modell:	Orea Automatique
Hersteller:	Chronoswiss GmbH, 8000 München 50
Referenz:	CH-1262
Debüt:	1992
Werk:	Automatik, Kaliber C. 121, 21 600 Hs/h, kleine Sekunde
Gehäuse:	Gold 18 Kt./Stahl
Zifferblatt:	besonders aufwendiges, handgebranntes Emailzifferblatt
Besonderheit des Gehäuses:	kratzfestes Saphirglas, verschraubte Armbandstege
Band:	Lederband
Varianten:	Stahl und Gold 18 Kt., Herren- und Damenuhr mit Handaufzugwerk
Preis:	4200.– DM

MECHANIK UND SPEZIALITÄTEN

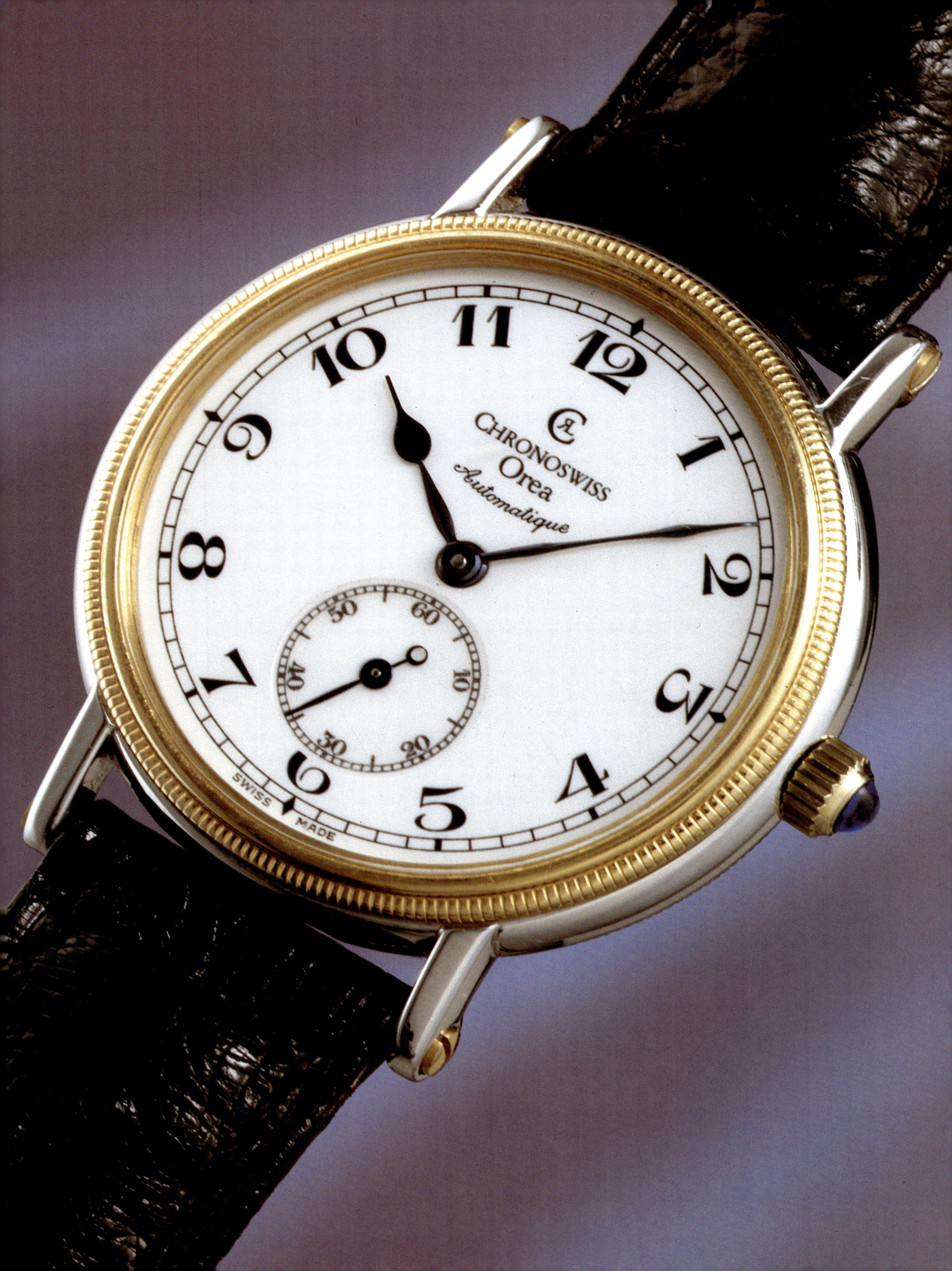
CHRONOSWISS
Orea
Automatique
SWISS
MADE

ULYSSE NARDIN

Schleppzeiger-Chronographen erleben zur Zeit eine große Renaissance. Diese mechanische Komplikation ist in der Tat faszinierend, weil sich beliebig viele Vorgänge gleichen Beginns und unterschiedlicher Dauer messen lassen. Es ist immer wieder faszinierend, wie der Schleppzeiger nach dem Anhalten per Knopfdruck wieder synchron mit dem Stoppzeiger läuft. Ulysse Nardin schuf mit dem Modell Chronosplit Berlin ein bemerkenswertes Modell mit dezentraler Stunde und Minute im klassischen Gehäuse, das an die großen Momente der Marke in der Sportzeitmessung erinnern soll. Der Name »Berlin« geht auf dortige Armee- und Kolonialausstellung 1907 zurück, bei der Ulysse Nardin eine Medaille von Kronprinz Wilhelm erhielt.

Modell:	Chronosplit Berlin
Hersteller:	Ulysse Nardin, Le Locle SA, CH-2400 Le Locle
Referenz:	571-22/881
Debüt:	1992
Werk:	Kaliber 14", UN-57-Automat
Besonderheiten des Werks:	dezentrale Stunden- und Minutenanzeige, automatischer Chronograph
Gehäuse:	Gold 18 Kt., Gold/Stahl oder Stahl
Besonderheiten des Gehäuses:	Saphirglas, Gehäuseboden mit Medaille von 1907
Maße:	Ø 40 mm
Band:	Lederband
Varianten:	Stahl, Stahl/Gold oder Gold 18 Kt.
Preis:	19 900.– DM in Gold, 12 500.– DM in Stahl/Gold, 9900.– DM in Stahl

MECHANIK UND SPEZIALITÄTEN

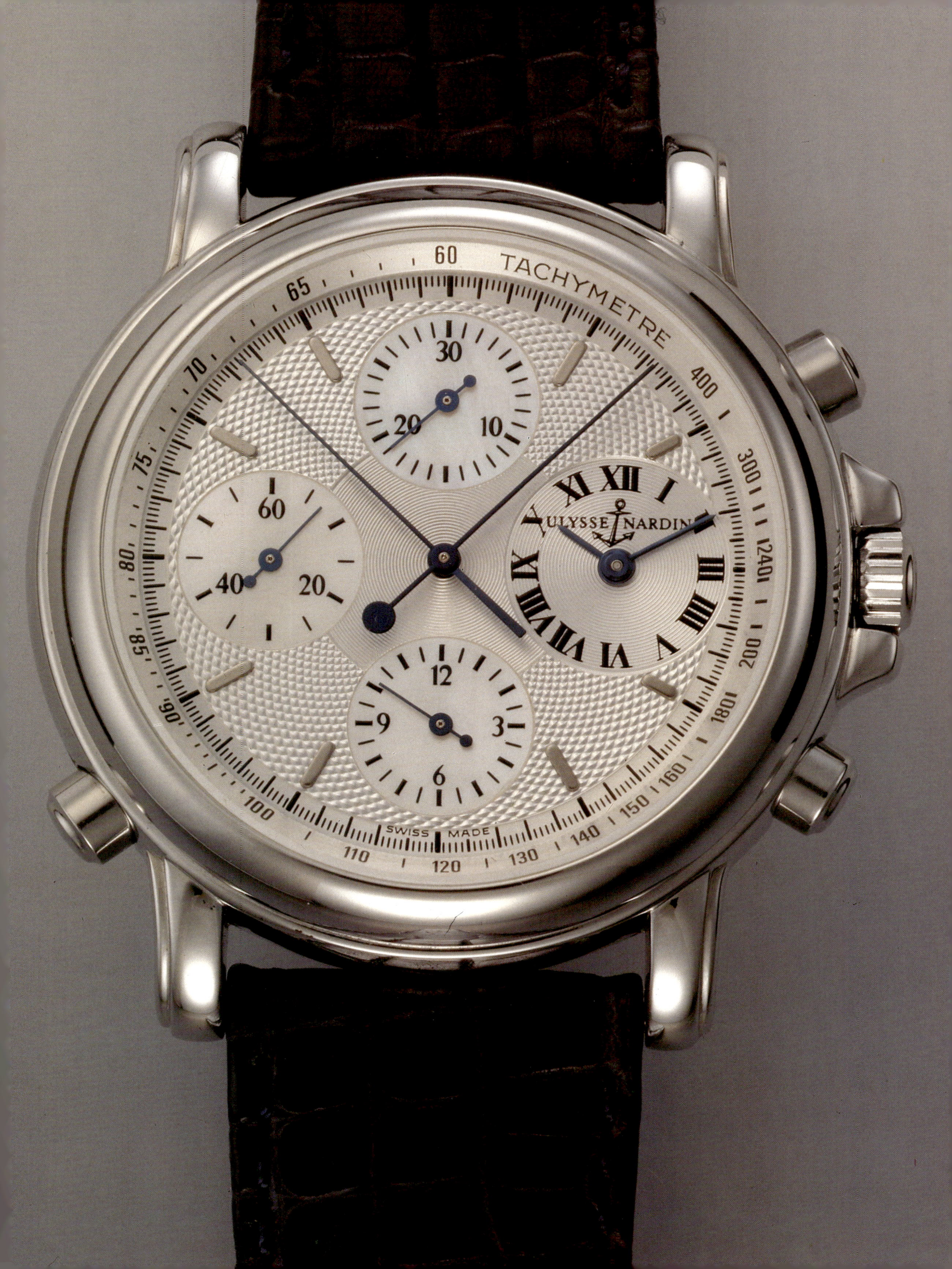
TACHYMETRE
ULYSSE NARDIN
SWISS MADE

Ulysse Nardin

Ein Präzisionszeitmesser, dessen Genauigkeit in sechs Gebrauchslagen und bei unterschiedlichen Temperaturen geprüft wurde und dessen Qualität mit einem amtlichen Gangschein des C.OS.C (Contrôle Officiel Suisse des Chronomètres) bescheinigt wird. Nur wenige automatische Uhren bestehen diesen anspruchsvollen Test. Das exklusive Zifferblatt ist guillochiert und einzeln von Hand emailliert. Der Naturemail, er ist blau oder grün, wird mit Wasser vermischt und mit einem Gänsefederkiel gleichmäßig aufgetragen und anschließend bei 840 °C gebrannt. Nur wenige Artisten beherrschen die Emaillierkunst und die aufwenige Technik des Rivettierens von Goldzahlen auf Email.

Modell:	Chronometer San Marco
Hersteller:	Ulysse Nardin Le Locle SA, CH-2500 Le Locle
Referenz:	Gold, 131-77-9/E3 Stahl 133-77-9-7/E8
Debüt:	1990
Werk:	Automatikwerk, Kaliber 11½" UN-13
Besonderheit des Werks:	Chronometer, offiziell geprüft
Besonderheit des Gehäuses:	wasserdicht, Saphirglas, handemailliertes Zifferblatt, Boden mit Prägung San-Markus-Platz in Venedig.
Band:	Leder-, Stahl- oder Goldband
Maße:	Ø 37 oder 33 mm
Preis:	Gold: 11 300,– Stahl: 5600,–

Mechanik und Spezialitäten

ULYSSE NARDIN
CHRONOMETER
OFFICIALLY CERTIFIED
SWISS MADE
ULYSSE NARDIN
CHRONOMETER
OFFICIALLY CERTIFIED
SWISS MADE

Jaeger-LeCoultre

Im letzten Jahr feierte das Leadermodell von Jaeger-LeCoultre, die Reverso, ihren 60. Geburtstag. Zu diesem Anlaß erschien das inzwischen längst vergriffene Jubiläumsmodell »60ème« mit Gangreserveanzeige in limitierter Auflage. Das große Gehäuse der Jubiläums-Reverso wird jetzt wieder als Reverso Grande Taille einem Liebhaberkreis zugänglich gemacht. Zweifellos kommen die klassischen Proportionen der Reverso im großen Gehäuse ganz besonders gut zum Ausdruck. Weil zu dem schönen Äußeren im Art-deco-Stil auch ein adäquates Inneres gehört, schuf Jaeger-LeCoultre ein Handaufzugs-Formwerk feinster Güte.

Modell:	Reverso Grande Taille
Hersteller:	Jaeger-LeCoultre, CH-1341 Le Sentier
Referenz:	270.140.622
Debüt:	1992
Werk:	Handaufzug JLC 822
Besonderheit des Werkes:	Formwerk mit kleiner Sekunde
Gehäuse:	Gelbgold 18 Karat
Besonderheit des Gehäuses:	Gehäuse drehbar
Band:	Straußenband, handgenäht, mit Massivgoldschließe
Maße:	Länge 37 mm, Breite 26 mm, Höhe 10 mm
Varianten:	Bicolor und Edelstahl
Preis:	Gold 11 200.– DM Bicolor 8700.– DM Edelstahl 6200.– DM

Mechanik und Spezialitäten

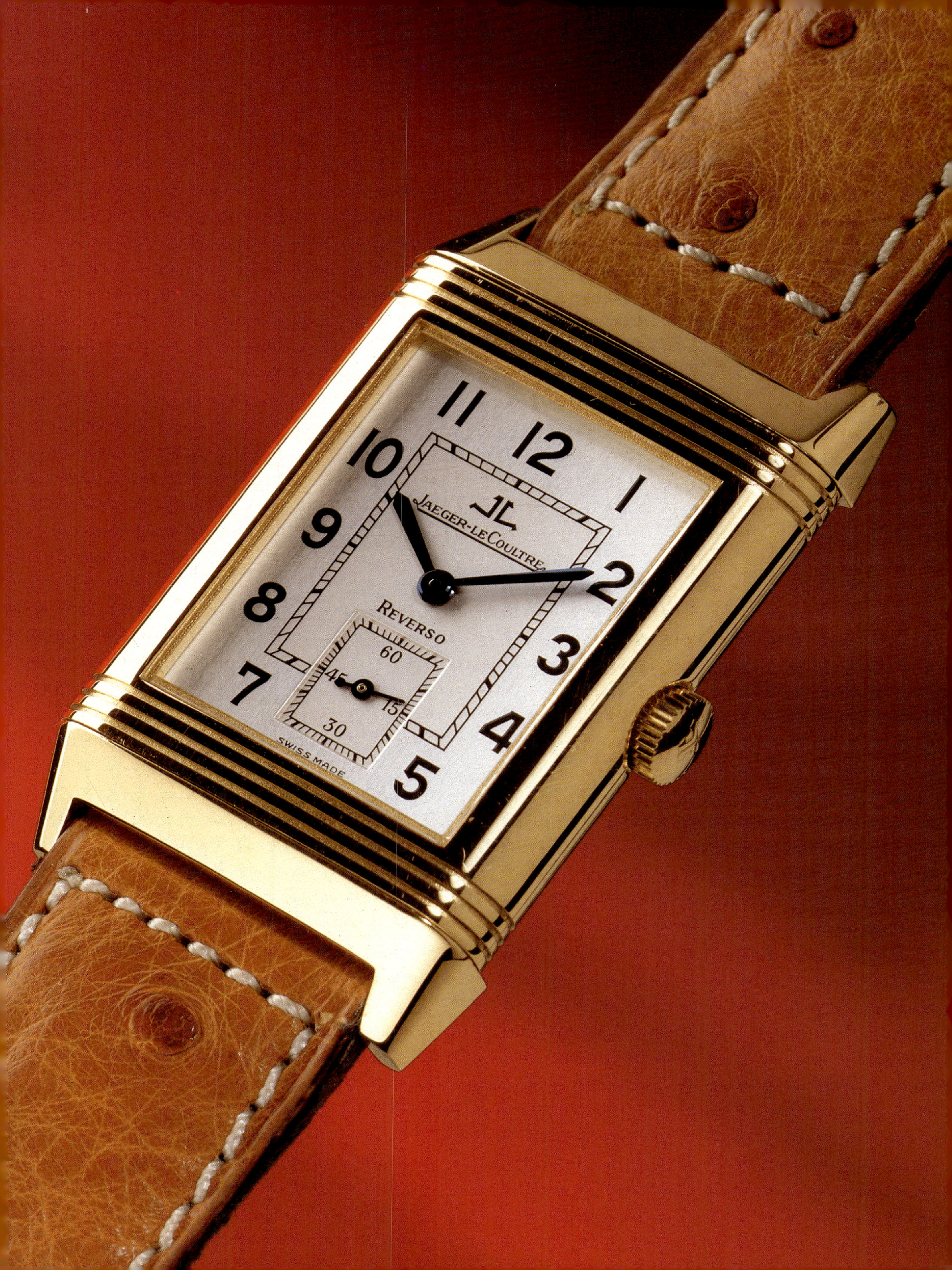
JAEGER-LECOULTRE
REVERSO
SWISS MADE

Jaeger-LeCoultre

Erst wenn sie einen Prüfmarathon von 1000 Stunden in verschiedenen Lagen und bei unterschiedlichen Temperaturen absolviert hat, darf sie sich Master Control nennen. Diese neue automatische Armbanduhr von Jaeger-LeCoultre, im klassischen Stil der 50er Jahre gehalten, erinnert zu Recht an die legendären Modelle Memovox und Futurematic. In ihrem Innern tickt jedoch ein modernes, schnellaufendes Automatikwerk mit Zentralrotor in besonders edler Ausführung und flacher Bauweise. Das goldene numerierte Master-Control-Siegel auf dem Gehäuseboden garantiert die hohe Präzision der Uhr.

Modell:	Master Control 1000 Hours, die meistgeprüfte Uhr der Welt
Hersteller:	Jaeger-LeCoultre, CH-1341 Le Sentier
Referenz:	140.140.892 N
Debüt:	1992
Werk:	Automatikwerk JLC Kaliber 889/1
Besonderheit des Werkes:	Rotor-Schwungmasse aus 21karätigem Gold, 1000-Stunden-Test absolviert mit Prüfzertifikat zu jeder Uhr
Gehäuse:	Gelbgold 18 Karat
Besonderheit des Gehäuses:	wasserdicht bis 80 m, geschützt gegen Magnetfelder bis 5000 A/M
Band:	Krokoleder, handgenäht und bombiert
Maße:	⌀ 37 mm, Höhe 10 mm
Varianten:	Edelstahl und Rotgold 18 Karat
Preis:	9500.– DM mit Normalschließe Gold 18 Kt. 10 900.– DM mit Faltschließe 18 Kt. 4500.– DM Edelstahl

MECHANIK UND SPEZIALITÄTEN

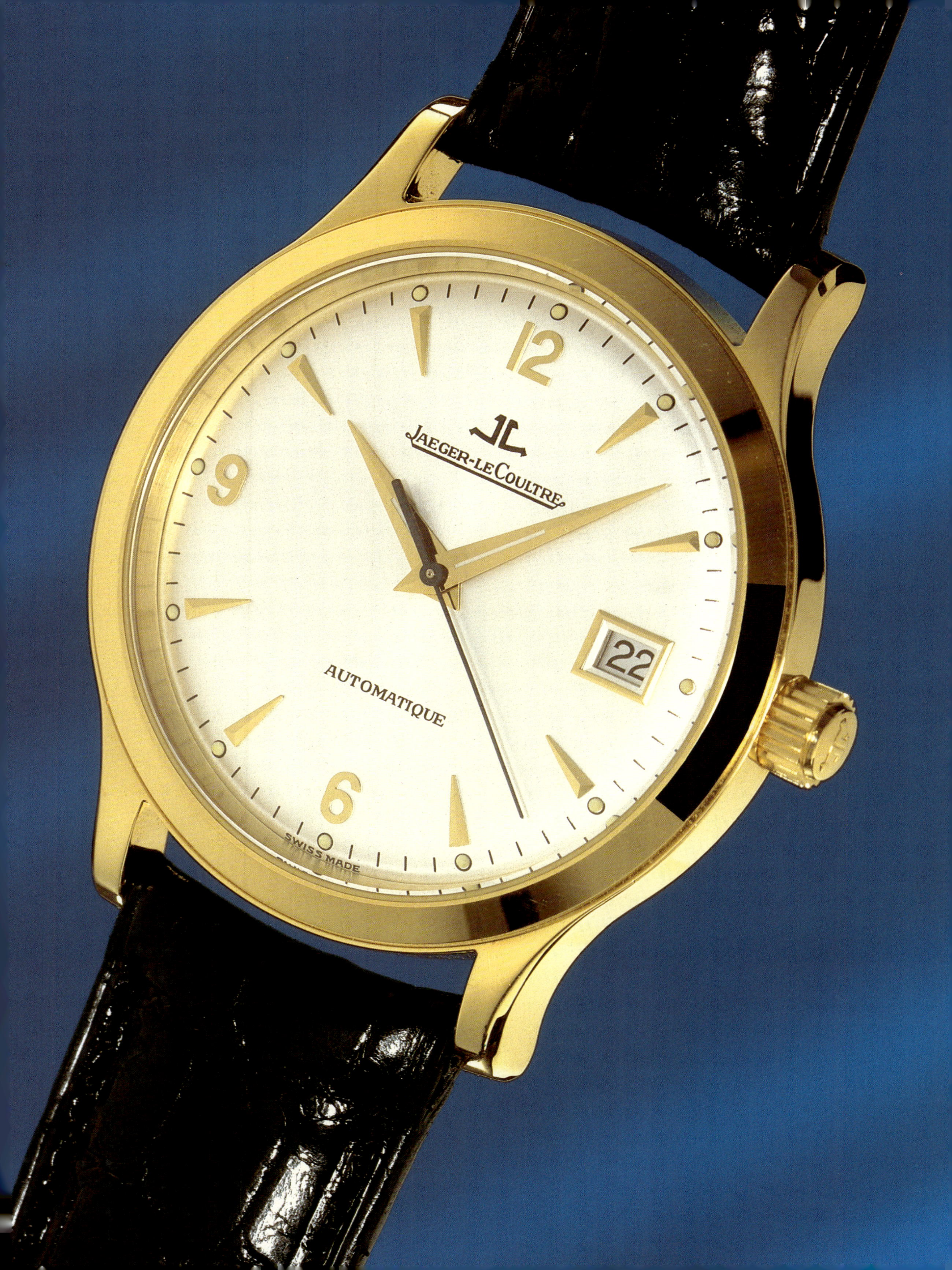
JAEGER-LECOULTRE
AUTOMATIQUE
SWISS MADE

Kelek

Kelek, der Spezialist für komplizierte Uhren aus dem schweizerischen La Chaux-de-Fonds, lancierte bereits 1975 eine Armbanduhr mit einem Fünf-Minuten-Schlagwerk auf Tonfedern. Das abgebildete Modell entstand 1987 und präsentiert sich in einer sehr stilvollen Gehäuseform. Armbanduhren mit Repetition als einzige Komplikation sind äußerst selten. In der Uhrmacherei gilt die Repetition als größte Herausforderung, Kelek nahm sie an und bietet die »Repetition Automatique« in einer erstaunlich günstigen Preislage an.

Modell:	Fünf-Minuten-Armband-Repetition
Hersteller:	Kelek SA, CH-2300-La Chaux-de-Fonds
Referenz:	211 A
Debüt:	1987
Werk:	Cal. DK 87
Besonderheit des Werks:	Automatikwerk mit Repetition
Gehäuse:	Golddoublé 20 Micron Roségold
Besonderheit des Gehäuses:	Glasboden
Band:	Krokodilleder
Maße:	Ø 42,2 mm, Höhe 12,1 mm
Varianten:	gleiches Modell in Massiv 18 Kt. Roségold
Preis:	4340.– DM

KELEK

RÉPÉTITION AUTOMATIQUE

SWISS MADE

Maurice Lacroix

Die Marke Maurice Lacroix gibt es erst seit Anfang der 70er Jahre. Sie hat es glänzend verstanden, klassische Stilelemente und solide Uhrentechnik mit geschicktem Marketing zu verbinden. Die Krönung der Kollektion sind die »Les Mécaniques«-Modelle. Diese mechanischen Uhren überzeugen durch eine besonders liebevolle Gestaltung und Verarbeitung. Unter ihnen ist der Automatik-Wecker ein begehrtes Sammlerstück. Die Maurice-Lacroix-Uhrmacher montierten das verfeinerte Kaliber AS 5008 in ein klassisches Goldgehäuse mit Saphirglasboden.

Modell:	Les Mecaniques
Hersteller:	Maurice Lacroix, Switzerland
Referenz:	45.393-7401
Debüt:	1992, Auflage auf 999 limitiert
Werk:	Automatikwerk AS 5008
Besonderheit des Werkes:	automatischer Aufzug des Weckwerks
Gehäuse:	Gelbgold 18 Kt.
Besonderheit des Gehäuses:	Saphirglasboden
Band:	Krokodilleder
Maße:	⌀ 38 mm, Höhe 13,6 mm
Varianten:	keine
Preis:	9500.– DM

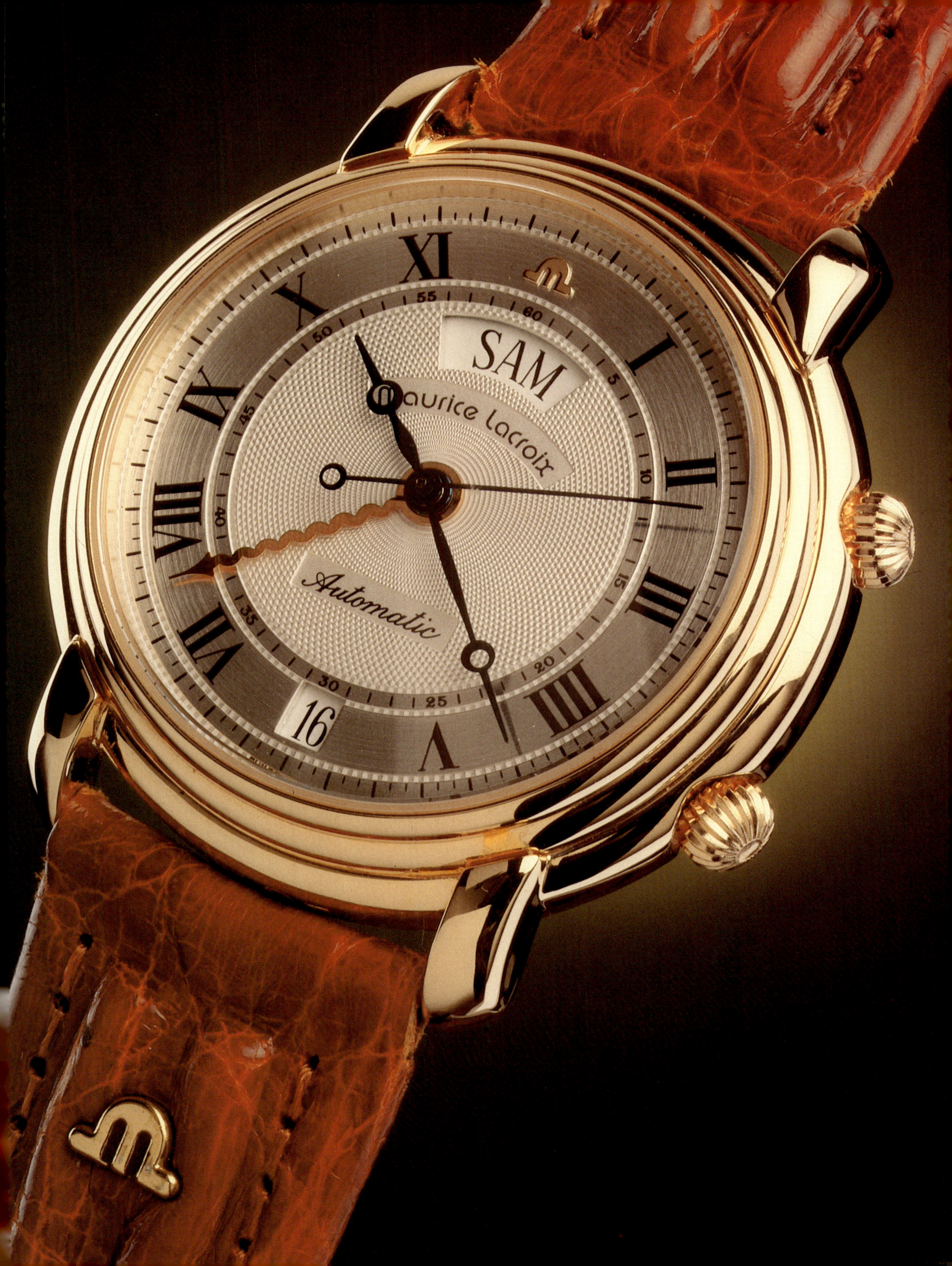
SAM
Maurice Lacroix
Automatic
16

Revue Thommen

Die erste populäre Armbanduhr mit Wecker hieß Vulcain Cricket und erschien 1947. In den 50er Jahren machte sie Furore als »die Uhr der amerikanischen Präsidenten«. Die Revue Thommen Cricket von heute knüpft an die Tradition der legendären »Grille« an. Stilistisch besonders gelungen ist die Cricket GMT (Greenwich Meridian Time) mit der markanten Lünette und dem Armband aus Haifischleder. Das seltene Uhrwerk macht sie besonders begehrenswert.

Modell:	Cricket GMT
Hersteller:	Revue Thommen SA, CH-2300 La Chaux-de-Fonds
Referenz:	79 1000 3
Debüt:	1992
Werk:	Handaufzug, Kaliber MSR 79/AS 1730
Besonderheit des Werks:	mechanisches Weckwerk
Gehäuse:	Edelstahl
Besonderheit des Gehäuses:	wasserdicht bis 30 m
Band:	Haifischleder
Maße:	Ø 37,8 mm, Höhe 13 mm
Varianten:	Stahl/Gold
Preis:	1730.– DM limitierte Serie (1400 mit Stahllünette, 100 mit Goldlünette)

Mechanik und Spezialitäten

MEXICO
CARACAS
R.JANEIRO
AZORES
GMT
PARIS
CAIRO
MOSKWA
DUBAI
KARACHI
NEW DELHI
BANGKOK
HONGKONG
TOKYO
SYDNEY
NOUMEA
WELLINGTON
MIDWAY
HONOLULU
ANCHORAGE
LOS ANGELES
DENVER
NEW YORK
REVUE THOMMEN
cricket
GMT
SWISS MADE

Girard-Perregaux

Mit dem berühmten Chronograph GP 7000 feierte die Uhrenmarke Girard-Perregaux 1988 ihr großes Comeback auf breiter Front. Dieses Leadermodell besticht durch ein unverwechselbares Design, von dem sich auch die Konkurrenz formal inspirieren ließ. Nun hat der GP 7000 Konkurrenz im eigenen Hause bekommen. Der neue Chronograph GP 9000 verkörpert das Spitzenmodell der Girard-Perregaux-Chronographen-Kollektion. Seine Ausstattung unterstreicht diese Position. Er ist nur in 18 Karat Gelb- oder Rotgold lieferbar. Im Gegensatz zum GP 7000, der einen Modul-Chronographen darstellt, dessen Stoppmechanismus auf ein Automatikwerk aufgebaut wurde, besitzt der GP 9000 das bekannte Kaliber Valjoux 7751. Der Saphirglasboden enthüllt bei der 9000 eine kunstvoll ziselierte und gravierte Ausführung dieses weit verbreiteten Uhrwerks.

Modell:	Chronograph GP 9000
Hersteller:	Girard-Perregaux SA, CH-2300 La Chaux-de-Fonds
Referenz:	9000.0.52.71
Debüt:	1992
Werk:	Automatikwerk GP 8280, Basis: Valjoux 7751
Besonderheit des Werkes:	Chronograph mit Minuten- und Stundenzähler, Rotor und Brücke ziseliert und graviert, ausgezeichnete Ausführung
Gehäuse:	Roségold 18 Kt.
Besonderheit des Gehäuses:	Saphirglasboden
Band:	Kroko-Leder, Stiftschließe Gold 18 Kt.
Maße:	⌀ 38,5 mm, Höhe 12 mm
Preis:	30 500.– DM für Gelbgold- und Rotgoldversion

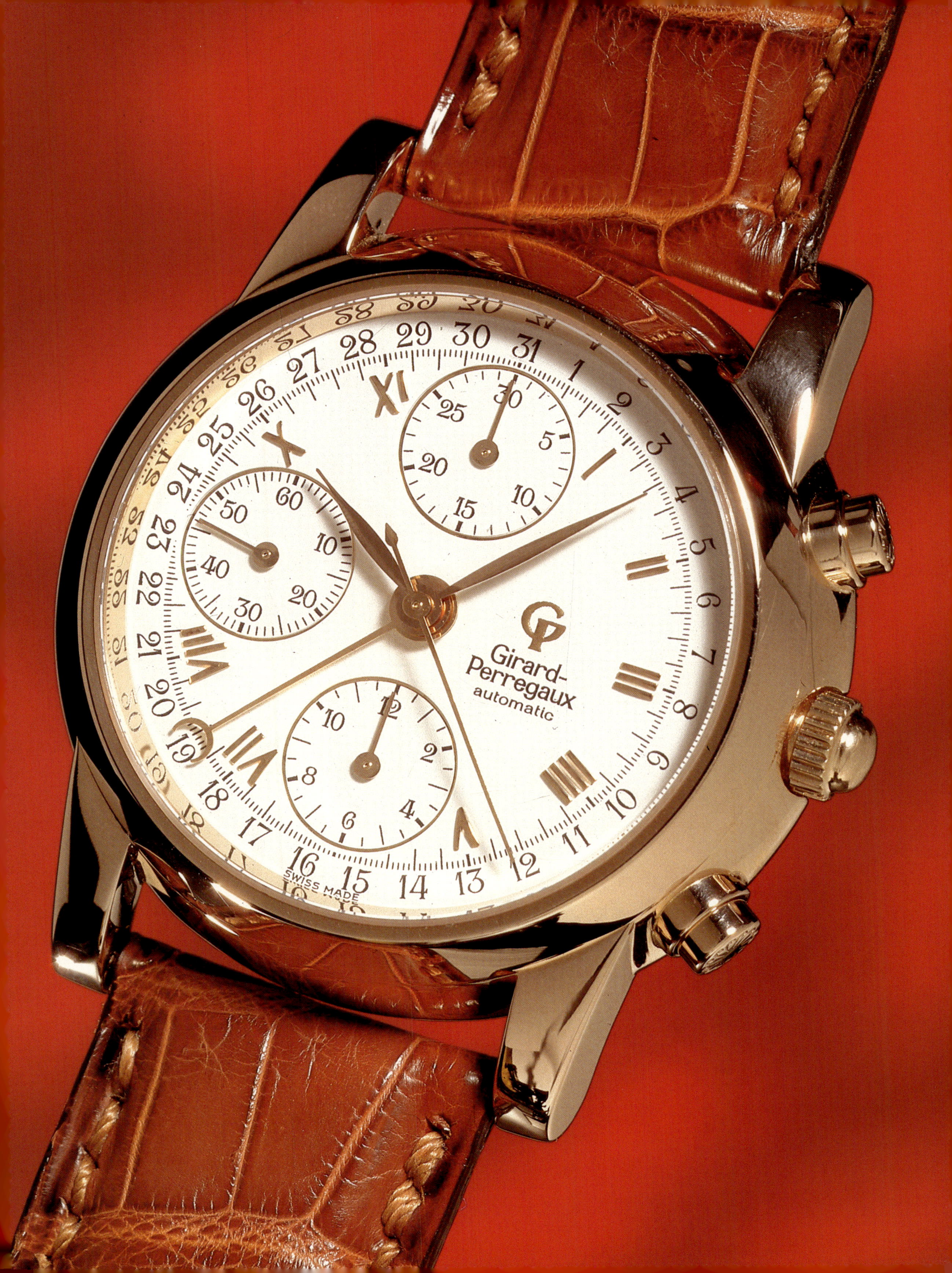
Girard-
Perregaux
automatic
SWISS MADE

OMEGA

Sie fühlt sich an wie Samt, schimmert wie reine Seide und trägt sich fast schwerelos. Das außergewöhnliche Design der Omega Titan ist inspiriert von dem erdgelösten, futuristischen Aspekt, den das kostbare Metall Titan vermittelt. Die in das Gehäuse eingefügten Intarsien aus 18karätigem Gold rufen die Magie mittelalterlicher Goldschmiedekunst ins Leben zurück. Erfreulich für die Liebhaber mechanischer Uhren: das offizielle Chronometerzertifikat kennzeichnet die besondere Klasse bei der Verarbeitung und Regulierung des automatischen Chronographenwerkes.

Modell:	Titan-Chronograph		Drücker, Saphirglas, Gold-Medaillon-Seamaster im Gehäuseboden
Hersteller:	Omega SA, CH-2500 Biel		
Referenz:	5890.40.00	Band:	Titan und 18 Kt. Gold
Debüt:	1992		
Werk:	Kaliber 1154, Automatik, Chronometer mit offiziellem Zertifikat	Besonderheit des Bandes:	verdeckte Titan-Doppelfaltschließe
		Maße:	Ø 42 mm, Höhe 14,5 mm
Besonderheit des Gehäuses:	Titan mit 18 Karat Goldintarsien, wasserdicht bis 120 Meter, verschraubte Krone und	Varianten:	Titan-Band ohne Goldglieder
		Preis:	6500.– DM mit Goldgliederband, 4400.– DM ohne

MECHANIK UND SPEZIALITÄTEN

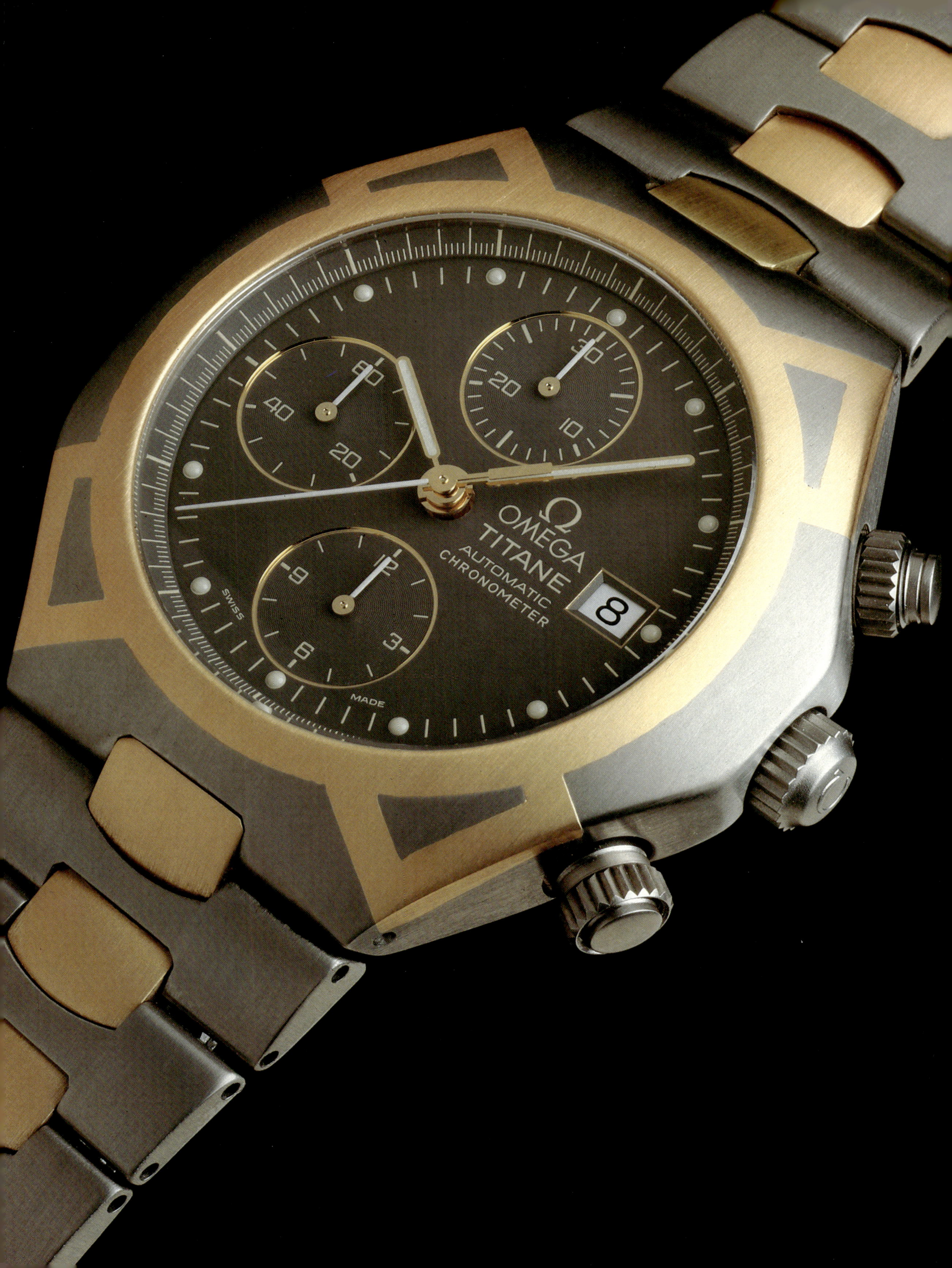
OMEGA
TITANE
AUTOMATIC
CHRONOMETER
SWISS
MADE

ZENITH

Zenith gelang mit dem automatischen Chronograph »El Primero« eine echte Pionierleistung. Wie der klangvolle Name schon andeutet, war es das erste integrierte Automatik-Chronographenwerk, als es 1969 erschien. Es ist auch eines der schönsten Chronographenwerke überhaupt, die Verbindung von Technik und Ästhetik gelang den Zenith-Konstrukteuren in Vollendung. Bemerkenswert am »El Primero« ist auch seine hohe Schwingungszahl von 36 000 pro Stunde, die ihm eine hohe Präzision verleiht. Außerdem ist es das einzige Werk seiner Art, daß die Kurzzeitmessung auf eine Zehntelsekunde genau ermöglicht. Der abgebildete Taucher-Chronograph ist ein besonders sportliches Modell innerhalb der vielseitigen Zenit El Primero-Collection.

Modell:	El Primero, Taucherchronograph
Hersteller:	Zenith, Le Locle/Schweiz
Referenz:	02.0312.400
Debüt:	1990
Werk:	automatisches Chronographenwerk »El Primero«, Debüt 1969, erstes seiner Art, eigenes Manufakturwerk
Besonderheit des Werks:	Hochfrequenz-Schnellschwinger 36 000 Hs/h, Kurzzeitmessung auf $^1/_{10}$ Sekunde
Gehäuse:	Edelstahl
Besonderheit des Gehäuses:	arretierbarer Drehring, verschraubte Krone, bombiertes Mineralglas bis 100 m wasserdicht
Band:	Edelstahl mit Klappverschluß und Sicherheitsbügel
Maße:	Ø 40 mm, Höhe 19 mm
Varianten:	helles Zifferblatt mit dunklem Totalisatoren
Preis:	3300.– DM

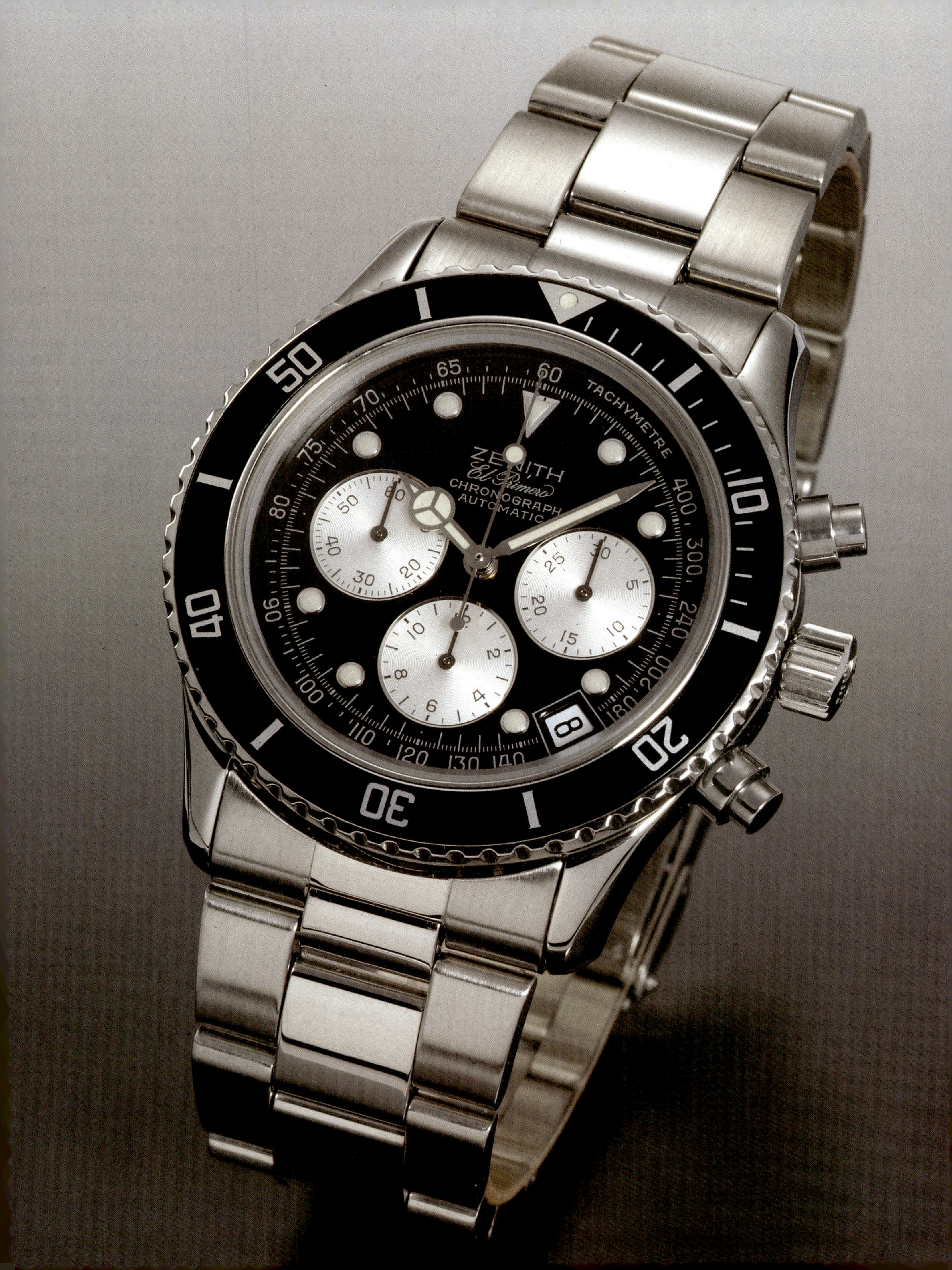
ZENITH
El Primero
CHRONOGRAPH
AUTOMATIC
TACHYMETRE

UNIVERSAL

Die Universal-Compax-Reihe schrieb besonders in den 40er und 50er Jahren ein wichtiges Kapitel Chronographen-Geschichte. Jetzt lebt die ruhmreiche Vergangenheit bei Universal mit den vier Modellen der Reihe »Compax 1950« wieder auf. Diese klassisch gestalteten Handaufzugs-Chronographen verfügen über das hochwertige Lemania-Kaliber 1873. Ein typisches Stilelement für Armbanduhren der 50er Jahre sind die spitz zulaufenden Dauphine-Zeiger. Wer mehr Luxus bei der Compax 1950 möchte, für den gibt es noch eine Stahl-Gold-Version für rund 4000.– DM. Zum wertvollen Sammlerstück wird die Compax 1950 in 18-Kt.-Gold-Ausführung für etwa 8000.– DM. Es gibt diese auch wahlweise mit Glasboden, das den Blick auf ein besonders schön veredeltes Chronographenwerk freigibt. Diese Transparenz kombiniert mit uhrmacherischem Feinschliff, die Werkbrücken sind beispielsweise mit Genfer Streifen veredelt, muß der Uhrenliebhaber jedoch mit einem Aufpreis von rund 1500.– DM honorieren.

Modell:	Compax 1950
Hersteller:	Universal Genève S. A. CH-1226 Thônex-Genève
Debüt:	1992
Werk:	Lemania 1873, 1874 (Glasboden)
Besonderheit des Werkes:	Handaufzug, Glucydur-Unruh, Nivarox-Spirale
Gehäuse:	Edelstahl mit Saphirglas, Tachymeterrand, Gold 18 Kt., 39 Gramm
Besonderheit des Gehäuses:	wasserdicht bis 100 m, Gold 30 m
Band:	echt Kroko
Maße:	Ø 35,5 mm, Höhe 14,1 mm
Preis:	Stahl 2895.– DM Stahl/Gold 18 Kt. 3995.– DM Gold 18 Kt. 7950.– DM Gold mit Glasboden 9450.– DM

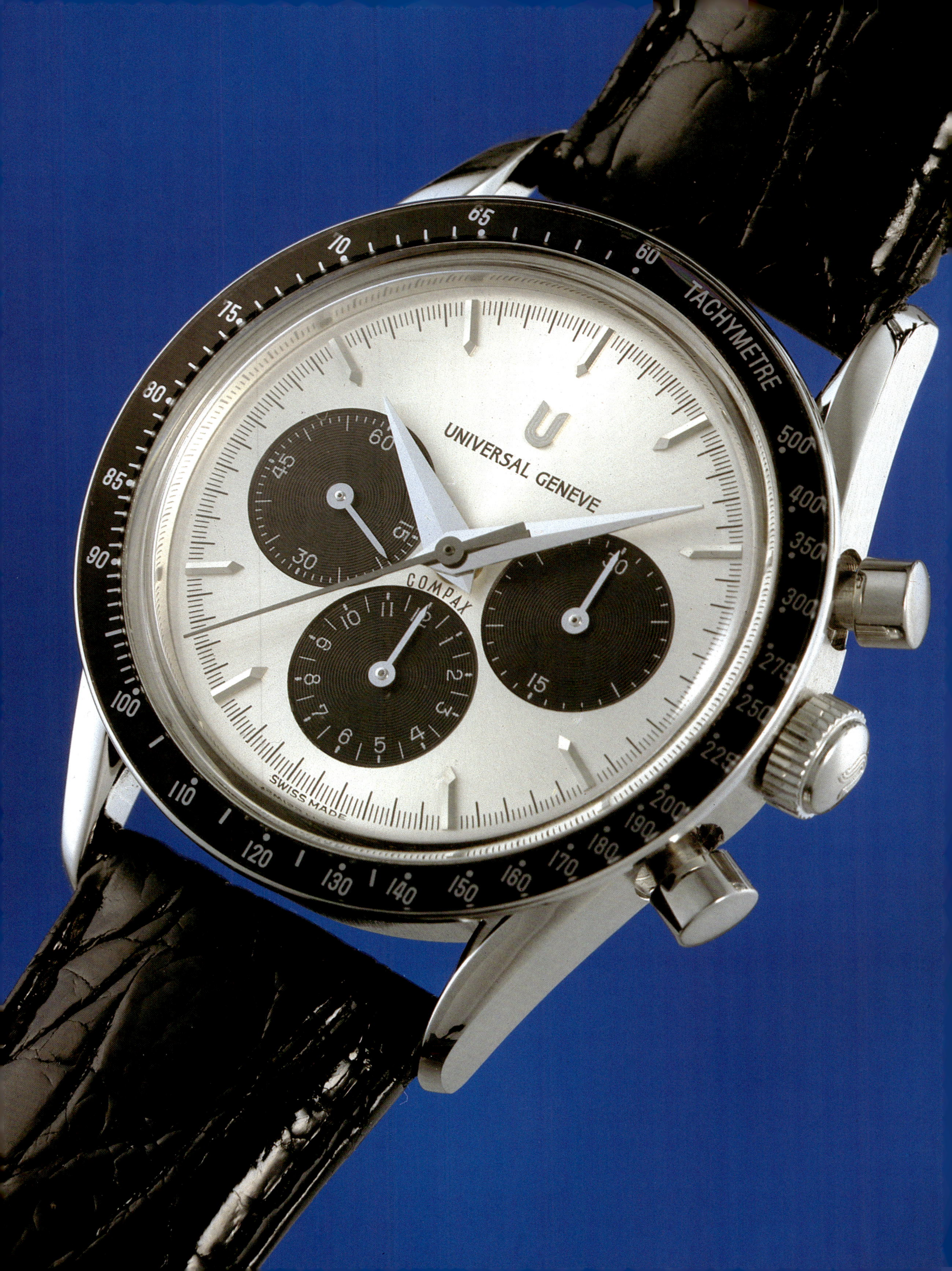
UNIVERSAL GENEVE
COMPAX
SWISS MADE
TACHYMETRE

Rainer Brand

Rainer Brand ist ein junger, ehrgeiziger Uhrmachermeister aus dem Spessart, der sich der Kollektion des Schweizer Uhrenherstellers Numa Jeannin angenommen hat. Dabei übernimmt er nicht nur den Deutschlandvertrieb der Marke, sondern arbeitet eng mit den Schweizern zusammen. Eine besondere Spezialität von Numa Jeannin ist die Automatikuhr mit Präzisionskompaß. Ein präzises Automatikwerk zeigt die genaue Zeit an, der Kompaß übernimmt die Wegweisung.

Modell:	Numa Jeannin von Rainer Brand, Kompaßuhr
Referenz:	4401/4405
Debüt:	1990
Werk:	Automatikwerk ETA 2892-2
Gehäuse:	4401 rhodiniert, 4405 doublé
Besonderheit des Gehäuses:	aufklappbar mit Präzisionskompaß
Band:	Lederband
Maße:	Ø 37 mm, Höhe 14 mm
Preis:	1400.– DM

MECHANIK UND SPEZIALITÄTEN

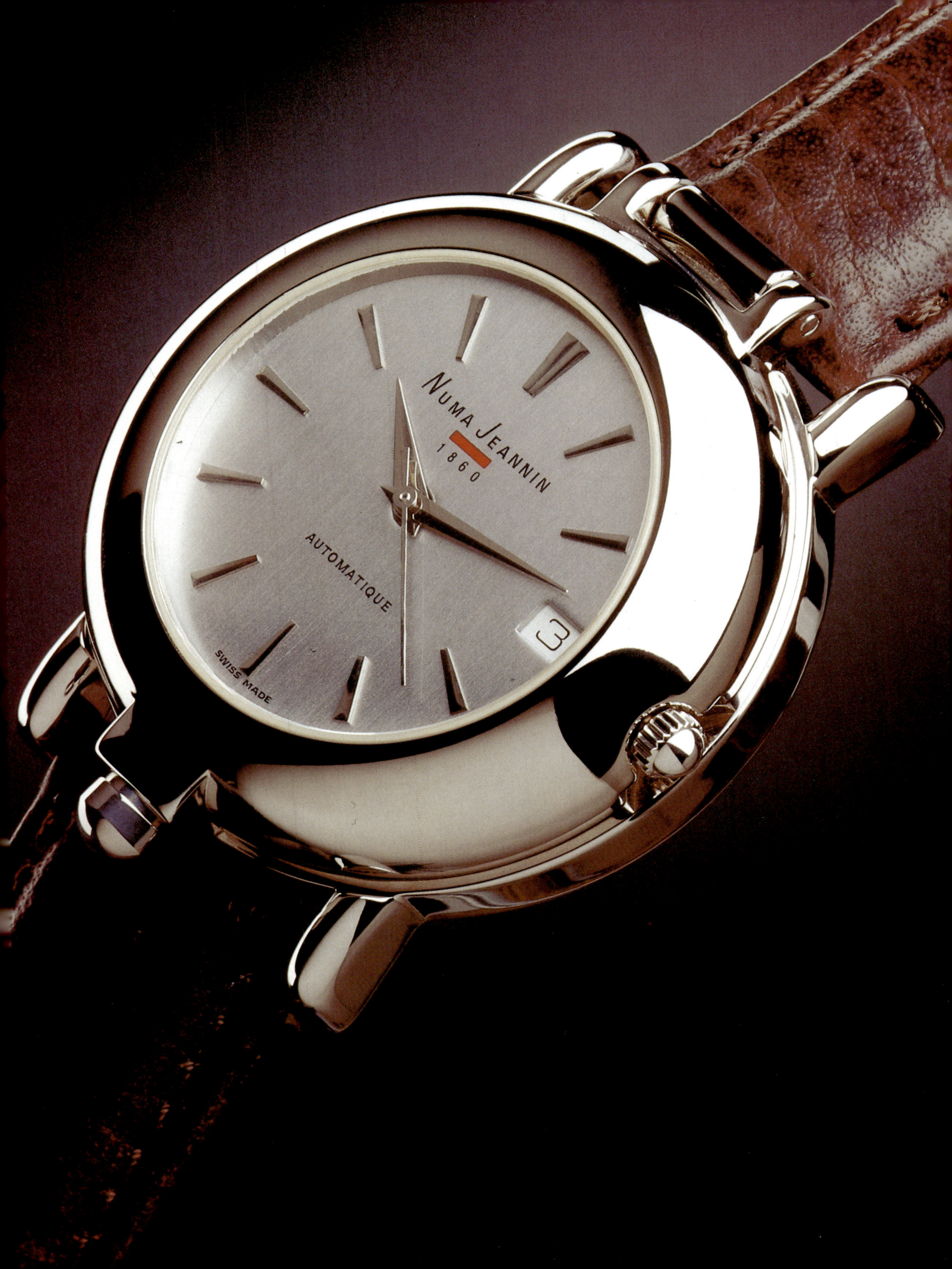
NUMA JEANNIN
1860
AUTOMATIQUE
SWISS MADE
3

RAINER BRAND

Der Mondphasen-Chronograph mit Vollkalendarium ist das Flaggschiff in der Collection von Rainer Brand. Auf der Basis des inzwischen legendären Kalibers Valjoux 88 entstand eine außergewöhnliche Uhr, die nicht nur mit einem zeitlos klassischen Gehäuse mit eckigen Drückern aufwartet, sondern dank eines Mineralglases den Blick auf das Werk freigibt. Dieses präsentiert sich nahezu in perfekter Remontage. Alle Brücken sind handgraviert und vergoldet. Die Uhr ist limitiert, weil das Valjoux 88 nicht mehr produziert wird und nur noch in geringen Stückzahlen verfügbar ist.

Modell:	Mondphasen-Chronograph mit Vollkalendarium
Hersteller:	Watch-Manufacture Rainer Brand, D-8751 Heimbuchental
Referenz:	WMRB 8
Werk:	Handaufzug, Kal. Valjoux 88, 19 Steine
Besonderheit des Werks:	handgravierte und vergoldete Ausführung
Gehäuse:	Gelbgold 18 Kt.
Besonderheit des Gehäuses:	gewölbtes Saphirglas/Gehäuseboden aus Mineralglas
Band:	Straußenleder, Goldschließe 18 Kt.
Maße:	Ø 39,5 mm, Höhe 14 mm
Varianten:	Gelbgold 18 Kt., Roségold 18 Kt.
Preis:	auf Anfrage

MECHANIK UND SPEZIALITÄTEN

WATCH-MANUFACTURE
Brand

ALAIN SILBERSTEIN

Die ungewöhnlichen Uhren des französischen Architekten Alain Silberstein lösen heftige Kontroversen unter den Uhrenliebhabern aus. Die einen schwärmen von ihrer bizarren Schönheit, die anderen lehnen dieses eigenwillige Design ab. Wie dem auch sei, fast alle Silberstein-Uhren verfügen über ein qualifiziertes mechanisches Innere, sogar einen Chronograph-Rattrapante gibt es im Programm. Der hier vorgestellte Krono 2 ist ein Chronometer-Chronograph mit offiziellem C.O.S.C.-Gangzeugnis. Ein veredeltes Valjoux-Kaliber vom Typ 7751 wurde so genau reguliert, daß es die Chronometernorm erfüllt. Die Serie ist auf 999 Stück limitiert.

Modell:	Krono 2, Chronometer-Chronograph
Hersteller:	Alain Silberstein, F-25 000 Besançon
Debüt-Jahr:	1992, auf 999 Stück limitiert
Werk:	Automatik-Chronograph mit Mondphase und 24-Stunden-Anzeige, Kaliber Valjoux 7751
Besonderheit des Werkes:	nach Chronometer-Bedingungen reguliert, mit Sonnenschliff, Genfer Schliff und Guillochierungen veredelt
Gehäuse:	Edelstahl 316 mit Blacktop-Carbone-Beschichtung
Besonderheit des Gehäuses:	verschraubter, entspiegelter Saphirglasboden, wasserdicht 100 m, lackierte Kronen und Drücker
Band:	Lederband, fünf Farben nach Wahl, Faltschließe
Maße:	Ø 38 mm, Höhe 15 mm
Varianten:	weißes und schwarzes Zifferblatt, poliertes Edelstahlgehäuse
Preis:	7800,– DM

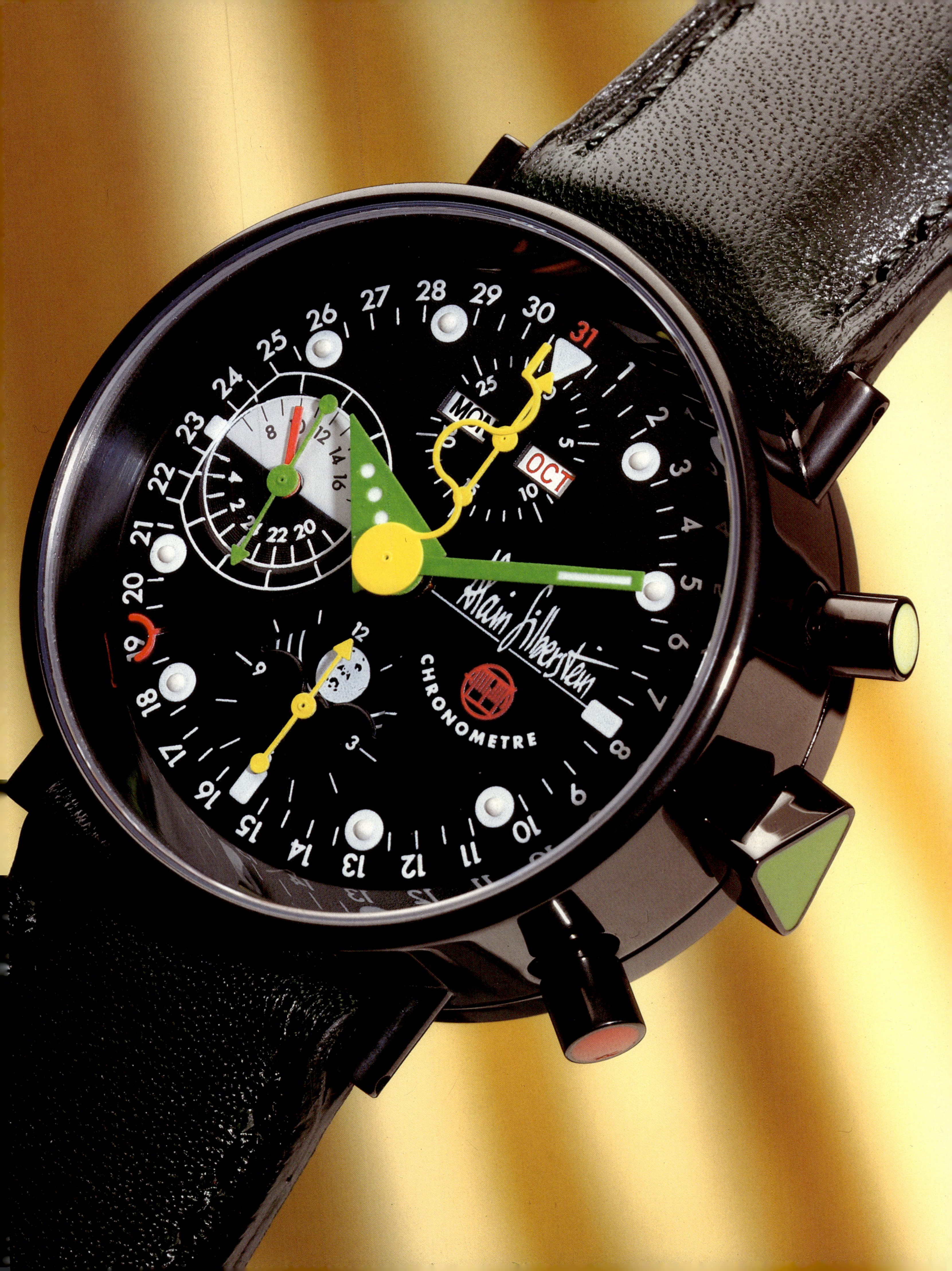
MON
OCT
Alain Silberstein
CHRONOMETRE

CHEVIGNON

Zu den originellsten Neuerscheinungen dieses Jahres zählt der Chevignon-Fliegerchronograph Skyhawk, der sich stark an klassischen Vorbildern orientiert. Markant und ungewöhnlich sind das Armband im klassischen amerikanischen Stil mit der breiten Lasche und der abnehmbare Schutzdeckel für das Zifferblatt. Das raffinierte zu ihm ist, daß sich die Uhrzeit trotzdem ablesen läßt, weil ein ovaler Ausschnitt dies ermöglicht. Dieser Fliegerchronograph hat jedenfalls das Zeug dazu, in bestimmten Kreisen zur Kultuhr zu avancieren. Erst recht in der streng auf 666 Exemplare limitierten Hendrix-Edition mit Glasboden. Denn bei aller Faszination des Äußeren, braucht sich das Innenleben nicht zu verstecken. Das hochwertige Chronographenwerk Valjoux 7734 versieht in der Skyhawk seinen Dienst.

Modell:	Skyhawk, limitierte Hendrix-Edition, 333 Exemplare mit schwarzem Zifferblatt und schwarzem Band, 333 Stück in weiß/braun
Referenz:	250.0066 mit weißem Blatt, 250.0066 mit schwarzem Blatt
Debüt:	1992
Werk:	Valjoux-Kaliber 7734, mechanisch
Gehäuse:	Edelstahl, mattiert
Besonderheit des Gehäuses:	abnehmbarer Gehäuse-Schutzdeckel, Glasboden. Regulärer Chevignon Chrono ohne Glasboden.
Band:	Leder schwarz oder braun, variabel im amerikanischen Stil
Maße:	Ø 35 mm, Höhe 13 mm
Varianten:	weißes Zifferblatt mit braunem Lederband, schwarzes Zifferblatt mit schwarzem Lederband
Preis:	2995.– DM

MECHANIK UND SPEZIALITÄTEN

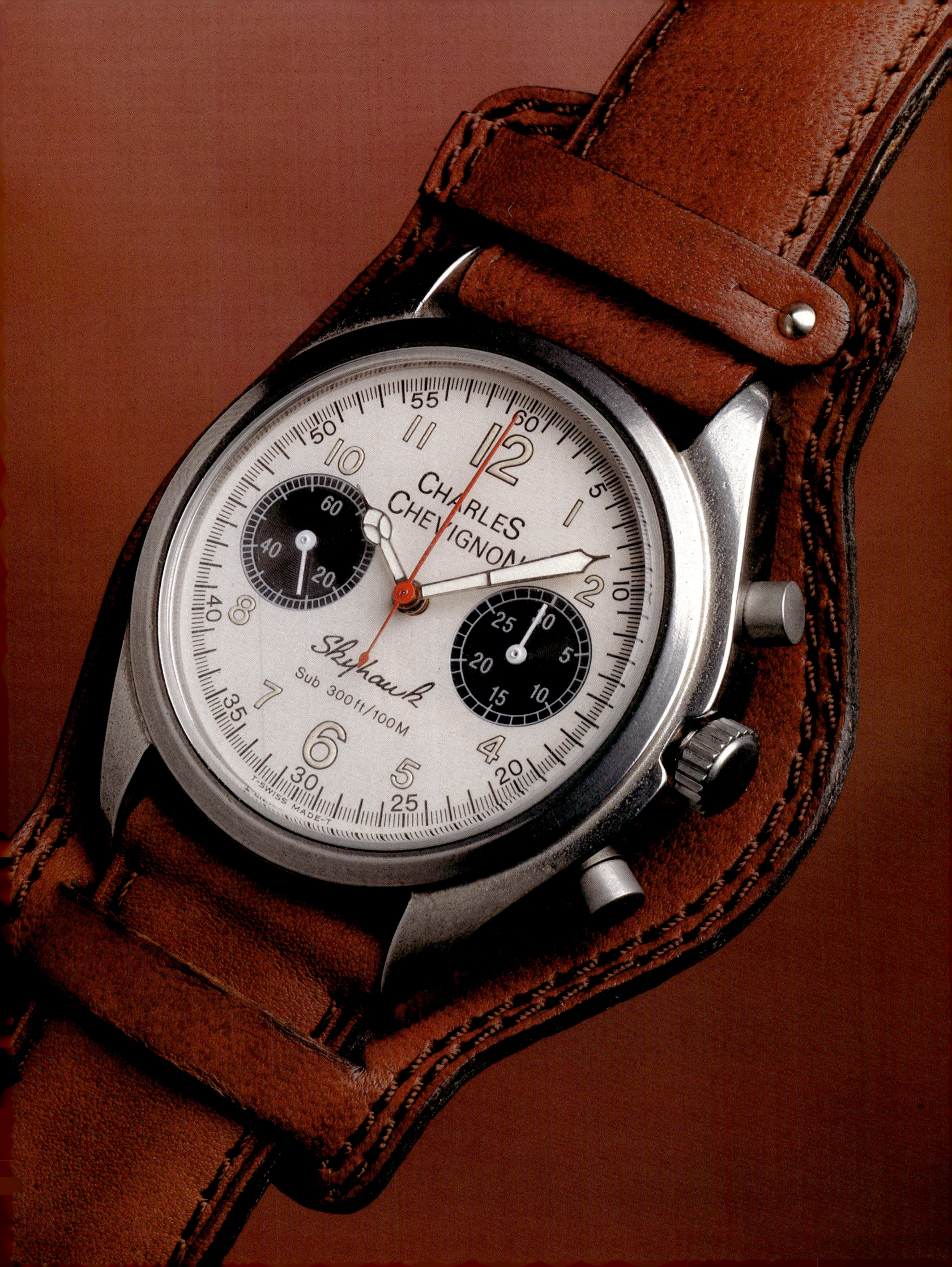

CHARLES
CHEVIGNON
Skyhawk
Sub 300ft/100M
SWISS MADE

ROAMER

Der Schweizer Uhrenhersteller Roamer, bekannt vor allem aus den 70er Jahren für seine extrem robusten wasserdichten Anfibio- und Anfibiomatic-Uhren, setzt zunehmend auf technische Komplikationen und Eleganz. So erfährt die Linie klassischer Chronographen eine Erweiterung durch zwei sehr fein gestaltete Modelle mit jeweils verschiedenen Indikationen. Die bewährten Valjoux-Kaliber 7750 und 7751 mit Vollkalendarium, Mondphase und 24-Stunden-Anzeige kommen bei diesen Uhren zum Einsatz.

Modelle:	automatische Chronographen
Hersteller:	Roamer Watch Co. SA, CH-4503 Solothurn
Referenz:	201932/201933
Debüt:	1992
Werk:	Valjoux 7750/7751
Besonderheit des Werks:	Mondphase, Wochentag und Monat, 24-Stunden-Anzeige (7751), Stoppvorrichtung für Sekunde, Minute und Stunde, Datum (beide)
Gehäuse:	Goldplattierung 10 Micron, wasserdicht bis 30 m, Gold 18 kt.
Band:	Lederband
Maße:	⌀ 37,5 mm/36,5 mm Höhe 13 mm/ 12,5 mm
Preis:	1780.– DM/ 4800.– DM

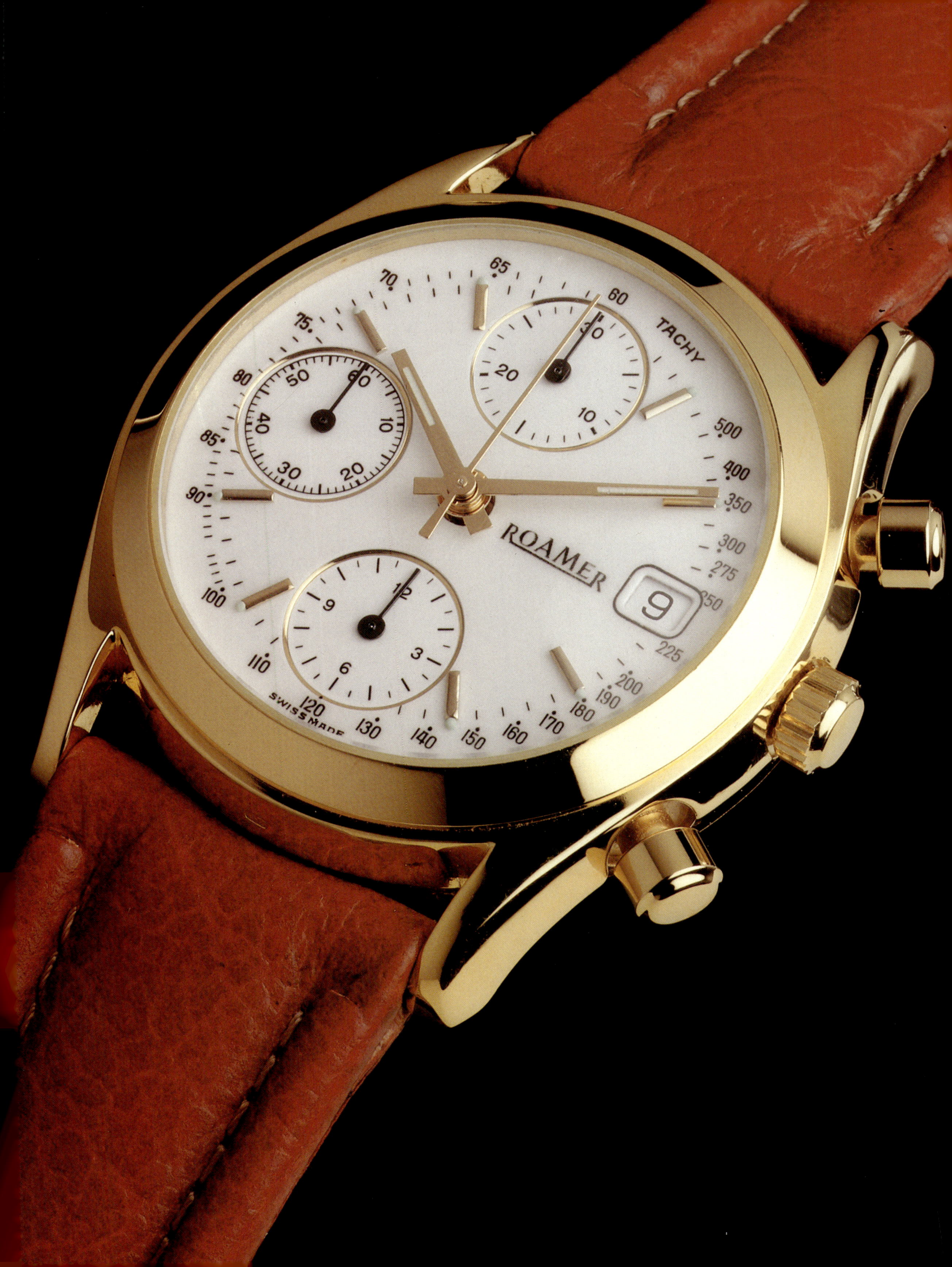
ROAMER
TACHY
SWISS MADE

EBERHARD

Eberhard & Co. heißt eine alteingesessene, auf Chronographen spezialisierte Schweizer Uhrenmanufaktur. Anläßlich des 100. Geburtstags des berühmten Automobil-Rennfahrers Tazio Nuvolari entstand ein bemerkenswerter Chronograph mit einem Zifferblatt, das an Fliegeruhren erinnert. Der Tazio Nuvolari ist mit dem bewährten Valjoux 7750 ausgestattet, das allerdings bei Eberhard eine nicht unerhebliche Modifikation erfährt, denn die Skala mit der permanenten Sekunde entfiel. Dies gibt dem Chronograph mit zwei oben und unten angeordneten Totalisatoren für Minute und Stunde ein zwar ungewohntes, aber auch unverwechselbares Erscheinungsbild. Der Gehäuseboden ist mit Wappen und Signatur des Rennfahrers verziert.

Modell:	Tazio Nuvolari
Hersteller:	Eberhard & Co., CH-2500 Biel
Referenz:	31030
Werk:	automatisches Chronographenwerk Valjoux 7750, in Gold 18 Kt. mit Chronometer-Zertifikat
Besonderheit des Werkes:	Verzicht auf permanente Sekunde
Gehäuse:	Edelstahl mit schöner Bodensignatur, umrahmt von Sonnenschliff, Anti-Reflex-Saphirglas
Band:	Lederband
Preis:	ca. 4000.– DM (Stahl) ca. 13000.– DM (Gold 18 Kt.)

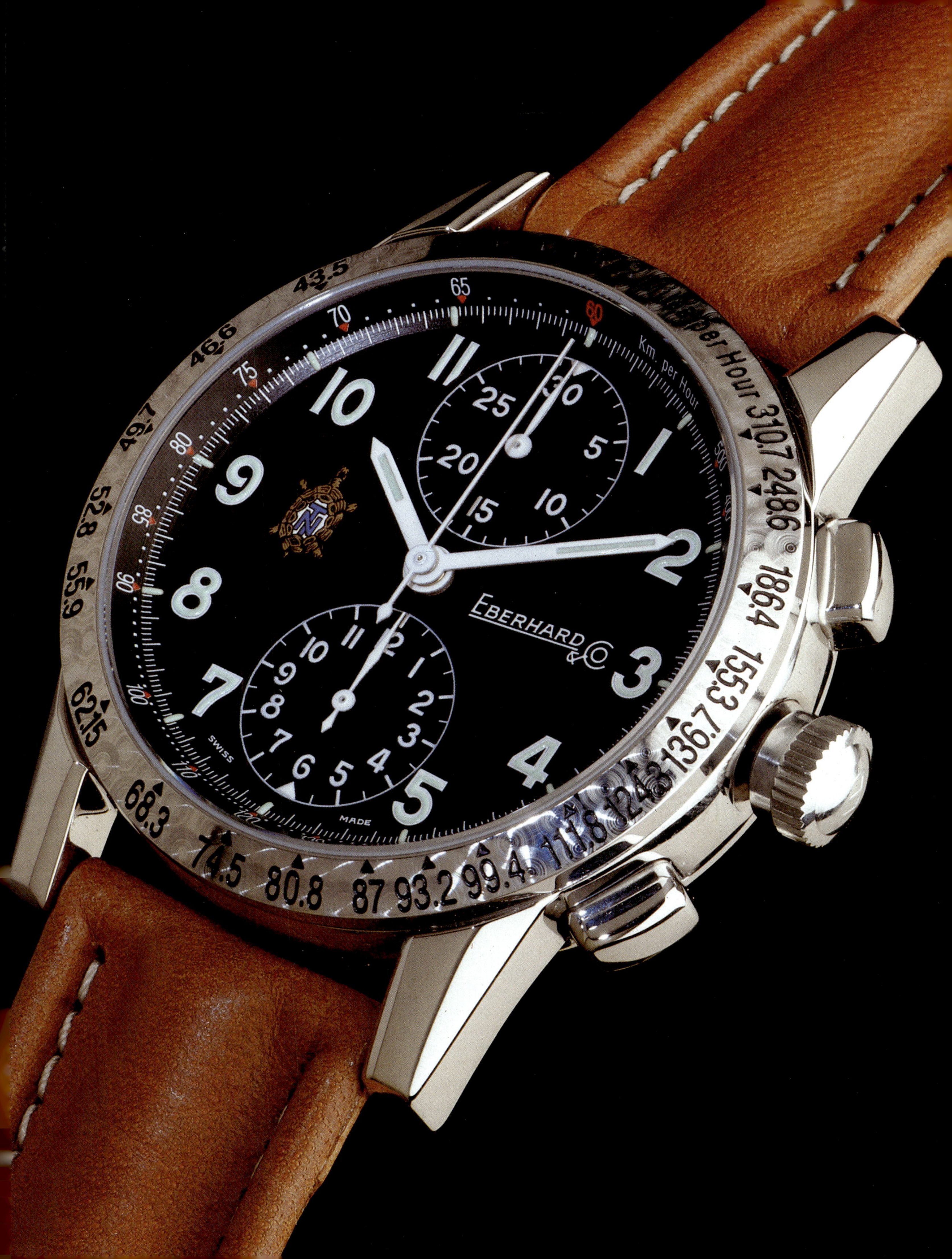
Km. per Hour
per Hour
EBERHARD & Co
SWISS
MADE

MARVIN

Marvin ist hierzulande für die meisten Uhrenliebhaber noch ein unbeschriebenes Blatt. Dies wird sich sicher dank der interessanten Kollektion hochwertiger, ausschließlich mechanischer Uhren bald ändern. Die »Carré Gold« stellt die Krone der Marvin-Schöpfung dar. Der Handaufzug-Chronograph kombiniert in avantgardistischer Weise ein rund aufgebautes Zifferblatt mit einem kompromißlos quadratischen Gehäuse. Im Innern der Carré tickt das heute sehr seltene Valjoux-Werk mit der Bezeichnung 72. Die geringen Restbestände lassen nur noch eine limitierte Auflage von 100 Stück zu, die zum Preis von 12 880.– DM sicher ihre Liebhaber finden werden. Für weniger zahlungskräftige Interessenten gibt es die Carré auch noch in einer Edelstahlversion für knapp 4000.– DM. Diese auf 400 Stück limitierte Variante ist mit dem Kaliber Lemania 1873 ausgestattet.

Modell:	Carré Gold
Hersteller:	Marvin Watch Co., CH-2300 La Chaux-de-Fonds
Debüt:	1992
Werk:	Kaliber Valjoux 72 von 1949, limitierte Auflage von 100 Stück
Besonderheit des Werkes:	Chronographenkaliber mit Schaltrad, wird heute nicht mehr produziert
Gehäuse:	Gelbgold 18 Kt.
Band:	Krokodilleder mit Schließe in 18 Kt. Gold
Maße:	Breite 32,5 mm, Länge 33,0 mm, Höhe 11,7 mm
Varianten:	Carré Stahl, Handaufzug mit Kaliber Lemania 1873, in limitierter Auflage von 400 Stück, zum Preis von 3960.– DM
Preis:	Carré Gold 12 880.– DM, Carré Stahl 3960.– DM

MECHANIK UND SPEZIALITÄTEN

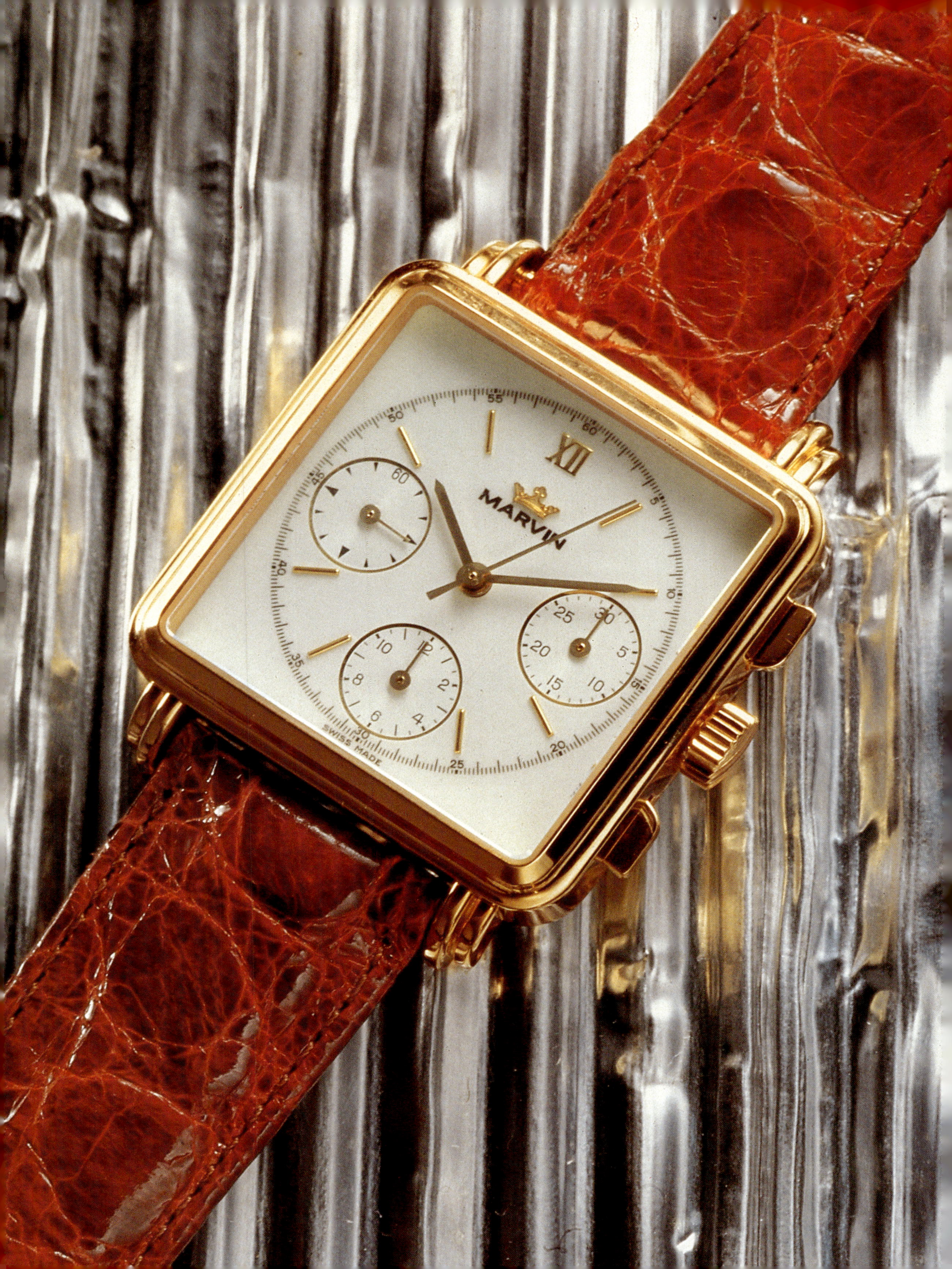
MARVIN
SWISS MADE

MARVIN

Uhren mit springender Stunde und numerischer Stundenanzeige haben ihren ganz besonderen Reiz. Die Zifferblattaufteilung weicht gänzlich von einer Normaluhr ab. Sie lebt vom spannenden Kontrast zwischen der analogen und der digitalen Anzeige. Die Marvin trägt den klangvollen italienischen Namen »Saltarello«, der ungleich eleganter klingt als der englische Terminus »Jumping Hour«. In der Marvin Saltarello findet man das Handaufzugwerk AS 1727. Es wird heute nicht mehr gebaut. Der Name Marvin stammt übrigens von einem amerikanischen Uhrensammler, der den mechanischen Uhren der Gebrüder Didisheim mit seiner Namenspatenschaft international zum Durchbruch verhalf.

Modell:	Saltarello Stahl
Hersteller:	Marvin Watch Co., CH-2300 La Chaux-de-Fonds
Debüt:	1992
Werk:	Handaufzugwerk AS 1727, produziert von 1961 bis 1978, limitierte Auflage
Besonderheit des Werkes:	Springende Stunde
Gehäuse:	Edelstahl oder Gold 18 Kt.
Band:	Krokodilleder
Maße:	Breite 24,0 mm, Länge 33,7 mm, Höhe 7,7 mm
Varianten:	Saltarello Stahl in limitierter Auflage von 300 Stück, Saltarello Gold auf 100 Stück limitiert
Preis:	Saltarello Stahl 3640.– DM Saltarello Gold 7480.– DM

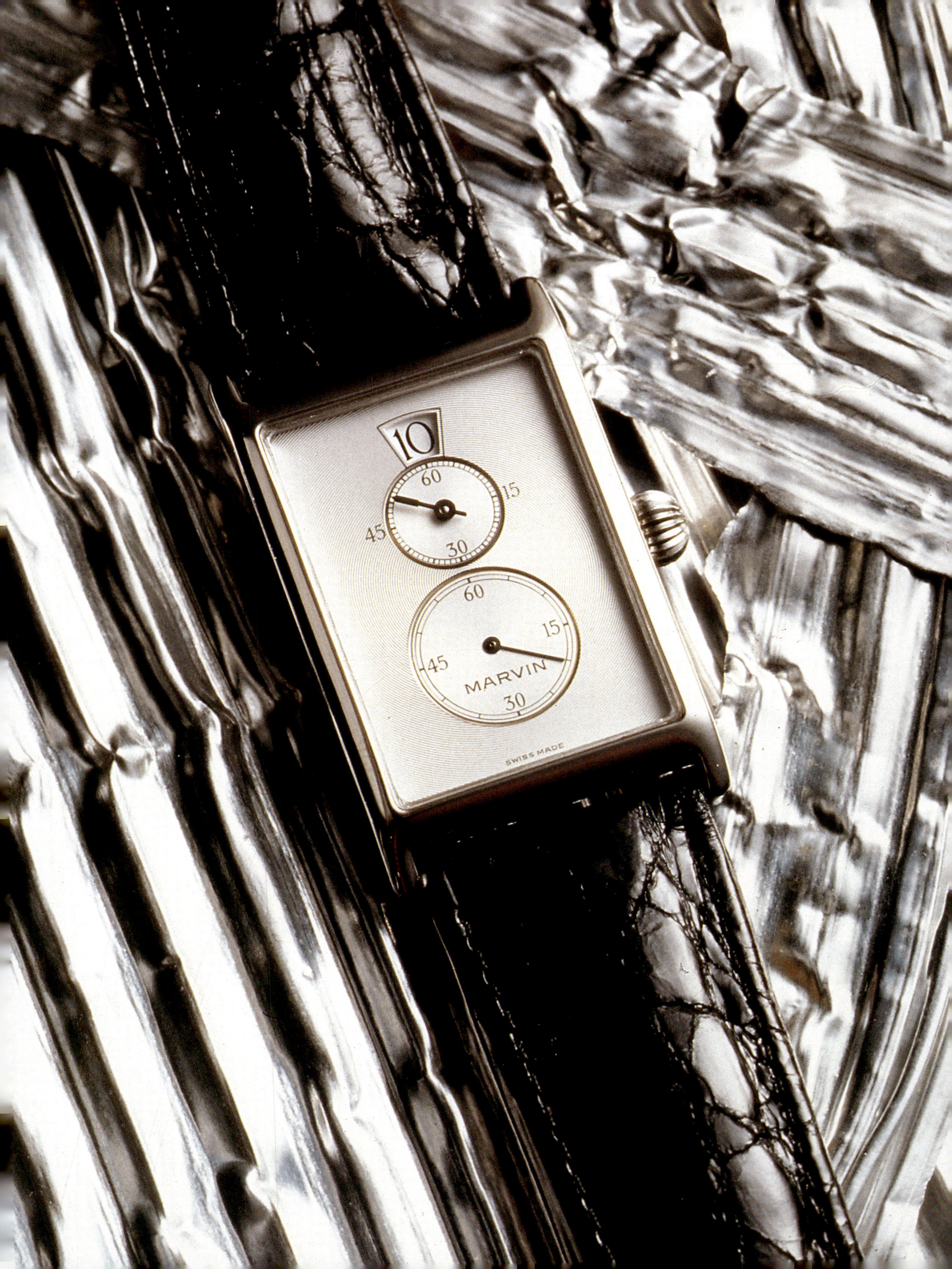
10
60
15
45
30
60
15
45
MARVIN
30
SWISS MADE

Ernest Borel

Der Schweizer Uhrenhersteller Ernest Borel schuf mit dem neuen Chronographen Indigo Sky ein unerhört markantes Modell mit einem schweren, dickrandigen Gehäuse. Das Design erinnert an die Exaltiertheit gewisser Uhren aus den 70er Jahren, erfährt aber durch die gänzlich neue Ausformung der Bandanstöße eine sehr moderne Komponente. Die Schlichtheit des Zifferblatts tritt dabei in reizvollen Kontrast zum massigen Gehäuse. In seinem Inneren gibt sich der Chronograph jedoch weniger progressiv und avantgardistisch. Dort versieht nämlich das beliebte Valjoux-Werk mit der Bezeichnung 7750 seinen Dienst.

Modell:	Chronograph Indigo Sky
Hersteller:	Ernest Borel, CH-2725 Le Noirmont
Referenz:	G 21015
Debüt:	1992
Werk:	Automatik-Chronograph Valjoux 7750
Besonderheit des Werks:	vergoldeter Rotor
Gehäuse:	Bicolor, Stahl mit Goldplaque 10 Mikron
Besonderheit des Gehäuses:	Saphirglas, bis 50 m wasserdicht
Band:	Lederband in sechs verschiedenen Farben mit patentiertem Spezialverschluß
Maße:	Ø 38,8 mm, Höhe 12,9 mm
Preis:	2650.– DM

MECHANIK UND SPEZIALITÄTEN

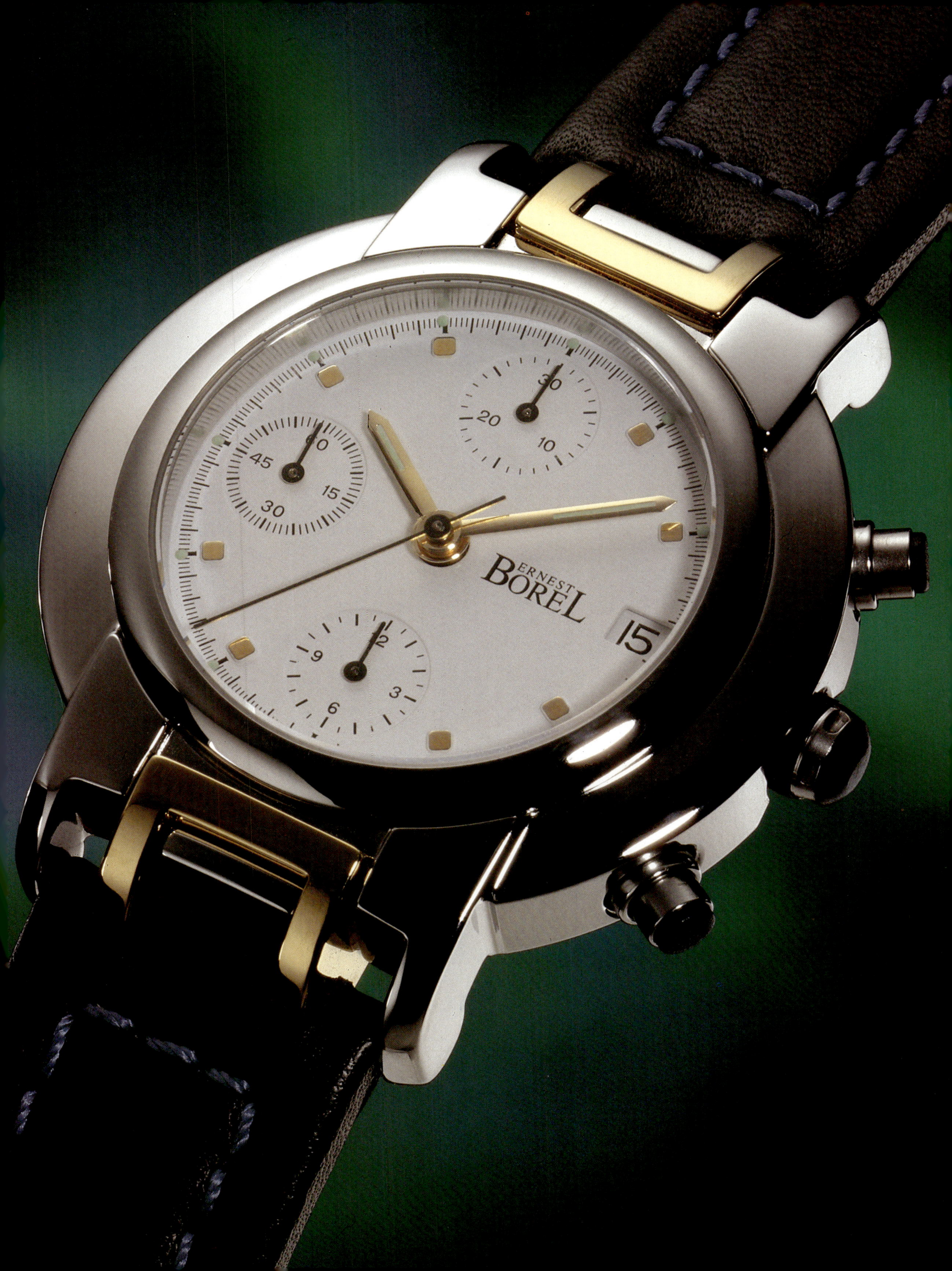
ERNEST BOREL
15

BREIL

Speziell für Uhrensammler kreierte Breil eine eigene Chronographen-Linie sowie eine Gangreserveuhr mit seltenen mechanischen Werken. Es handelt sich dabei um zwei verschiedene Modelle, die unter der Bezeichnung Retro zusammengefaßt sind. Schon der Name deutet an, daß es sich hier um Chronographen handelt, die sich im Stil an klassischen Modellen der Vergangenheit orientieren. Sie zeichnen sich deshalb durch eine sehr liebevolle Detailverarbeitung aus. Um dem Rang des Besonderen gerecht zu werden, legt Breil nur 100 Stück pro Modell auf. Der Handaufzug-Chronograph verfügt über das bekannte Lemania-Kaliber 1883, der Automatik-Chrono wurde sogar mit einem ewigen Kalender ausgestattet, dessen Mechanismus genauso wie das Chronographenmodul auf das verbreitete Automatikkaliber Eta 2892-2 aufbaut. Im Gegensatz zum echten ewigen Kalender benötigt die Breil Retro beim im Vierjahresrhythmus wiederkehrenden Schaltjahr eine manuelle Korrektur. Alle Chronographen und Retro-Uhren sind numeriert. Ein Original-Zertifikat ist ebenfalls beigelegt.

Modell:	Chronograph Retro mit Vierjahreskalender
Hersteller:	Breil SA. Montres, CH-1260 Nyon
Referenz:	1204.432
Jahr:	1991
Werk:	Eta Kal. 2892-2 mit Modulen wie Kelek 2700
Besonderheit des Werkes:	Vierjahreskalender, Chronograph mit Mondphase
Gehäuse:	Stahl mit 10 Mikron vergoldet
Band:	Krokodilleder
Preis:	2900.– DM, 100 Stück limitiert
Modell:	Chronograph Retro
Referenz:	1203.434 und 1203.432
Jahr:	1991
Werk:	Handaufzug, Lemania 1883
Gehäuse:	Stahl mit 10 Mikron vergoldet
Band:	Krokodilleder
Preis:	2400.– DM, 100 Stück limitiert

MECHANIK UND SPEZIALITÄTEN

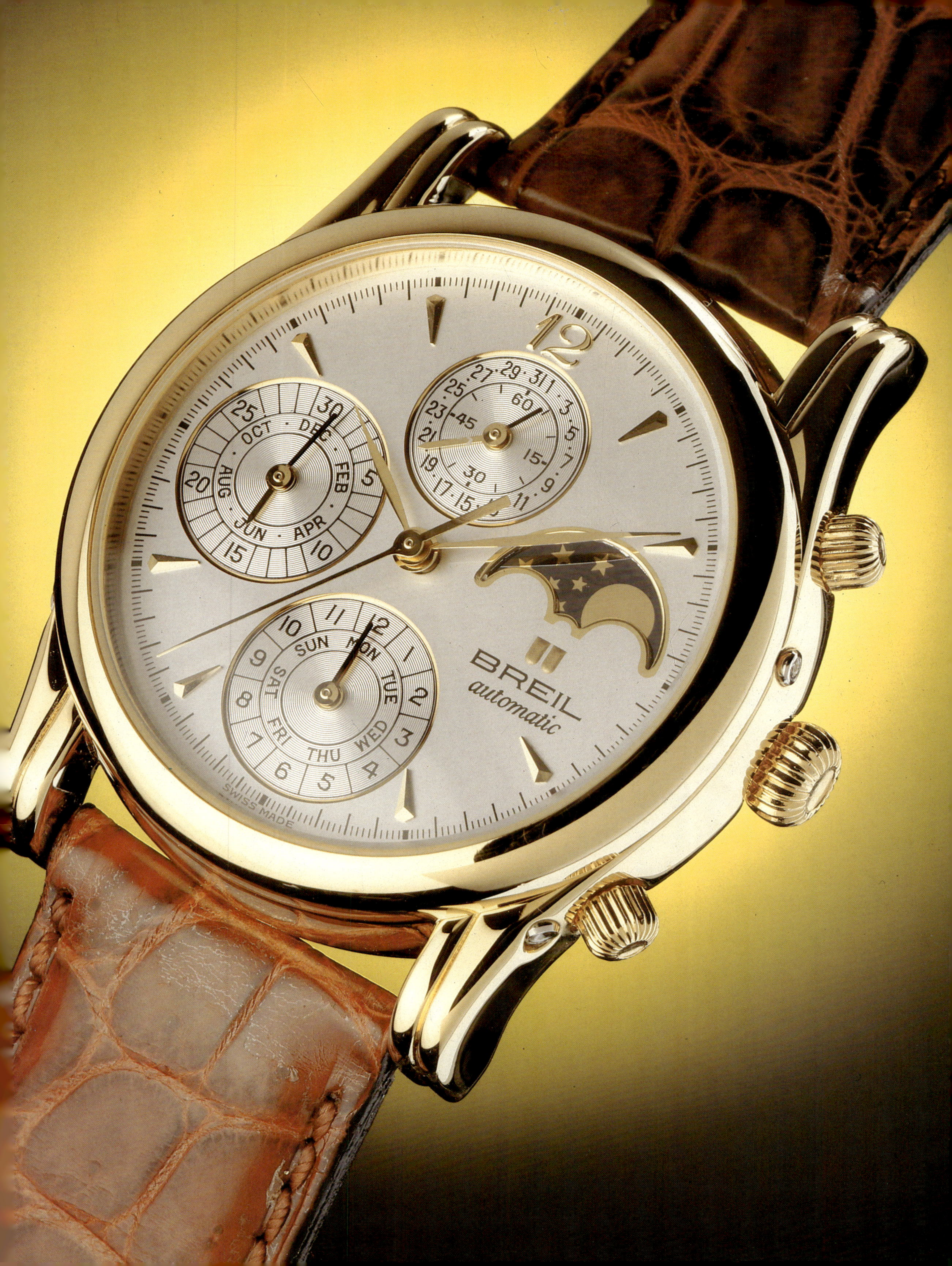
BREIL
automatic
SWISS MADE

Bulova

Bulova erlebt zur Zeit ein Comeback als anspruchsvolle Marke mit einer Reihe von mechanischen Spezialitäten in limitierter Auflage. Neben zwei Chronographen weckt ein rechteckiges Automatikmodell mit kleiner Sekunde, Datum und Gangreserve die besondere Aufmerksamkeit der Sammler und Liebhaber. Die Bulova Reserve de Marché erfüllt in jeder Hinsicht hohe Ansprüche. Im Innern der Uhr kommt ein besonders hochwertiges Automatikwerk von Frédéric Piguet zum Einsatz. Uhren mit Gangreserveanzeige waren vor allem in der Pionierzeit des automatischen Aufzugs populär, damit der Träger wußte, wann er die Uhr wieder anzulegen hatte.

Modell:	Reserve de Marche
Referenz:	BA 1322013 A
Hersteller:	Bulova Eco Haru SA, CH-2500 Biel/Bienne
Debüt:	1991
Werk:	Automatikwerk Kaliber Piguet 9640
Besonderheit des Werks:	Gangreserveanzeige, kleine Sekunde
Gehäuse:	Gelbgold 18 Kt.
Besonderheit des Gehäuses:	Saphirglas
Band:	Straußenleder
Maße:	Breite 23,5 mm, Höhe 8,2 mm
Preis:	8500.– DM

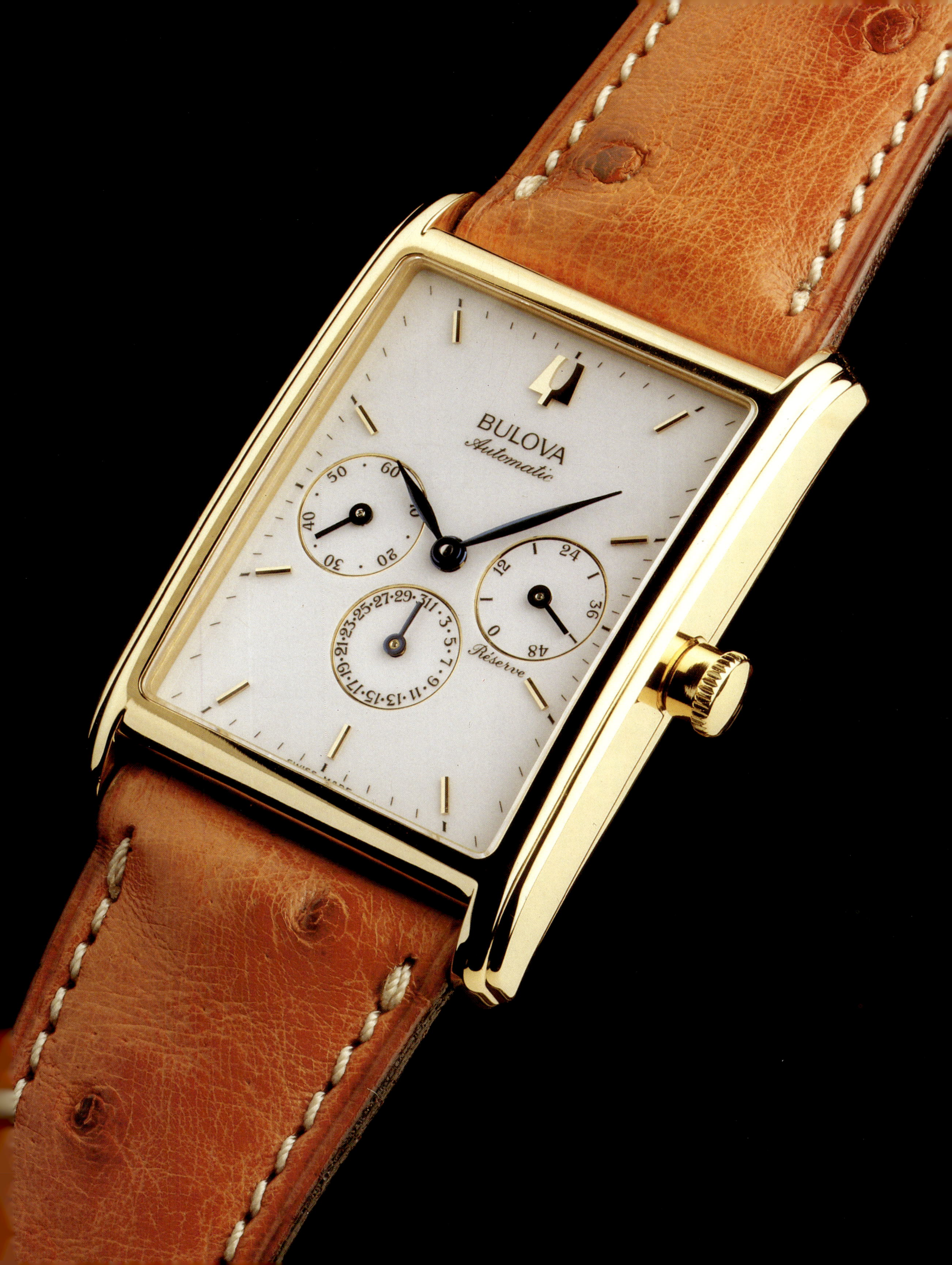
BULOVA
Automatic
Réserve

LORAN

Hinter dem Namen Loran verbirgt sich eine traditionelle Uhrenmanufaktur, die erlesene mechanische Modelle fertigt. Als echtes Loran-Prunkstück kann der Epirus-Chronograph gelten, den es nur in einer streng limitierten Auflage von 390 Exemplaren geben wird. Der Epirus orientiert sich stilistisch an klassischen Vorbildern, wird aber in seinem Innern von dem vergleichsweise modernen Chronographenwerk Valjoux 7751 angetrieben. Mondphasenanzeige und ein Vollkalendarium ergänzen die Chronographenfunktion. Imposant ist das schwere Goldgehäuse, es wiegt 23 Gramm. Durch den Saphirglasboden wird das vergoldete Werk sichtbar.

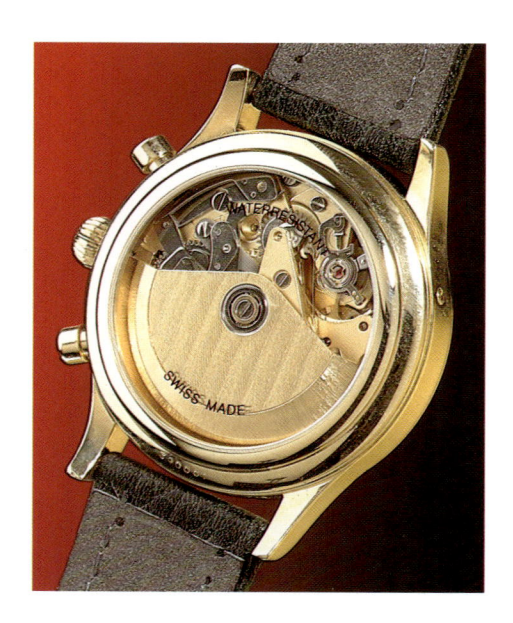

Modell:	Epirus
Hersteller:	Loran of Switzerland
Werk:	automatisches Chronographenwerk Valjoux 7751
Besonderheit des Werkes:	Vollkalendarium, Mondphase
Gehäuse:	Gelbgold 18 Karat, beiderseits Saphirglas
Band:	Krokodilleder
Maße:	⌀ 37,5 mm, Höhe 13,5 mm
Varianten:	Goldband auf Anfrage
Preis:	ca. 5500.– DM

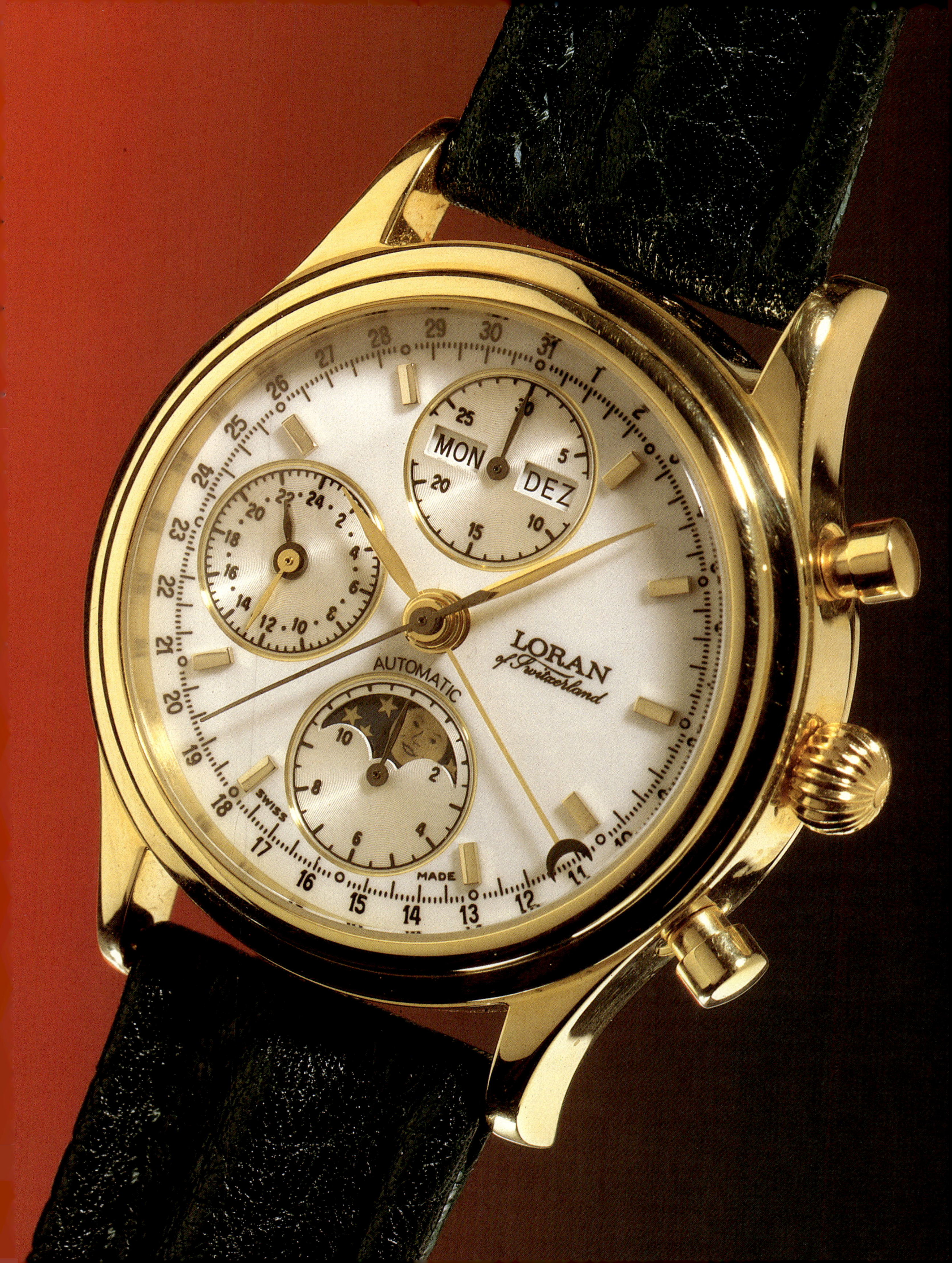

MON
DEZ
AUTOMATIC
LORAN
of Switzerland
SWISS
MADE

Raymond Weil

Eines der Merkmale, die dem Schweizer Uhrenhersteller Raymond Weil, Genève, den weltweiten Erfolg sicherstellen, ist ohne Zweifel die hohe Qualität seiner Uhren. Sie basiert auf der außerordentlichen Sorgfalt, die er seinen Kollektionen widmet. So auch bei seiner jüngsten, der »Parsifal-Gold«-Kollektion. Sie ist die erste Kollektion von Raymond Weil in 18 Karat Gold. Das neueste Highlight dieser Kollektion ist der Parsifal-Chronograph in 18karätigem Gold, der, ausgestattet mit einem Automatik-Werk, das von der Renaissance der mechanischen Uhr zeugt. Die Parsifal-Chronographen in 18karätigem Gold sind limitiert und numeriert – mit Goldarmband von 1 bis 499, mit Krokoarmband von 1 bis 999.

Modell:	Parsifal-Automatik-Chronograph
Hersteller:	Raymond Weil, Genève
Referenz:	10830 G-C
Debüt:	1992
Werk:	Automatik-Chronograph, Kaliber Valjoux 7750
Besonderheit:	Datumsanzeige, Tachymeter-Skala, Stoppuhr, Sekunden-, Minuten- und Stundenzähler auf drei Skalen
Gehäuse:	Gelbgold 18 Kt.
Besonderheit des Gehäuses:	kratzfestes Saphirglas, Krone mit Saphir-Cabochon und Flankenschutz, wasserdicht bis 50 m, verschraubter Boden
Band:	Gelbgold 18 Kt.
Besonderheit des Bandes:	integrierte Faltschließe aus Gelbgold 18 Kt.
Maße:	⌀ 38,5 mm, Höhe 13 mm
Varianten:	Gold-Chronograph mit Krokoband und Faltschließe, Stahl/Gold-Chronograph mit Metallband und Goldapplikationen
Preise:	von 2995.– DM bis 19 950.– DM, Abbildung rechts: 19 950.– DM

Mechanik und Spezialitäten

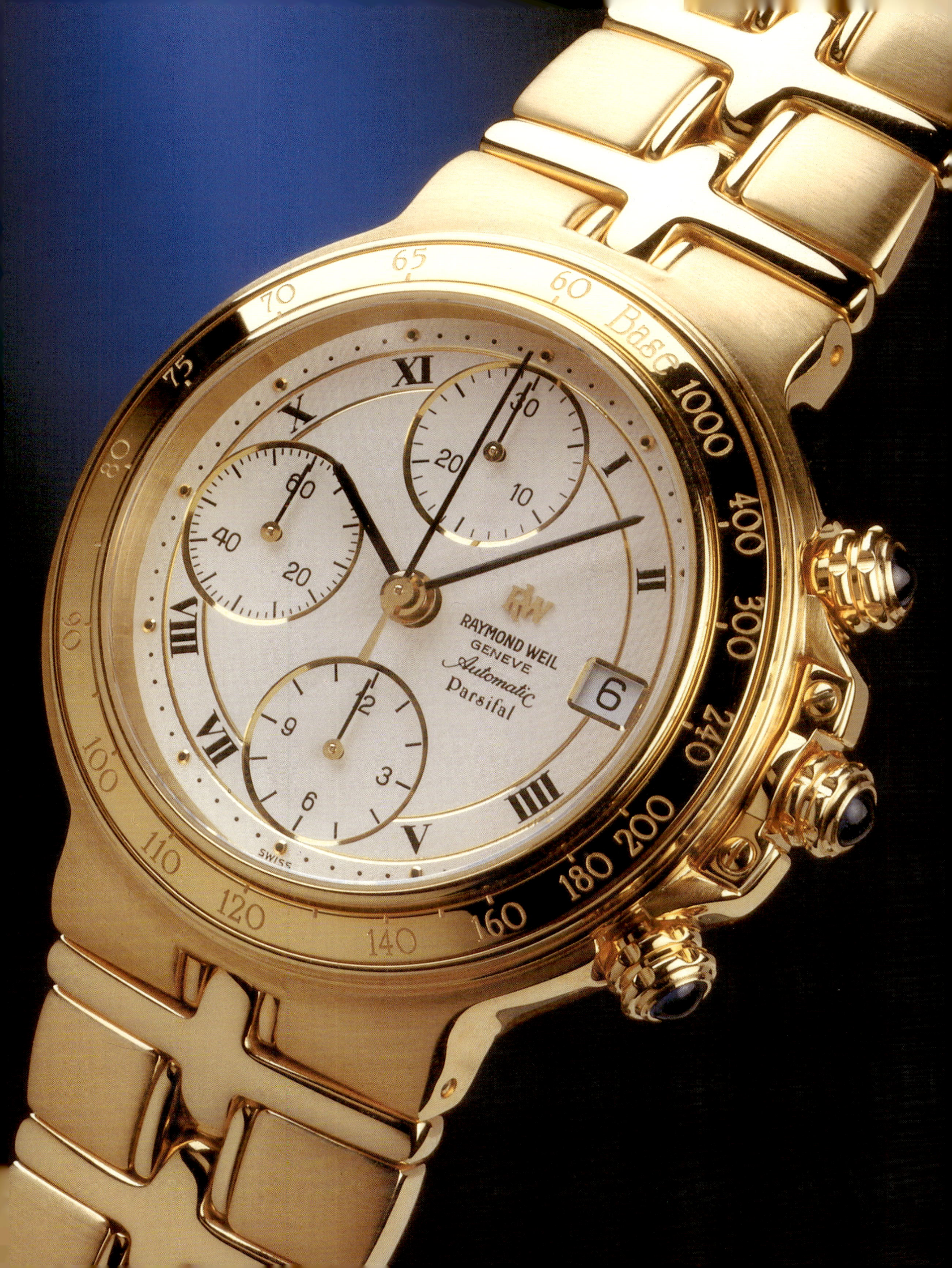
RAYMOND WEIL
GENEVE
Automatic
Parsifal
SWISS
Base 1000

Antima

Antima war seit 1919 und bis vor einigen Jahren als traditioneller Uhrmacher aus Biel bekannt. Heute gehört die Marke zu den absoluten Neuentdeckungen im Bereich der Luxusuhren. Die Chronographen-Linie Pro Arte ist in 18karätigem Gold, Stahl/Gold und Stahl zu beziehen. Die Zifferblattgestaltung beeindruckt durch die feine Abstimmung von Perlmutt und Lack.

Modell:	Pro Arte Chronograph
Hersteller:	Antima Biel, Schweiz
Debüt:	1992
Werk:	automatisches Chronographenwerk Valjoux 7750
Gehäuse:	Gelbgold 18 Karat
Besonderheit des Gehäuses:	transparenter Boden
Band:	Haifischleder, gefüttert
Varianten:	Stahl, Stahl mit Lünette aus 18kt. Gold
Preis:	Gold 18 Karat 5705.– DM Stahl/Gold 2235.– DM Stahl 1430.– DM

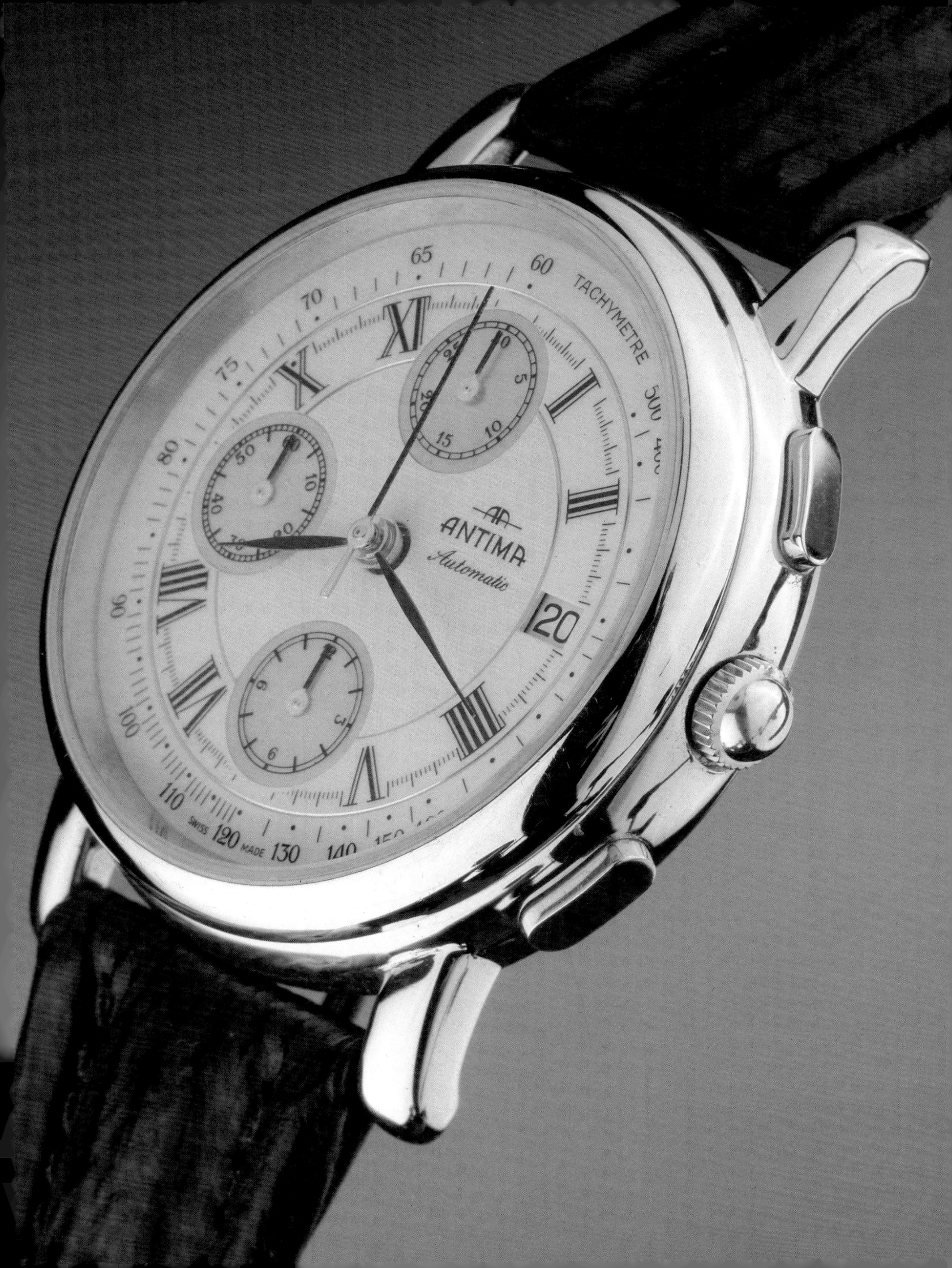
TACHYMETRE
ANTIMA
Automatic
20
SWISS
MADE

JEAN MARCEL

Es gibt Uhren, die wirken zeitlos, obwohl sie mit nostalgischen Stilelementen gestaltet wurden. Für diesen scheinbaren Widerspruch sind die mit »Jean Marcel« signierten Chronographen der deutschen Uhrenmanufaktur Adolf Gengenbach der lebende Beweis. Die Chronographen heißen zwar Innovation, beleben jedoch das Design mit Stilmitteln einer vergangenen Epoche. Da gibt es einen rotgoldenen Glasreif, ein Zifferblatt mit Emailcharakter, gebläute Zeiger und zwiebelförmige Kronen. Dies alles wirkt nicht aufgesetzt, sondern harmonisch. Das Valjoux 7750 sorgt dafür, daß auch die inneren Werte stimmen.

Modell:	Jean Marcel Innovation
Hersteller:	Adolf Gengenbach, 7530 Pforzheim
Referenz:	132.078.53
Debüt:	1991
Werk:	Automatik-Chronograph Valjoux 7750
Besonderheit des Werkes:	vergoldeter Rotor
Gehäuse:	Goldplaque Rosé und Palladium Rhodine
Besonderheit des Gehäuses:	wasserdicht bis 50 m, gewölbter Mineralglasboden
Band:	Leder smaragd, cognac oder maron
Maße:	Ø 37 mm, Höhe 12 mm
Varianten:	Gehäuse in Goldplaque, Zifferblätter in Weiß-Email und Champagner
Preis:	ab 1195.– DM

MECHANIK UND SPEZIALITÄTEN

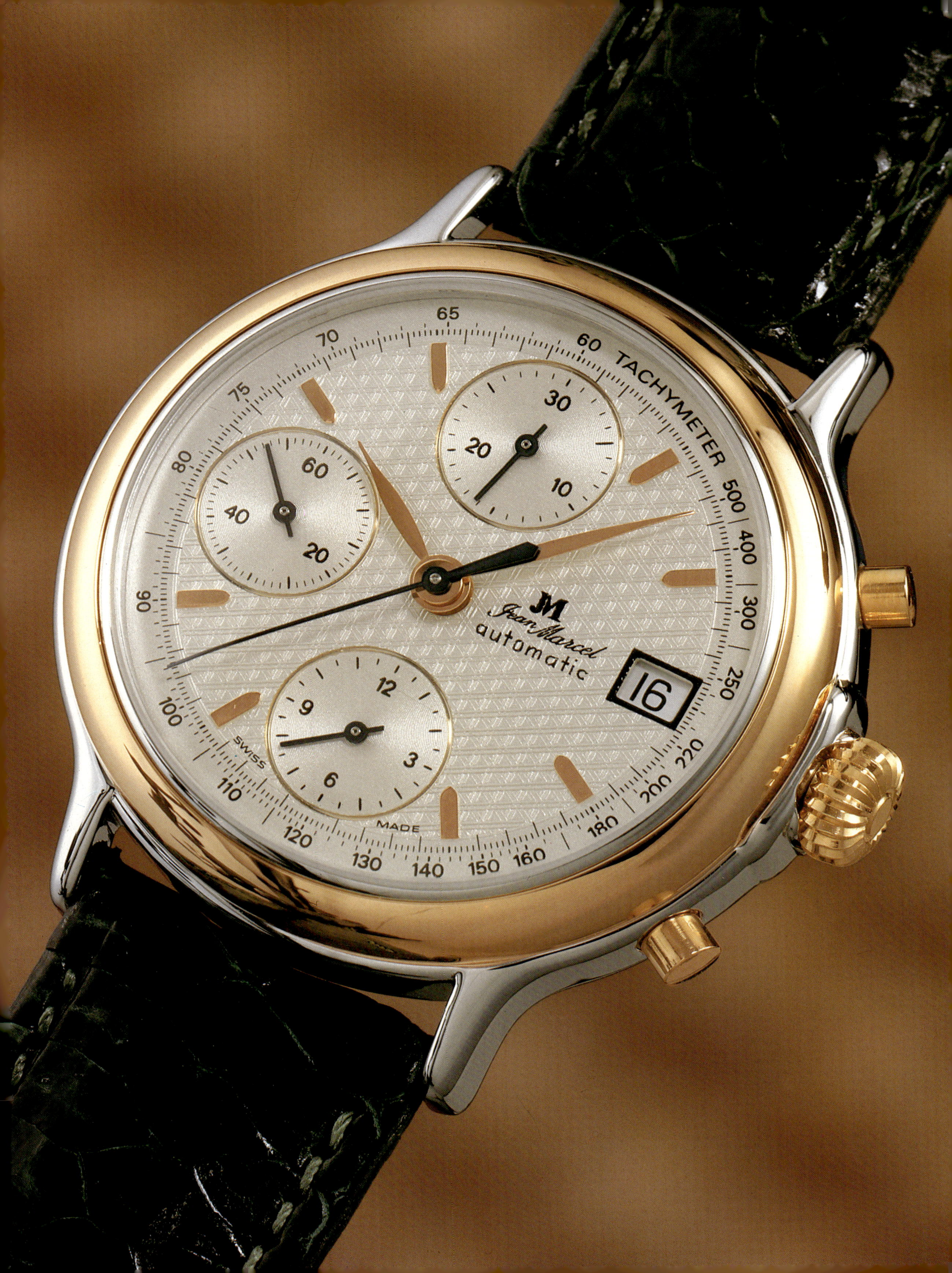
TACHYMETER
Jean Marcel
automatic
SWISS
MADE

ETERNA

Eterna räumt auch den Handaufzugmodellen in seiner Kollektion 1856 den ihnen gebührenden Platz ein. Es gibt diese stilistisch hervorragend gelungene Uhr, die klassische mit modernen Stilelementen verknüpft, als Modell mit Saphirglasboden und als Skelettuhr. Letztere allerdings nur in Gold und Platin und lediglich in limitierter Auflage von insgesamt 1298 Exemplaren. Das sorgfältig gravierte und von Hand ziselierte Peseux-Werk fasziniert den Betrachter und beweist das hohe Niveau der Uhrmacherkunst bei Eterna.

Modell:	Eterna 1856 Skelett
Hersteller:	Eterna AG, CH-2540 Grenchen
Referenz:	3301.69.62.710
Debüt:	1992
Werk:	Handaufzugwerk, Kaliber 7001 Peseux
Besonderheit des Werkes:	skelettiert, fein verziert und von Hand ziseliert, Überzug aus Gold 18 Kt. oder Rhodium
Gehäuse:	Rosé-Gold 18 Kt.
Besonderheit des Gehäuses:	wasserdicht, reflexfreies Saphirglas, Gelb- und Roségold zusammen weltweit auf 999 Stück limitiert, einzeln numeriert
Band:	Krokodilleder
Maße:	Ø 34 mm, Höhe 5,95 mm
Varianten:	Gelbgold 18 Kt.; Platin 950, limitiert auf 299 Stück weltweit
Preis:	Rosé- und Gelbgold 6950.– DM Platin 9950.– DM

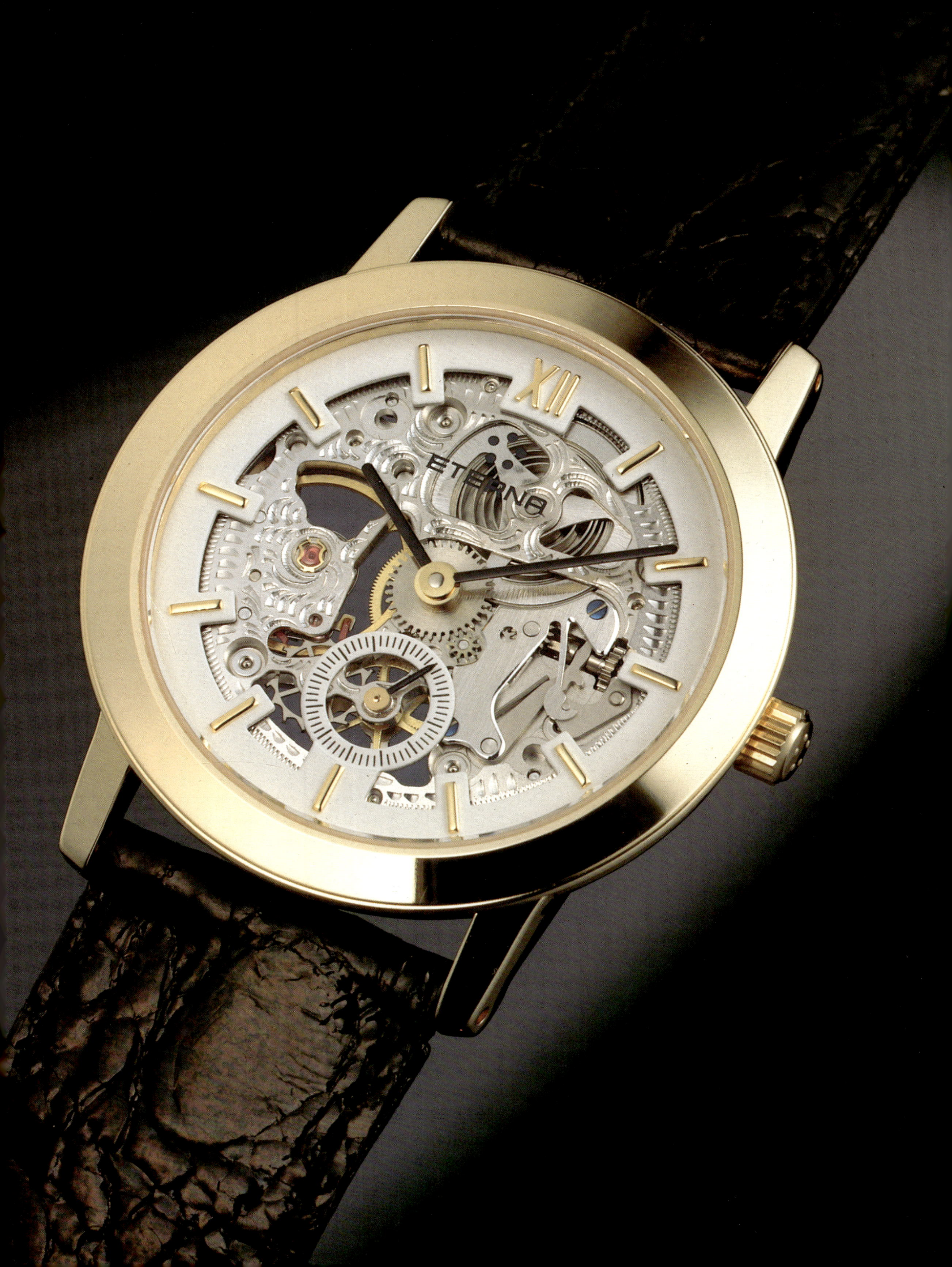
ETERNA

TAG Heuer

Der Chronographenspezialist TAG Heuer macht mit dem neuen Chrono der Serie S/EL seinem Namen alle Ehre, denn TAG steht für Techniques d'Avantgarde. Der Quarz-Chronograph besitzt ein Modul, das fünf verschiedene Motoren antreibt. Der große Aufwand kommt der Genauigkeit und Zuverlässigkeit zugute. Die Messung von Zwischenzeiten oder von zwei aufeinanderfolgenden Zeiten sind mit dem S/EL Chronograph ohne weiteres möglich. Auch das Gehäuse der Uhr kann sowohl vom Design als auch von der Funktion her überzeugen. Verschraubte Krone, kratzfestes Saphirglas eine drehbare Lünette und eine Taucheignung bis 200 m ergänzen die funktionale Ausstattung.

Modell:	S/EL Chronograph
Hersteller:	TAG Heuer SA, CH-2874 Marin
Referenz:	S. 39.306
Debüt:	1988
Werk:	ETA-Kaliber 251262
Besonderheit des Werks:	erlaubt 5 Chronographenfunktionen
Gehäuse:	mattiertes Stahlgehäuse
Besonderheit des Gehäuses:	drehbare Lünette, verschraubte Krone, Saphirglas
Band:	Stahlband, auch Bicolor- oder Lederband möglich
Maße:	Ø 38 mm, Höhe 11,5 mm
Varianten:	Stahl, Stahl/Gold
Preis:	2350.–/2850.– DM

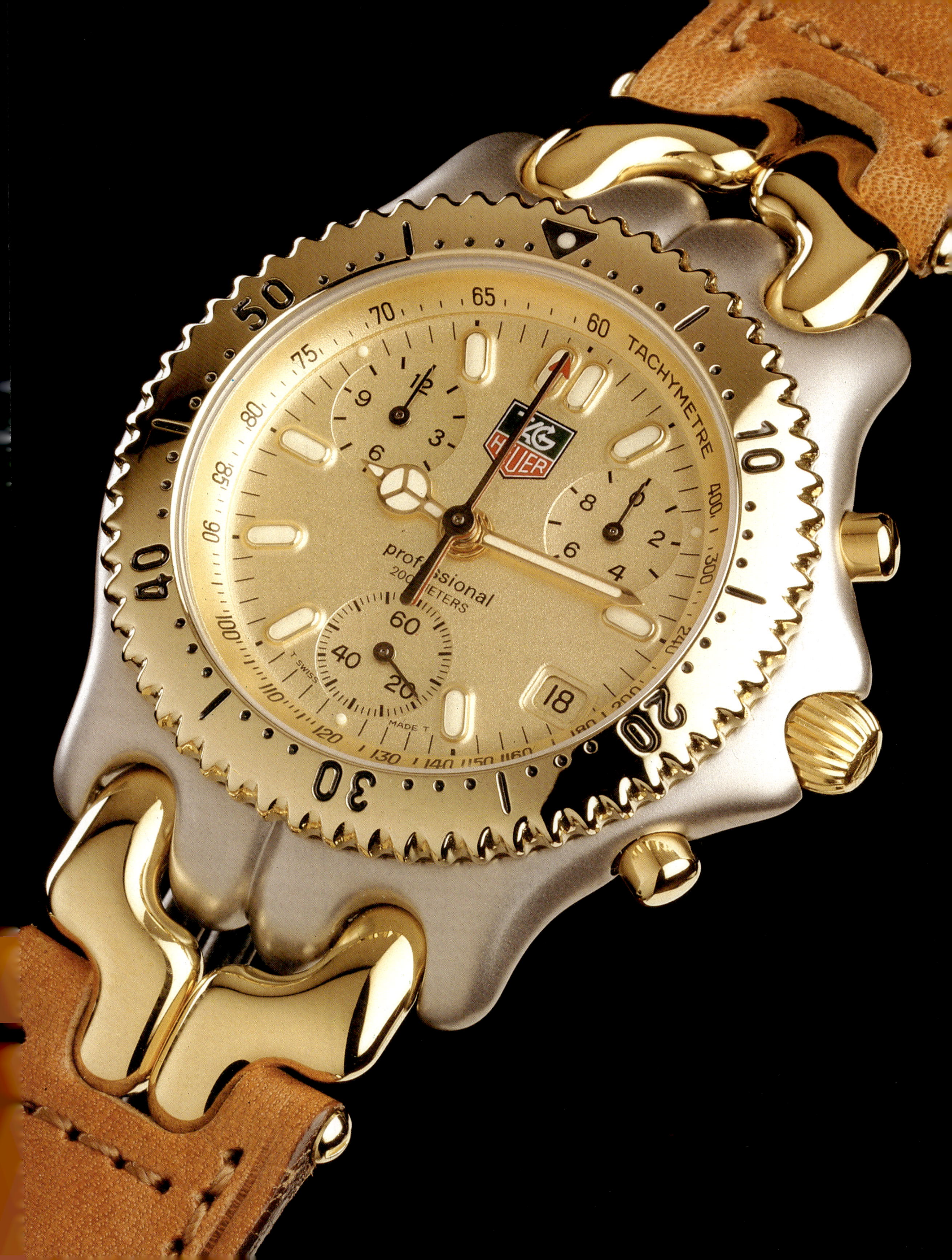
TACHYMETRE
professional

Motochron

Aus Österreich kommt die originelle Idee, Automobil-Enthusiasten mit ganz besonderen Armbanduhren zu erfreuen. Die Motochron-Kollektion nahm sich verschiedene Tachometerzifferblätter von legendären Porsche-Typen zum Vorbild und ergänzte lediglich unauffällig einen schwarzen Stundenzeiger, damit eine Zeitanzeige möglich wird. Das Motochron-Spitzenmodell heißt RS-Chronometer, besitzt ein Automatikwerk und erinnert an den legendären Leichtbau-Carrera 2.7 von 1972. Die Seriennummer der wie das Auto auf maximal 1580 Stück limitierten RS 2.7 erscheint auf dem Kilometerzähler des Zifferblattes.

Modell:	RS 2.7 Chronometer
Hersteller:	Motocron, A-1020 Wien
Debüt:	1992
Werk:	Automatikwerk Eta 2892-2, vergoldet
Besonderheit des Werks:	erfüllt die Chronometernorm mit Gangschein
Gehäuse:	Edelstahl mit Saphirglas und Mineralglasboden
Band:	Lederband
Maße:	Ø 37,5 mm, Höhe 9,8 mm
Preis:	ca. 2000.– DM, Stückzahl auf 1580 Stück begrenzt

Mechanik und Spezialitäten

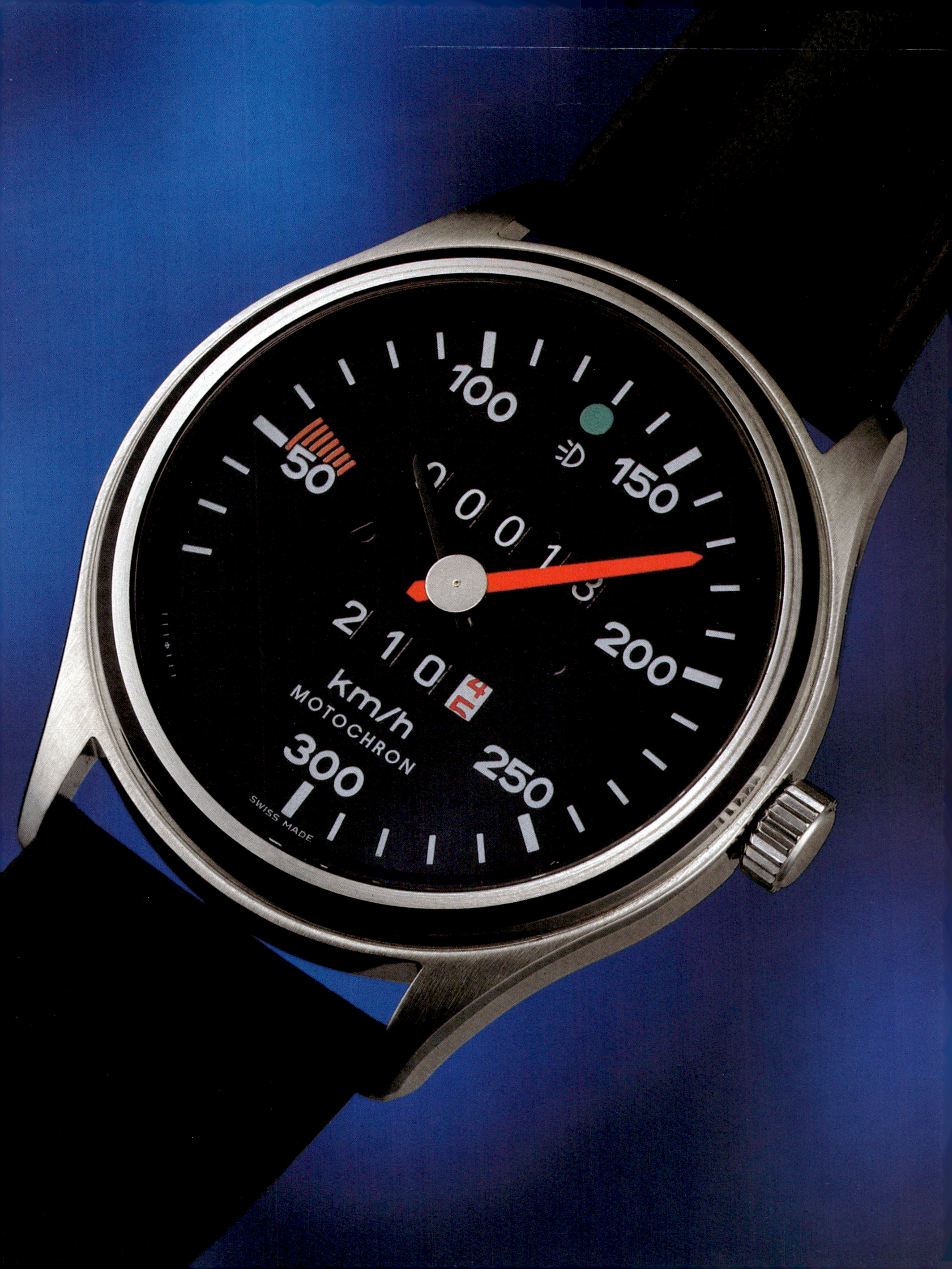
50
100
150
200
250
300
km/h
MOTOCHRON
SWISS MADE

Genée

Die Marke Genée, zunächst im mittleren Marktsegment etabliert, zeigt auch bei hochwertigen mechanischen Spezialitäten großes Engagement: Neben den Chronographen ist die Genee No. 1 beredtes Beispiel für die zunehmend höheren Ansprüchen genügende Kollektion. Die »Nummer Eins« ist eine sogenannte Reserve de Marche, eine Uhr mit Gangreserveanzeige auf dem Zifferblatt. Basiskaliber ist das vergoldete Eta 2824-2, das sich durch den Glasboden dem Blick des Kenners offenbart. Allen Genee-Uhren ist die starke Orientierung an klassischen, renommierten Vorbildern gemeinsam.

Modell:	No. 1
Hersteller:	Genée, Switzerland
Werk:	Automatikwerk Eta 2824-2, vergoldet mit Gangreserveanzeige auf dem Zifferblatt
Gehäuse:	Golddoublé 20 Micron
Band:	Krokodilleder
Maße:	⌀ 32,8 mm, Höhe 10 mm
Preis:	1690.– DM

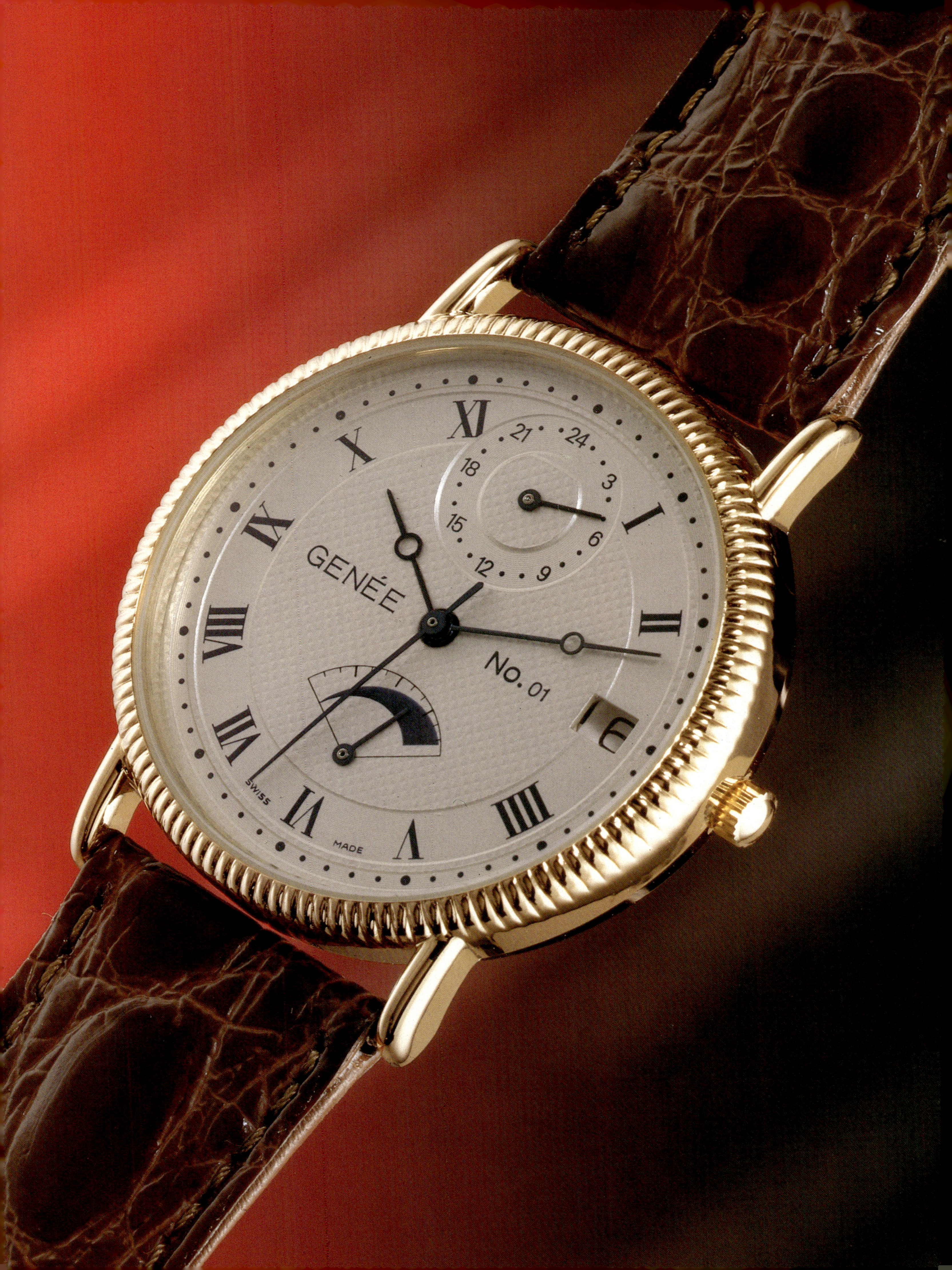
GENÉE
No. 01
SWISS
MADE

BUNZ

Bunz-Uhren bestechen durch ihre Exklusivität und durch ihr ausgefallenes Design. Die jüngste und aufregendste Creation des deutschen Uhrendesigners, der seine Schöpfungen in der Schweiz herstellen läßt, heißt Moontime. Bei diesem Modell werden die typischen Bunz-Stilelemente, der Kreis als Symbol für den ewigen Lauf der Zeit und der im Zentrum des Saphirglases ohne sichtbare Fassung verankerte Diamant, durch eine einzigartige technische Finesse ergänzt. Als Basiswerk dient das Automatik-Kaliber ETA 2892-2, das Bunz mit einer besonderen Komplikation versah: Eine sogenannte »epizyklische Mechanik« ist so übersetzt, daß sie das genaue Mondstadium am Innenrand des Zifferblattes über einen Ring anzeigt, der vom Uhrwerk angetrieben wird. Eine einzigartige uhrmacherische Leistung von Bunz, die bereits zum Patent angemeldet ist.

Modell:	Moontime
Hersteller:	Bunz Montres SA, Littau, Schweiz
Referenz:	27014321
Jahr:	1992
Werk:	Automatikwerk, ETA Kaliber 2892-2
Besonderheit des Werks:	Komplikation Mondgetriebe, Patent angemeldet
Gehäuse:	Gold 18 Kt., Platin 950 oder Edelstahl
Besonderheit des Gehäuses:	wasserdicht bis 30 m
Band:	Krokoleder blau
Maße:	Ø 41,7 mm, Höhe 12,5 mm
Varianten:	verschiedene Gehäuse, u. a. mit Diamanten von 0,25 bis 0,5 ct
Preis:	je nach Ausführung von 7900.– bis über 30 000.– DM

MECHANIK UND SPEZIALITÄTEN

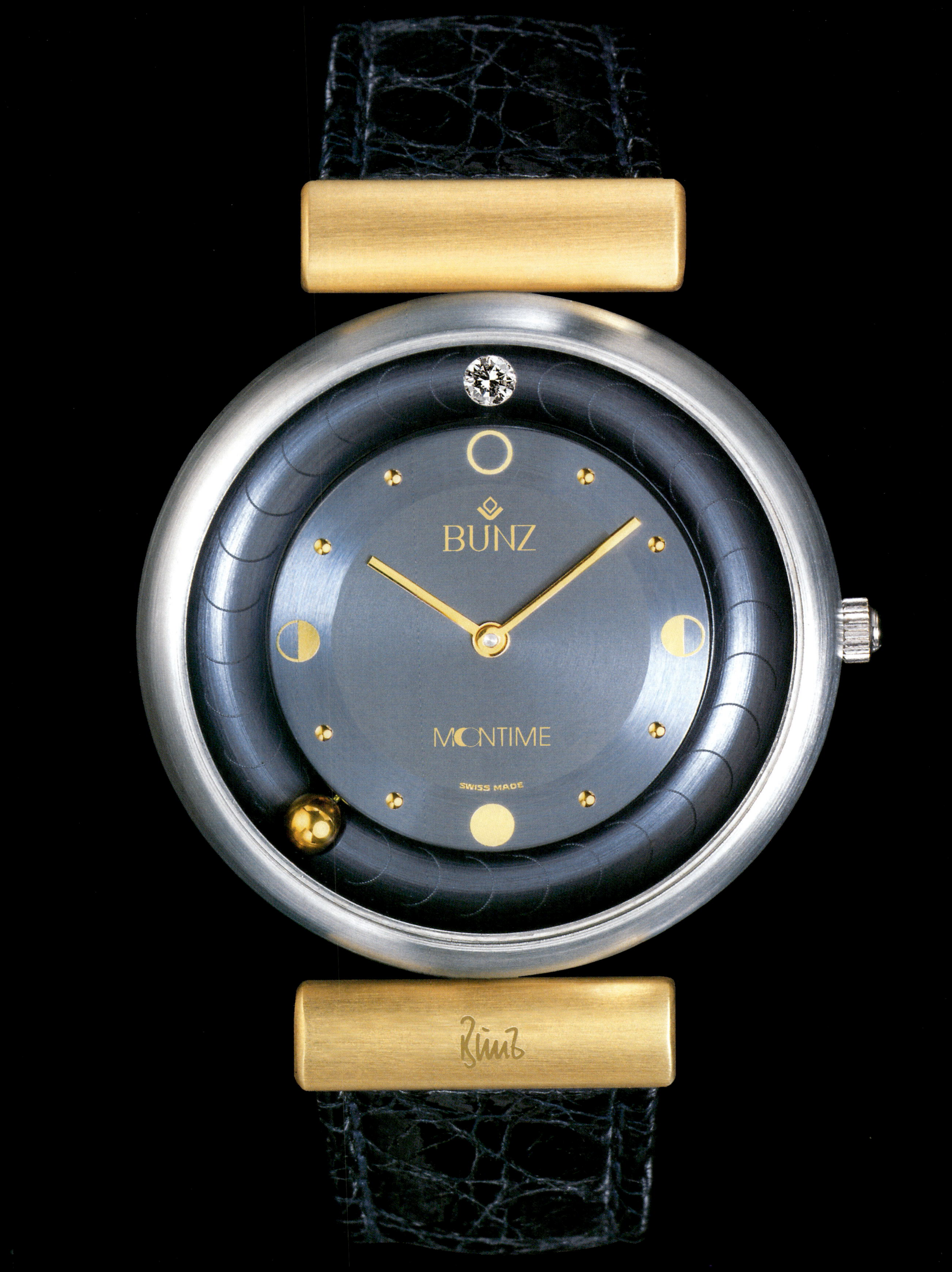
BUNZ
MONTIME
SWISS MADE

SATTLER

Der Regulator, eine große an der Wand fest montierte Großuhr, war früher das Herz einer jeden Uhrenmanufaktur. Nach seinem Gang wurden die Armband- oder Taschenuhren vor Verlassen des Werkes genau einreguliert. Sie haben ein typisches Zifferblatt mit getrennter Anzeige von Stunde, Minute und Sekunde, wie es auch später von Armband- oder Taschenuhren als Stilmerkmal aufgegriffen wurde. Ihre extreme Genauigkeit ist das Ergebnis kompliziertester Mechanik, bei der es insbesondere auf die Hemmung und die genaue Berechnung des Pendels ankommt. Stiluhren Sattler, international renommierter Spezialist für Großuhren, schuf mit dem Modell 1935 einen klassischen Regulator in hoher technischer und handwerklicher Vollendung.

Modell:	1935
Hersteller:	Stiluhren Sattler, 8032 Gräfelfing
Pendel:	Invarpendel aus Nickelstahl
Luftdruckkompensation:	durch am Pendelstab befestigtes Barometerinstrument mit verschiebbaren Gewichte
Hemmung:	Grehamhemmung, mit Steinpaletten, vier Kugellager und elf in verschraubte Chatons gepreßte Steinlager, 30 Tage gehend
Maße:	H 146 cm, B 36 cm, T 16 cm
Preis:	23 800.– DM

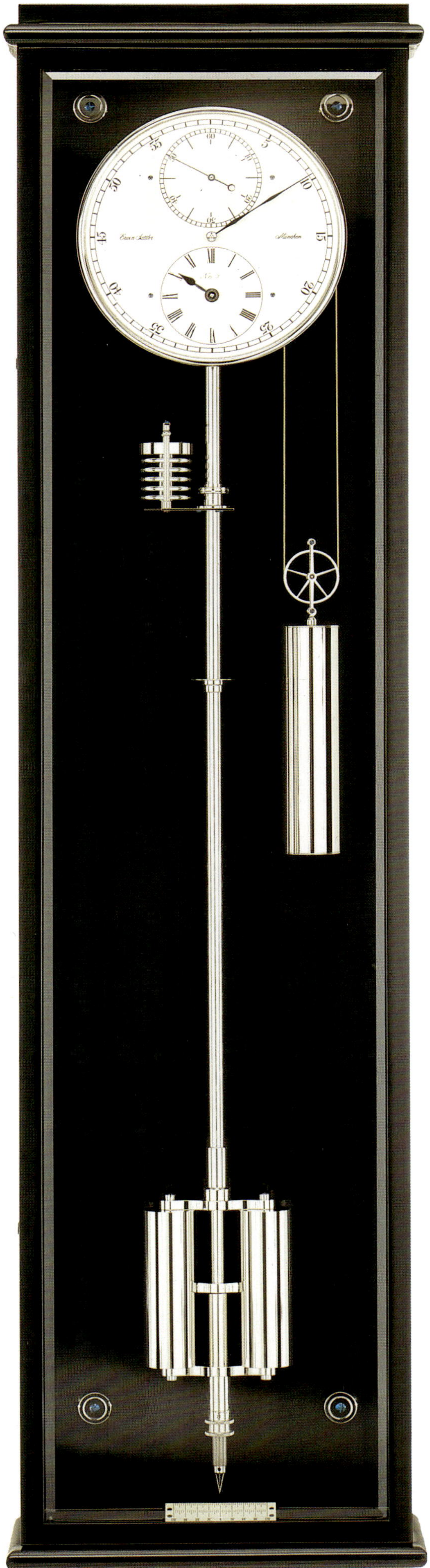
Erwin Sattler
München

Glossar technischer Begriffe

Die Armbanduhr – mehr als eine am Arm zu tragende Uhr

Der Wertewandel läßt sich nicht mehr verleugnen: Vorbei sind die Zeiten, da die Armbanduhr als reiner Gebrauchsgegenstand betrachtet wurde. Im Laufe von etwa zehn Jahren hat sie sich zu einem Objekt der Liebhaberei und der Sammelleidenschaft entwickelt.

Damit einhergegangen sind die Rückkehr zur Tradition und der Trend zur neuen Bescheidenheit. Faktoren wie Exklusivität, handwerkliche Vollendung und Markenbewußtsein rangieren inzwischen vor der spektakulären Show. Gefragt sind die subtilen Reize des Details. Dem wirklichen Kenner offenbaren auch sie die wahren Werte eines herausragenden Produkts. Wie sonst hätten die feinen mechanischen Uhren innerhalb weniger Jahre eine beispiellose Renaissance erleben können. Die kunstvollen Werke ticken im Verborgenen und künden – wenn überhaupt vorhanden – nur durch ihren »schleichenden« Sekundenzeiger von ihrer Existenz. Der Besitzerstolz konzentriert sich also auf das Wissen, etwas Außergewöhnliches am Handgelenk zu tragen. Erzeugnisse, die nicht unbegrenzt verfügbar sind, deren Entstehungsprozeß eine Reminiszenz an überlieferte Fähigkeiten und Fertigkeiten darstellt.

Dazu zählen vor allem die komplizierten Armbanduhren. Sie bergen die Kompetenz ganzer Generationen von Uhrmachern in sich. Der hohe Anteil an immer teurer werdender Handarbeit läßt sie zu einer vorzüglichen Geldanlage werden.

Doch erst das Gehäuse, die schützende Schale, macht aus einem Werk eine gebrauchsfähige Uhr. Vor allem die Alltagsuhr, der die wichtige Aufgabe zukommt, die kostbare Zeit in unterschiedlichsten Situationen möglichst präzise zu bewahren, duldet da keine Kompromisse. Die Ausführung des Werkes hat sich dem Erscheinungsbild unterzuordnen. Dominierende Faktoren sind klassische Designs, die sich nicht morgen schon überlebt haben, Widerstandsfähigkeit gegen äußere Einflüsse und schließlich ein hoher Tragekomfort.

Das folgende alphabetische Glossar soll die Orientierung erleichtern in einer bislang unbekannten Vielfalt an Uhrenmodellen und komplizierten Zusatzfunktionen:

Analoge Zeitanzeige:
Zeitanzeige über ein Zeigerpaar. Aus der Stellung von Stunden- und Minutenzeiger zueinander ergibt sich die jeweilige Zeit.

Automatischer Aufzug:

Der kugelgelagerte Rotor als Aufzugselement: hier beim Valjoux 7750 einseitig wirksam.

Der automatische Aufzug bei mechanischen Uhren geht auf das Jahr 1770 und den Uhrmacher Abraham Louis Perrelet zurück. Um dem häufigen Verlust der kleinen Schlüssel vorzubeugen, die zum Aufziehen und Zeigerstellen gleichermaßen dienten, ersann Perrelet sowohl den Aufzug durch eine Pendelschwungmasse als auch denjenigen durch einen unbegrenzt drehenden Rotor. Weil die Taschenuhren in der Westen-, Hosen- oder Jackentasche jedoch zu wenig Bewegung erfuhren, konnten die Selbstaufzugssysteme nicht effektiv genug arbeiten und deswegen keine hinreichende Verbreitung erlangen.

Erst die Armbanduhren, welche an einer der bewegtesten Stelle des Körpers getragen werden, waren geeignet, dem automatischen Aufzug zum endgültigen Durchbruch zu verhelfen. Das früheste bislang bekannte Modell, hergestellt vom Pariser Uhrmacher Léon Leroy, kam 1922 in einer sehr geringen Stückzahl auf den Markt. Die erste serienmäßig hergestellte Armbanduhr mit automatischem Aufzug geht auf den Engländer John Harwood zurück. Ihre Konstruktion mit einer Pendelschwungmasse wurde 1923 zum Patent angemeldet. Die Serienproduktion startete 1929 in der Schweiz.

Im Jahre 1931 brachte Rolex die erste Armbanduhr mit einem Rotor-Aufzugssystem auf den Markt; die Zugfeder wurde allerdings nur in einer Drehrichtung gespannt.

1942 stellte der Rohwerkehersteller Felsa ein erstes Wechselgetriebe zur Gleichrichtung der Rotorbewegung vor. Der automatische Aufzug erfolgte dadurch in beiden Drehrichtungen.

Mit der Erfindung des kugelgelagerten Rotors durch Eterna im Jahre 1948 waren alle Voraussetzungen für zukunftsweisende Selbstaufzugssysteme geschaffen.

Chronograph:

Der klassische Chronograph mit Minuten- und Stundenzähler. Zenith baute den ersten, voll integrierten Automatik-Chronographen der Welt.

Zusatzfunktion, die es gestattet, einen Sekundenzeiger unabhängig vom eigentlichen Uhrwerk zu starten, zu stoppen und wieder in seine Ausgangsposition zurückzustellen. Die Zeitanzeige wird dadurch nicht beeinträchtigt. Je nach Konstruktion besitzen Armband-Chronographen noch zusätzliche Zählzeiger für die seit Beginn der Stoppung abgelaufenen vollen Minuten und Stunden.

Um 1910 wurden die ersten Armbanduhren mit Chronograph vorgestellt. Armband-Chronographen mit automatischem Aufzug kamen erstmals 1969 auf den Markt.

Technisch zu unterscheiden sind die aufwendigeren Konstruktionen, bei denen ein sogenanntes Schaltrad zur Steuerung der Chronographen-Funktionen dient (z. B. Zenith 3019 PHC, »El Primero«), von den einfacheren, die auf einer Kulissenschaltung basieren (z. B. Kaliber Valjoux 7750).

Chronograph-Rattrapante:
Das Anwendungsspektrum von Chronographen läßt sich durch die Hinzufügung eines Schleppzeigers (Rattrapante) beträchtlich erweitern. Beispielsweise können Zwischenzeiten registriert oder zwei Vorgänge mit zeitgleichem Beginn, aber unterschiedlicher Dauer, gestoppt werden. Zu diesem Zweck ist über oder unter dem eigentlichen Chronographenzeiger ein zweiter Sekundenzeiger, der Schleppzeiger, angeordnet. Dieser kann nur zusammen mit dem Chronographen gestartet und auf Null gestellt werden. Allerdings läßt sich der Schleppzeiger beliebig oft mit Hilfe eines speziellen Drückers und eines zusätzlichen Mechanismus unabhängig vom Chronographen anhalten und nach dem Ablesen z. B. einer Zwischenzeit wieder mit diesem in Deckung bringen. Armbanduhren mit Chronograph-Rattrapante kamen gegen 1920 auf den Markt. Wegen des hohen technischen Aufwandes und der damit verbundenen Kosten haben sie keine allzu große Verbreitung erlangen können. Seit 1992 gibt es auch Schleppzeiger-Chronographen mit automatischem Aufzug.

Chronometer:

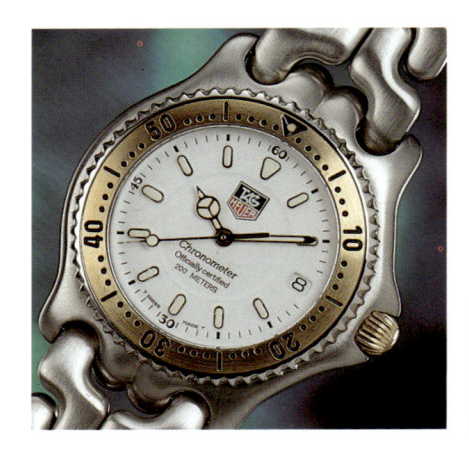

Chronometer erfüllen besonders hohe Anforderungen an die Ganggenauigkeit.

Chronometer sind Uhren, die bei entsprechender Bauart und Präzision bestimmten amtlichen Prüfungen standgehalten haben. Chronometer ist demnach eine Auszeichnung für besondere Ganggenauigkeit und ist dementsprechend durch ein offizielles Zertifikat beglaubigt. Siehe auch Regulierung.

Datumsanzeige:

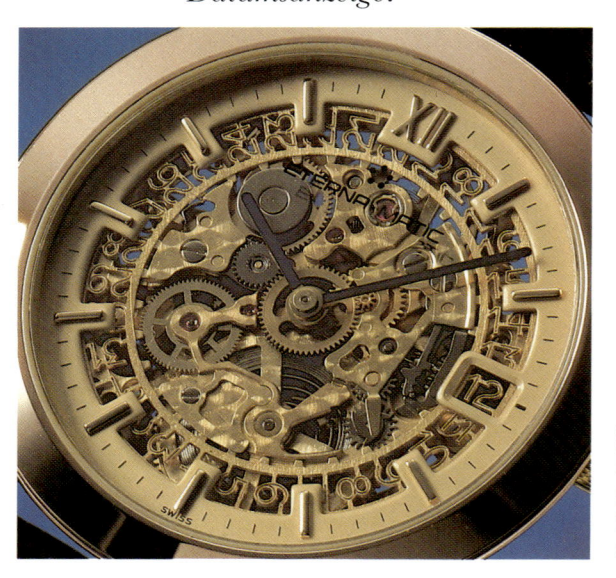

Sehr ungewöhnlich und reizvoll ist die skelettierte Datumsscheibe bei der Eterna 1856.

Indikation des Datums entweder analog durch einen Zeiger oder digital durch eine bedruckte Scheibe. Zeiger oder Scheibe drehen sich innerhalb von 31 Tagen einmal um ihre Achse. Sie werden täglich gegen Mitternacht über das Zeigerwerk um eine Position weitergeschaltet. Bei der Datumsanzeige mittels Zeiger sind die Zahlen von 1 bis 31 auf das Zifferblatt gedruckt. Die Spitze des Zeigers zeigt jeweils auf das aktuelle Datum. Armbanduhren mit Datumsanzeige durch Zeiger gibt es seit etwa 1915. Sie wurden ab Mitte der 30er Jahre sukzessive abgelöst durch Armbanduhren mit digitaler Datumsanzeige. Sie ist durch einen Ausschnitt im Zifferblatt sichtbar. Diese haben den großen Vorteil der leichteren Ablesbarkeit.

Fast allen Datumsanzeigen in mechanischen Uhren ist gemeinsam, daß sie in Monaten mit weniger als 31 Tagen von Hand korrigiert werden müssen. Dies geschieht entweder auf dem Weg über Krone und Zeigerwerk oder (bei modernen Konstruktionen) mit Hilfe einer speziellen Schnellschaltung direkt über die Aufzugskrone. Verschiedentlich sind in den Gehäuserand eigene Korrekturdrücker eingelassen.

Digitale Zeitanzeige:

Die Zeit wird in Ziffern dargestellt. Mechanische Armbanduhren mit digitaler Zeitanzeige kamen Mitte der 20er Jahre auf den Markt. Sie besaßen nur kleine Ausschnitte in einem rundherum geschlossenen Ganzmetallgehäuse. Gedacht waren sie als Alternative zu den Modellen mit den damals üblichen extrem bruchgefährdeten Kristallgläsern. Mit Einführung der Kunststoffgläser verschwanden die mechanischen Armbanduhren mit digitaler Zeitanzeige zunächst wieder vom

Digitaluhren sind in der höheren Preislage passé, einzige Ausnahme, die Funkuhr von Junghans, die dies durch Innovation rechtfertigt.

108

Markt. In den sechziger Jahren wurde sie nochmals für kurze Zeit angeboten, konnten sich jedoch wegen ihrer schlechten Ablesbarkeit nicht durchsetzen.

Erst mit den elektronischen Quarz-Armbanduhren wurde auch die digitale Zeitanzeige wieder aktuell. Ab etwa 1975 geschah dies zunächst mit Lichtemmisionsdioden (LED), die wegen des hohen Stromverbrauchs schon bald abgelöst wurden durch die Flüssigkristallanzeige (LCD). Heute hat die elektronische digitale Zeitanzeige viel von ihrer einstmaligen Popularität verloren. Sie findet deshalb hauptsächlich noch in fernöstlichen Billiguhren oder in besonderen Sportuhren Verwendung.

Ewiger Kalender

Ewige Kalender, wie der in der Grand Complication von AP, reichen ohne Korrektur bis ins Jahr 2100. Sie berücksichtigen sogar automatisch den 29. Februar.

Kalendarium, das die unterschiedlichen Monatslängen in Normal- und Schaltjahren automatisch berücksichtigt.

Bei Armbanduhren mit mechanischem ewigem Kalendarium werden in der Regel Datum, Tag und Monat angezeigt. Verschiedene Modelle besitzen darüber hinaus eine Schaltjahresindikation. Die Ewigkeit dauert bei den bislang bekannten Modellen freilich nur bis zum 28. Februar 2100. Weil in diesem Jahr der 29. Februar entgegen dem üblichen Schaltjahreszyklus ausfallen hat (s. Kalendersystem), müssen auch ewige Kalendarien manuell auf den 1. März umgestellt werden. Der mechanische ewige Kalender ist ein komplexes Zusatzwerk, bestehend aus etwa 100 Teilen, das zumeist auf einer eigenen Platine montiert und auf der Vorderseite eines normalen Uhrwerks befestigt ist. Die Informationen über die unterschiedlichen Monatslängen liefert der Monatsnocken, eine Programmscheibe, deren Rand unterschiedlich tiefe Ausfräsungen besitzt. Das kleinste ewige Kalendarium (Audemars Piguet) besitzt einen Durchmesser von nur 23 mm. Serienarmbanduhren mit mechanischem ewigem Kalender sind seit 1941 erhältlich.

Daneben gibt es auch Armbanduhren mit elektronischem ewigem Kalendarium. Bei diesen sorgt ein entsprechend programmierter Chip für die korrekte Indikation.

Gangreserveanzeige:

Indikation (Anzeige) der verbleibenden Gangreserve bei mechanischen Uhrwerken. Gangreserveanzeigen wurden bei Armbanduhren in den fünfziger Jahren populär, um die Wirksamkeit der automatischen Aufzugssysteme unter Beweis zu stellen. Bei Armbanduhren mit Handaufzug sind Gangreserveanzeigen äußerst selten.

Die Gangreserve-Anzeige stammt aus der Frühzeit der Automatikuhr. Heute ist sie zwar nicht mehr notwendig, aber als reizvolle Komplikation beliebt.

Genfer Streifen:
Häufig verwendete rippenförmige Dekoration auf den Brücken und Kloben feiner Uhren. Sie wird vor der galvanischen Veredelung aufgebracht, bleibt aber dennoch erkennbar.

Genfer Siegel:
Qualitätssiegel mit dem Genfer Stadtwappen, mit dem nach einem Reglement aus dem Jahre 1886 solche Uhren versehen werden dürfen, »bei denen durch die (offizielle) Prüfung festgestellt wurde, daß sie alle Eigenschaften von Qualitätsarbeit besitzen, die einen regelmäßigen und dauerhaften Gang gewährleisten und an denen ein Minimum an von der Prüfungskommission festgelegten Arbeiten von Handwerkern gemacht worden ist, die im Kanton Genf wohnen.«
Dieses Reglement erfuhr 1957 eine erhebliche Verschärfung. Festgelegt wurden insgesamt elf Qualitätsforderungen, die Uhren mit dem Genfer Siegel erfüllen müssen.

Handaufzugsuhr:
Zeitmesser, bei dem die Zugfeder täglich mit Hilfe der Krone von Hand gespannt werden muß.

Auch das gute alte Handaufzugswerk besticht oft durch Finessen, wie dieses hier mit Schraubenunruh.

Heures Sautantes:

Die numerische Anzeige der Stunde hat eine völlig neue Zifferblattgestaltung zur Folge, die in den Goldenen Zwanzigern modern war.

Springende »digitale« Stundenanzeige. Armbanduhren mit springender Stunde kamen Mitte der 20er Jahre auf den Markt.
Anstelle des Stundenzeigers besitzen diese Modelle unter dem Zifferblatt eine Scheibe, bedruckt mit den Ziffern 1 bis 12. Durch ein Fenster im Zifferblatt wird jeweils sechzig Minuten lang die aktuelle Stunde digital, d. h. in Form einer Ziffer angezeigt. Sobald der Minutenzeiger die »12« erreicht hat, springt die Scheibe ruckartig auf die nächste Ziffer und somit Stunde weiter.
Die Renaissance der mechanischen Uhr haben die Heures Santantes wieder ins Licht der Aktualität gerückt.
Erstmals gibt es sie bei einer Armbanduhr nun auch in Verbindung mit einer Minutenrepetition.

Kadratur:
Begriff für das zusätzliche Schaltwerk bei komplizierten Uhren, z. B. Mechanismus für ein Repetitionsschlagwerk, ein Kalendarium oder einen Chronographen.

Kalendersystem:
Am 1. Januar 45 v. Chr. trat das wohl nachhaltigste politische Vermächtnis des Gajus Julius Cesar in Kraft: der »Julianische Kalender«. Er brachte die bis heute gebräuchlichen unter-

schiedlichen Monatslängen sowie die Einführung eines 366. Tages in jedem vierten Jahr mit sich.

An diesem Kalendersystem Cesars vermochte auch Papst Gregor XIII. nichts Grundsätzliches auszusetzen. Trotzdem sah er sich 1582 veranlaßt, eine geringfügige Korrektur vorzunehmen. Seine Astronomen hatten nämlich festgestellt, daß das kirchlich bedeutsame Osterfest immer weiter ins Jahr hineinwanderte. Der Grund: Das Julianische Jahr war um 0,0078 Tage oder 11 Minuten und 14 Sekunden zu lang. Diese Differenz galt es zu eliminieren. Deshalb ließ Gregor XIII. noch im selben Jahr erst einmal zehn ganze Tage ausfallen. Auf den 4. folgte unmittelbar der 15. Oktober 1582.

Damit sich der Fehler künftig nicht mehr wiederholen konnte, verfügte Gregor XIII. seinen »Gregorianischen Kalender«. Dessen einziger Unterschied zum »Julianischen Kalender« besteht darin, daß im Zeitraum von jeweils 400 Jahren drei Schalttage entfallen müssen. Dies geschieht in den Säkularjahren, die nicht durch 400 teilbar sind. Die Jahre 1700, 1800, 1900 waren also keine Schaltjahre, und die Jahre 2100, 2200, 2300 usw. werden – entgegen dem Julianischen Vierjahresrhythmus – keine Schaltjahre sein. Das ist der Grund, warum fast alle Uhren mit ewigem Kalender am Ende des 28. Februar 2100 von Hand auf den 1. März weitergeschaltet werden müssen.

Manufaktur:
Uhrenfabrik, die mindestens ein Kaliber komplett her- und fertiggestellt, d. h. das Rohwerk selbst produziert und dieses anschließend fein bearbeitet und in einen funktionsfähigen Zustand versetzt.

Mondaltersanzeige:
Indikation zum Ablesen der Anzahl von Tagen, die seit dem letzten Neumond vergangen sind. Im synodischen Monat beträgt eine Lunation, also das Zeitintervall von Neumond zu Neumond, exakt 29 Tage, 12 Stunden und 44 Minuten. Eine derartige Anzeige besteht zumeist aus einer am Rand mit 59 Zähnen versehenen Scheibe, auf deren Oberfläche sich gegenüberliegend zwei Vollmonde befinden. Angetrieben durch das Uhrwerk, bewegt sie sich innerhalb von zwei Lunationen einmal um ihre Achse. Die aktuelle Stellung ist durch einen Ausschnitt im Zifferblatt ablesbar. Mitunter ist dieser Ausschnitt durch eine in 29½ Tage graduierte Skala ergänzt. Je nach Konstruktion können bei Uhren mit Mondaltersanzeige jährliche Mißweisungen von einer Minute bis hin zu ca. acht Stunden auftreten.

Mondphasen:

Die Mystik des Mondes schlug den Menschen seit jeher in seinen Bann. Mondphasenanzeige gibt auch bei bewölktem Himmel stets über das genaue Stadium Aufschluß.

Der Mond durchläuft seine – von der Stellung Sonne–Mond–Erde abhängigen – Mondphasen (Neumond – erstes Viertel – Vollmond – letztes Viertel – Neumond) innerhalb einer Lunation von etwa 29,5 Tagen.

Präzision:
Eine mechanische Uhr, die pro Tag (86.400 Sekunden) eine Gangabweichung von 30 Sekunden aufweist, besitzt eine rechnerische Fehlerquote von 0,035%. Ihr Genauigkeitsgrad liegt also bei 99,965%. Damit übertrifft sie die meisten mechanischen Maschinen bei weitem.

Quarz-Armbanduhren:

Elektronische Armbanduhren, bei denen ein Schwingquarz als Regulierorgan dient. Als Standard-Frequenz bei modernen Quarzwerken haben sich heute 32.768 Hz eingebürgert, während Quarzwerke aus der Zeit um 1970 zumeist noch Frequenzen unter 10.000 Hz aufwiesen (z. B. besaß das schweizerische Kaliber Beta 21, welches 1969 Serienreife erlangte, eine Quarz-Frequenz von 8.192 Hz. Moderne Quarzuhren weisen i. d. R. eine Ganggenauigkeit von ± 1 Minute/Jahr auf. Grundsätzlich unterscheidet man heute Q. mit → analoger und → digitaler Zeitanzeige.

Regulierung:

Dieses Formwerk der Jaeger-LeCoultre Reverso ist in fünf Lagen reguliert (adjusted to five positions), eine gute Voraussetzung, um die Chronometerprüfung zu bestehen.

Die Regulierung eines Uhrwerks besteht darin, ihren täglichen Gang in verschiedenen Lagen und Temperaturen zu beobachten und ggf. zu optimieren. Je nach Qualität und gewünschtem Genauigkeitsgrad werden verschiedene Arten von Regulierung unterschieden. Bei der gewöhnlichen R. einer guten Armbanduhr wird eine Überprüfung in zwei Lagen (Zifferblatt oben und Krone oben) vorgenommen. Die Gangabweichungen zwischen diesen Lagen betragen i. d. R. maximal 30 Sekunden täglich. Bei einer Präzisionsregulierung nach amtlichen Vorgaben werden Uhrwerke mindestens in fünf Lagen und bei drei verschiedenen Temperaturen (meistens 4, 20 und 36° C) feingestellt. Wird die Überprüfung durch eine offiziell zugelassene Institution vorgenommen und erreicht ein Werk vorgegebene Mindestwerte, darf es die Bezeichnung »offiziell geprüfter Chronometer« tragen.

Repetitionsschlagwerk:

Der Minutenrechen der IWC »Grande Complication«.

Aufwendige Zusatzfunktion eines Uhrwerks, die es gestattet, die aktuelle Zeit mehr oder minder genau akustisch wiederzugeben. Je nach Ausführung des Schlagwerkes unterscheidet man zwischen Uhren mit Viertelstunden-, Achtelstunden- (7½ Minuten), 5-Minuten- oder Minuten-Repetition. Unter allen ist die letztgenannte Form die komplizierteste, genaueste, aber auch teuerste. Sie vermag die aktuelle Zeit (Stunden, Viertelstunden und Minuten) durch Schlag auf zwei Tonfedern akustisch darzustellen.

Zu diesem Zweck benötigt das Schlagwerk zunächst Kraft. Es erhält diese durch die Betätigung eines Schiebers oder Drückers im Gehäuserand. Dieser Vorgang löst auch den Schlagwerkmechanismus aus. Sofern Schieber oder Drücker nicht bis zum Anschlag geführt wurden, schlagen einfache Repetitionsuhren eine Zeit unvollständig. Bei feinen Konstruktionen verhindert dies die sogenannte »Alles-oder-nichts-Sicherung«. Sie repetieren, wie der Name schon sagt, alles oder nichts.

Retrograde Anzeigen:

Dieses Modell von Jean d'Eve hat die retrograde Anzeige in unserer Zeit wieder populär gemacht.

Ein Zeiger bewegt sich zur Indikation z. B. der Zeit oder des Datums über ein Kreissegment (1 bis 12 oder 1 bis 31). Wenn er am Ende der Skala angekommen ist, springt er ruckartig in seine Ausgangsposition zurück.

Rohwerk:
Das Rohwerk, französisch Ebauche genannt, ist das Kernstück einer Uhr. Es ist das komplette Uhrwerk ohne Hemmung, Unruh, Spiralfeder, Zugfeder, Zifferblatt und Zeiger. Rohwerke sind in verschiedenen Bearbeitungsgraden erhältlich. Die Uhrenfirmen finissieren sie dann entsprechend dem eigenen Anspruchsniveau. Wegen der aufwendigen Produktionseinrichtung werden Rohwerke nur von wenigen spezialisierten Herstellern entwickelt und angefertigt.

Skelettwerk:

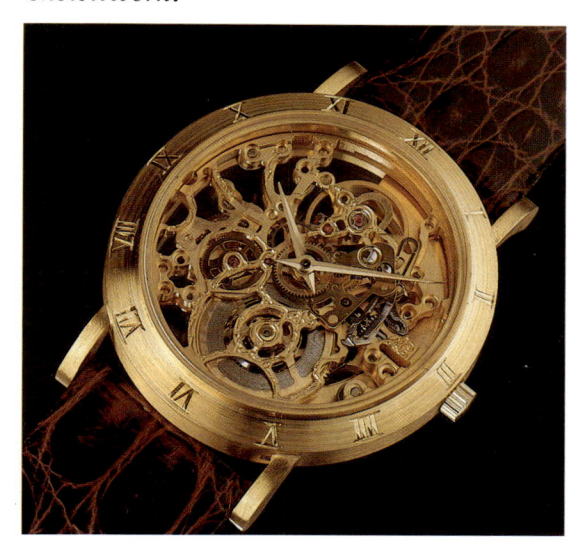

Uhrwerk, bei dem Platine, Brücken, Kloben, Federhaus und ggf. Rotor so weit durchbrochen werden, daß nur noch das für die Funktion unabdingbar notwendige Material übrigbleibt. Auf diese Weise kann man durch das Uhrwerk hindurchschauen. Die Skelettierung wird bei feinen Uhren von Hand ausgeführt. Einfachere Modelle sind maschinenskelettiert. Armbanduhren mit skelettiertem Uhrwerk gibt es seit Mitte der 30er Jahre.

Sonnenaufgang:
In Kalendern hielten die Tagesdaten Sonnenaufgang und Sonnenuntergang schon früh Einzug. Bei Uhren gelang dies erst viel später. Bei dem Tellurium Johannes Kepler von Ulysse Nardin spannt sich eine Feder über den miniaturisierten Zifferblatt-Globus und biegt sich im Laufe eines Jahres zum Wendekreis des Krebses und wieder zurück.

Stoppsekunde:
Vorrichtung zum Anhalten von Uhrwerk und Sekundenzeiger, um die Uhrzeit sekundengenau einstellen zu können. Zu diesem Zweck muß man die Krone ziehen, wenn sich der Sekundenzeiger bei der »12« befindet. Beim Ertönen eines Zeitzeichens wird die Krone wieder gedrückt; der Sekundenzeiger setzt sich in Bewegung.

Swiss Made:
Ursprungsbezeichnung auf dem Zifferblatt und/oder dem Werk einer Schweizer Armbanduhr. Eine Armbanduhr darf diesen Schriftzug nur dann tragen, wenn ihr Werk in der Schweiz zusammengesetzt, in Gang genommen, reguliert und vom Hersteller kontrolliert worden ist. Außerdem müssen mindestens 50 Prozent des Wertes aller Bestandteile (ohne die Kosten des Zusammenbaus) aus schweizerischer Fabrikation stammen. Schließlich muß die Uhr in der Schweiz der technischen Kontrolle nach den dort geltenden Normen unterliegen.

Swatch:
Die inzwischen legendäre Plastik-Armbanduhr des Schweizer Großkonzerns SMH wurde innerhalb eines knappen Jahrzehnts zur Weltanschauung. Plötzlich wurden Uhren nach Stimmung und Mode getragen. Die Swatch avancierte durch eine geschickte Politik der begrenzten Auflagen zum Kultobjekt für Sammler und zum Glaubensbekenntnis. Eine Swatch ist klassenlos. Aber die Swatch ist auch ein wichtiger Wirtschaftsfaktor, der die SMH ihr Überleben zum großen Teil verdankt.

Tourbillon:

Ebenso markant wie formschön ist die Tourbillon-Armbanduhr mit den drei goldenen Brücken von Girard-Perregaux, die nach einem historischen Taschenuhr-Vorbild entstand.

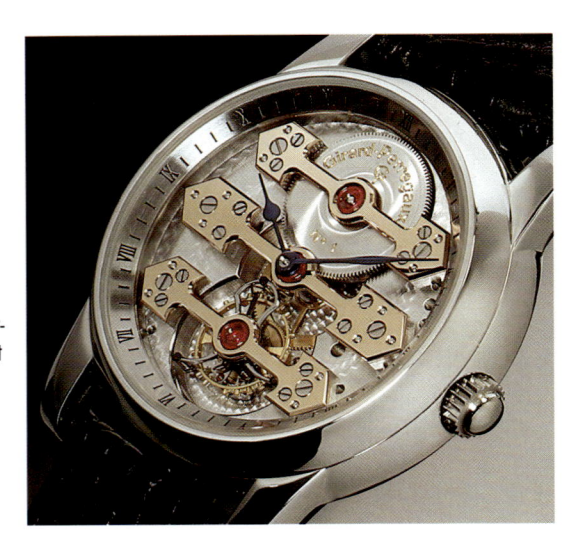

Von Abraham-Louis Breguet 1795 erfundene und im Jahre 1801 patentierte Konstruktion zur Kompensation der Schwerpunktfehler im Schwingsystem (Unruh und Unruhspirale) mechanischer Uhren. Beim Tourbillon (Wirbelwind) sind das komplette Schwing- und Hemmungssystem in einem – möglichst leichten – Käfig angeordnet. Dieser dreht sich innerhalb einer bestimmten Zeitspanne (meistens eine Minute) einmal um seine Achse. Auf diese Weise können die Einflüsse der Erdanziehung in der senkrechten Lage einer Uhr ausgeglichen und die Gangleistungen gesteigert werden. In den waagrechten Lagen hat das Tourbillon dagegen keinen Einfluß auf die Ganggenauigkeit.

Vierjahreskalender:
Uhren mit Vierjahreskalender berücksichtigen die unterschiedlichen Monatslängen in der Zeitspanne von 29. Februar zu 29. Februar korrekt. Nur diesen einen Tag kennen sie nicht. Dies unterscheidet sie von den Modellen mit ewigem Kalendarium.

Vollkalendarium:
Komplettes Kalendarium mit Anzeige von Tag, Datum und Monat. Es erfordert in sämtlichen Monaten mit weniger als 31 Tagen eine manuelle Korrektur der Datums- und der Monatsindikation. Bei manchen Armbanduhren mit Vollkalendarium wird die Monatsanzeige jeweils am 31. automatisch weitergeschaltet.

Wasserdichte Armbanduhren:

Armbanduhren, deren Gehäuse im Originalzustand bis zur angegebenen Tiefe widerstandsfähig gegen eindringendes Wasser sind. Nach derzeit gültigen Normen darf eine Armbanduhr dann als »wasserdicht« bezeichnet werden, wenn sie gegen Schweiß, Wassertropfen, Regen resistent ist und dem nassen Element beim Tauchen bis 1 m Wassertiefe für die Dauer von 30 Minuten zu widerstehen vermag. Eine stärkere Belastung wird zumeist in Form von Gehäusegravuren angegeben, z. B. als Prüfdruck in Atmosphären (atm) oder als Wassertiefe in m. So entsprechen z. B. drei Atmosphären einem Druck von 3 kg/cm² oder einer Wassertiefe von 30 Metern. Für Taucheruhren gelten noch strengere Maßstäbe: Sie müssen konstruiert sein für einen täglichen Gebrauch von mindestens einer Stunde in 100 m Wassertiefe. Wasserdichte Armbanduhren sollten nach Möglichkeit einmal jährlich auf ihre Widerstandsfähigkeit hin überprüft werden.

Wecker:

Mechanische Wecker sorgen heutzutage immer wieder für wohlwollende Verblüffung. Selten liegt die Verbindung von Funktion und Verspieltheit so nahe beieinander. Eine der frühesten Zusatzfunktionen bei mechanischen Räderuhren. Wecker sind bekannt seit dem 16. Jahrhundert. 1908 meldete Eterna einen ersten Armbandwecker zum Patent an. Bekannte Serienmodelle sind die 1947 lancierte »Cricket« von Vulcain, das 1951 präsentierte Modell »Memovox« von JaegerLeCoultre sowie der 1969 vorgestellte »Memomatic« von Omega. Armbandwecker gibt es mit manuellem und automatischem Aufzug.

Weltzeitindikation:

Die Weltzeitindikation hat eine lange Tradition in der Uhrengeschichte. Jetzt im Zuge der Wiederentdeckung alter uhrmacherischer Tugenden lebt sie wieder auf.

Die Idee, die Erde in 24 Zeitzonen zu unterteilen, stammt von dem kanadischen Eisenbahningenieur Sandford Fleming. Sie beinhaltet auch, daß sich, ausgehend vom Greenwicher Nullmeridian, die Zeit nach jeweils 15 Längengraden um eine volle Stunde verschiebt. Dieses Weltzeitsystem wurde 1883 zuerst von Kanada und den USA eingeführt. Deutschland schloß sich 1893 an.

Uhren mit Weltzeitindikation zeigen zwei oder mehrere Zonenzeiten auf einem Zifferblatt an. Zu diesem Zweck sind entweder mehrere Uhrwerke in einem Gehäuse untergebracht oder ein Zusatzmechanismus ermöglicht die Darstellung mehrerer Zonenzeiten (bis hin zu 24).

Kapitel 2
ÄSTHETIK UND DESIGN

Corum	*Météorite Peary*	*118*
Cartier	*Diabolo*	*120*
Baume & Mercier	*Riviera Automatik*	*122*
Jean d'Eve	*Pacte Perpetuel*	*124*
Philippe Charriol	*Christopher Colombo*	*126*
Bunz	*Diamantenuhr*	*128*
Zenith	*Modern Art*	*130*
Omega	*Constellation*	*132*
Bertolucci	*Chronograph*	*134*
Maurice Lacroix	*Alhambra*	*136*
Rado	*Dia Star*	*138*
Rado	*Ceramica Soft*	*140*
Eterna	*Kontiki*	*142*
Longines	*Conquest*	*144*
Breitling	*Chronograph J-Class*	*146*
Mido	*Ocean Star*	*148*
Milus	*Far-Side*	*150*
TAG Heuer	*S/EL Chronograph*	*152*
Ars Temporis	*Kußuhr, Ernst Fuchs*	*154*
Delma	*Rialto*	*156*
Momo	*Il Carbon*	*158*
Alpina	*Sea Strong*	*160*
TTC	*Business Watch*	*162*
Glashütte	*Original Glashütte*	*164*
Cerruti 1881	*Rue Royale*	*166*
Royce	*Residence*	*168*
Dugena	*Yantra*	*170*
Yonger & Bresson	*Farb-Chronograph*	*172*
Citizen	*Titan Chronograph*	*174*
Junghans	*Analog-Funkuhr*	*176*

CORUM

Warum starben die Saurier aus? Der Einschlag eines riesigen Meteoriten auf der Erde wird von immer mehr seriösen Wissenschaftlern als realistische Ursache angenommen. Der Uhrenhersteller Corum realisierte das seltene außerirdische Material zum ersten Mal 1986 als Werkstoff. Das Zifferblatt der streng limitierten »Méteorite Peary« von Corum ist aus einem der berühmtesten Meteoriten geschnitten. Der amerikanische Polarforscher Peary entdeckte ihn am Cape York in Grönland. Nur 963 Zifferblätter konnten aus dem Fragment geschnitten werden über das Corum verfügt. Auf der Rückseite der Uhr sind die Koordinaten des Fundortes graviert. Es gibt sie wahlweise mit Automatik- oder Quarzwerk.

Modell:	Meteorite Peary
Hersteller:	Corum SA., CH-2301 La Chaux-de-Fonds
Referenz:	61.450.56 Z 07 PX 34
Debüt-Jahr:	1990, limitiert auf 963 Modelle
Werk:	Automatikwerk Piguet 6593, Quarzwerk ETA 10$^{1}/_{2}$" 255485, beide mit Datum und Mondphasenanzeige
Gehäuse:	Gelbgold oder Weißgold 18 Kt., Platin 900
Besonderheit des Gehäuses:	Lünette handgraviert mit »Méteorite Peary«, auf den Bandstegen sind Emailplaketten mit Weltkarte und Seriennummer
Band:	Lederband mit Faltschließe in 18 Kt. Gold
Maße:	⌀ 34 mm, Höhe 9 mm
Varianten:	mit Brillantbesatz und/oder Goldband lieferbar
Preis:	Gelbgold Automatik 22 000.– DM Platin Automatik 37 000.– DM

ÄSTHETIK UND DESIGN

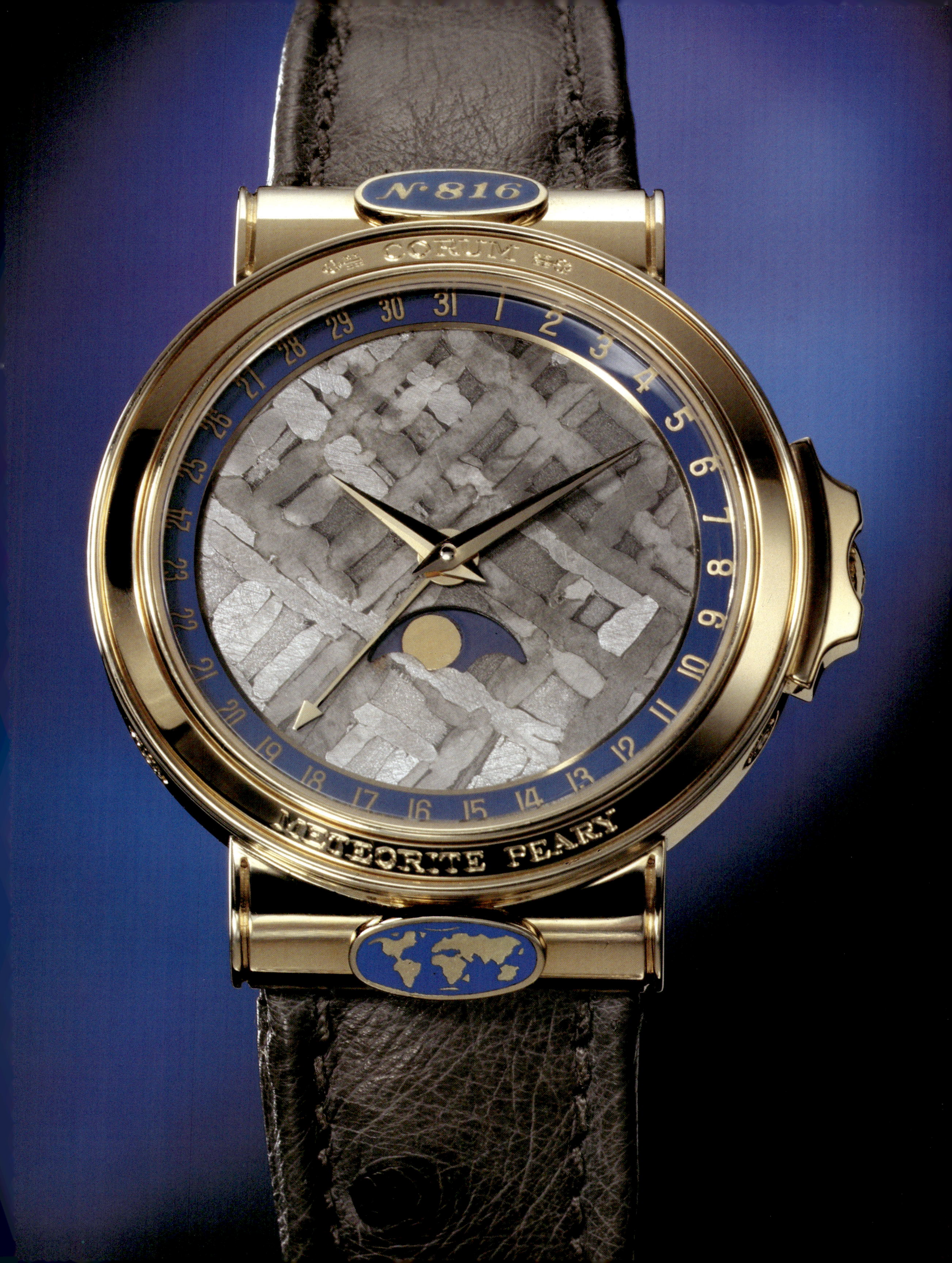

N°816
CORUM
METEORITE PEARY

Cartier

Cartier schuf mit dem Modell Diabolo die elegante Interpretation eines Chronographen. Die Gehäuseform überzeugt durch ihr unverwechselbares Erscheinungsbild. Mit ihren ausgeformten Anstößen und der großen, markanten Krone gibt es diese exklusive Uhr als Damen- und Herrenmodell. Die Material- und Verarbeitungsqualität erfüllt – wie bei Cartier üblich – höchste Ansprüche.

Modell:	Diabolo
Hersteller:	Cartier Paris, Swiss made
Debüt:	1992
Werk:	ETA-Quarzwerk mit Chronographenfunktion
Gehäuse:	Gelbgold 18 Kt., wasserdicht bis 30 m
Band:	Krokoleder mit Faltschließe
Maße:	Ø 32 mm, Höhe 8,2 mm
Varianten:	verschiedene Varianten mit Brillanten, Goldband etc.
Preis:	11 400.– DM

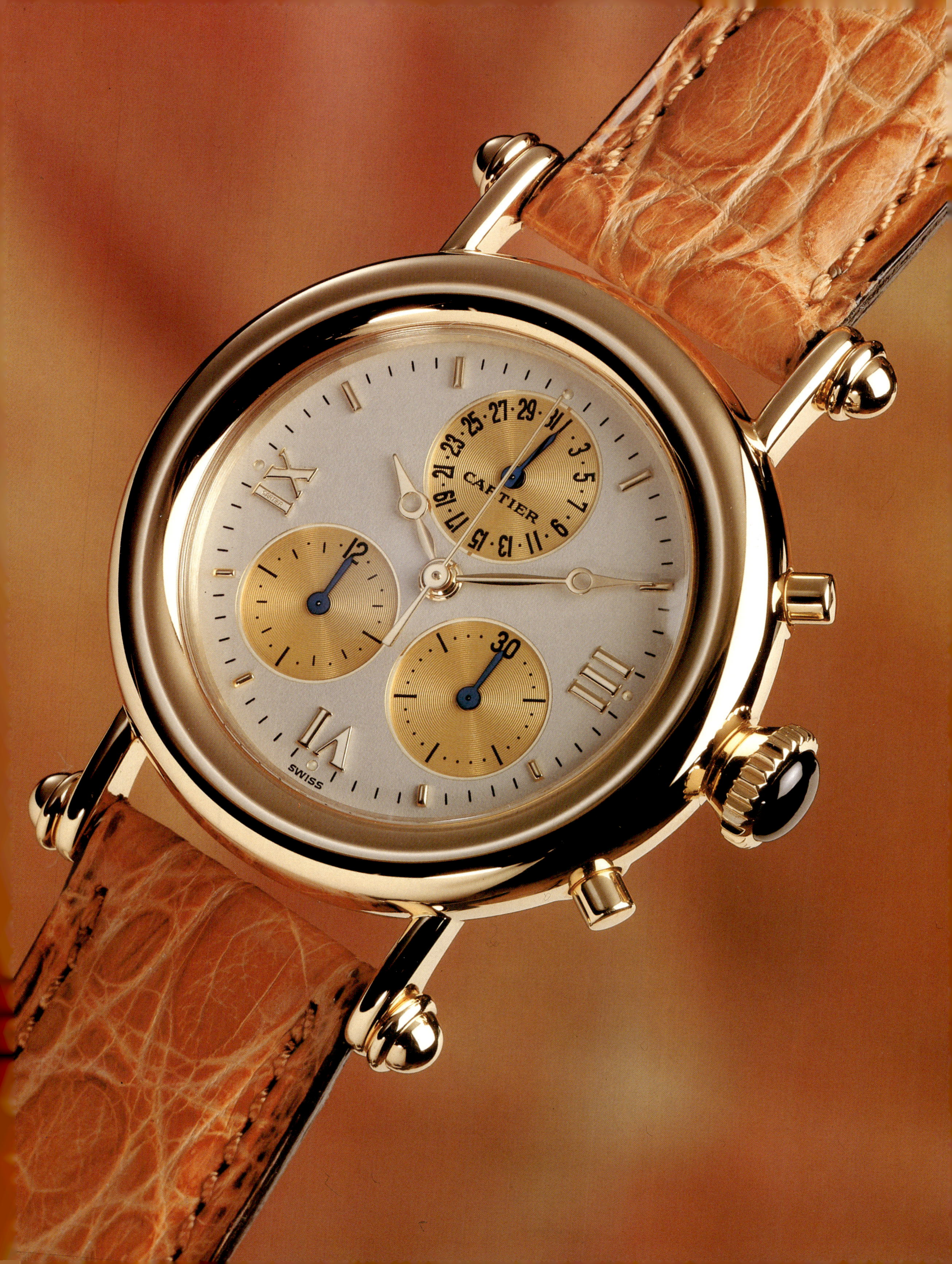
CARTIER
SWISS

Baume & Mercier

Seit den 70er Jahren ist die Riviera das sportliche Leadermodell von Baume & Mercier. Im Zuge der Rückbesinnung auf die Mechanik bekam die Quarz-Riviera inzwischen auch eine Automatik-Variante zur Seite gestellt. Inzwischen ist die Riviera zum modernen Klassiker gereift, deren Gehäuseform – eine Mischung aus eleganter und sportlicher Linienführung – Zeitlosigkeit verkörpert.

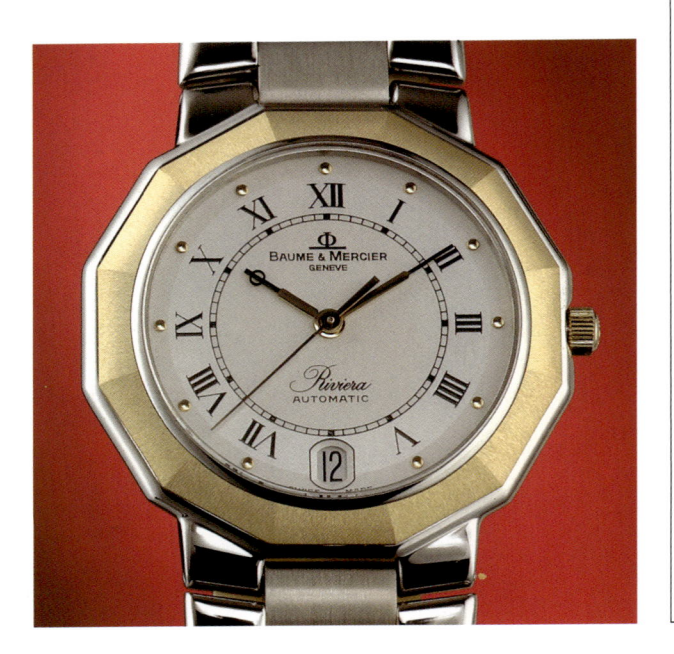

Modell:	Riviera Automatik
Hersteller:	Baume & Mercier, Genève
Referenz:	MDA 05794 MDA 05861
Debüt:	1991
Werk:	Eta 2892-2 Automatik, Couplicator Lemania 8530
Gehäuse:	Stahl, Gold 18 Kt., verschraubte Krone, Saphirglas, wasserdicht bis 30 m
Band:	Stahl/Gold oder Leder
Varianten:	diverse verschiedene Ausführungen in Stahl, Stahl/Gold und Gold 18 Kt., Zifferblatt variabel
Preis.	4550.– DM für die Ausführung in Stahl/Gold

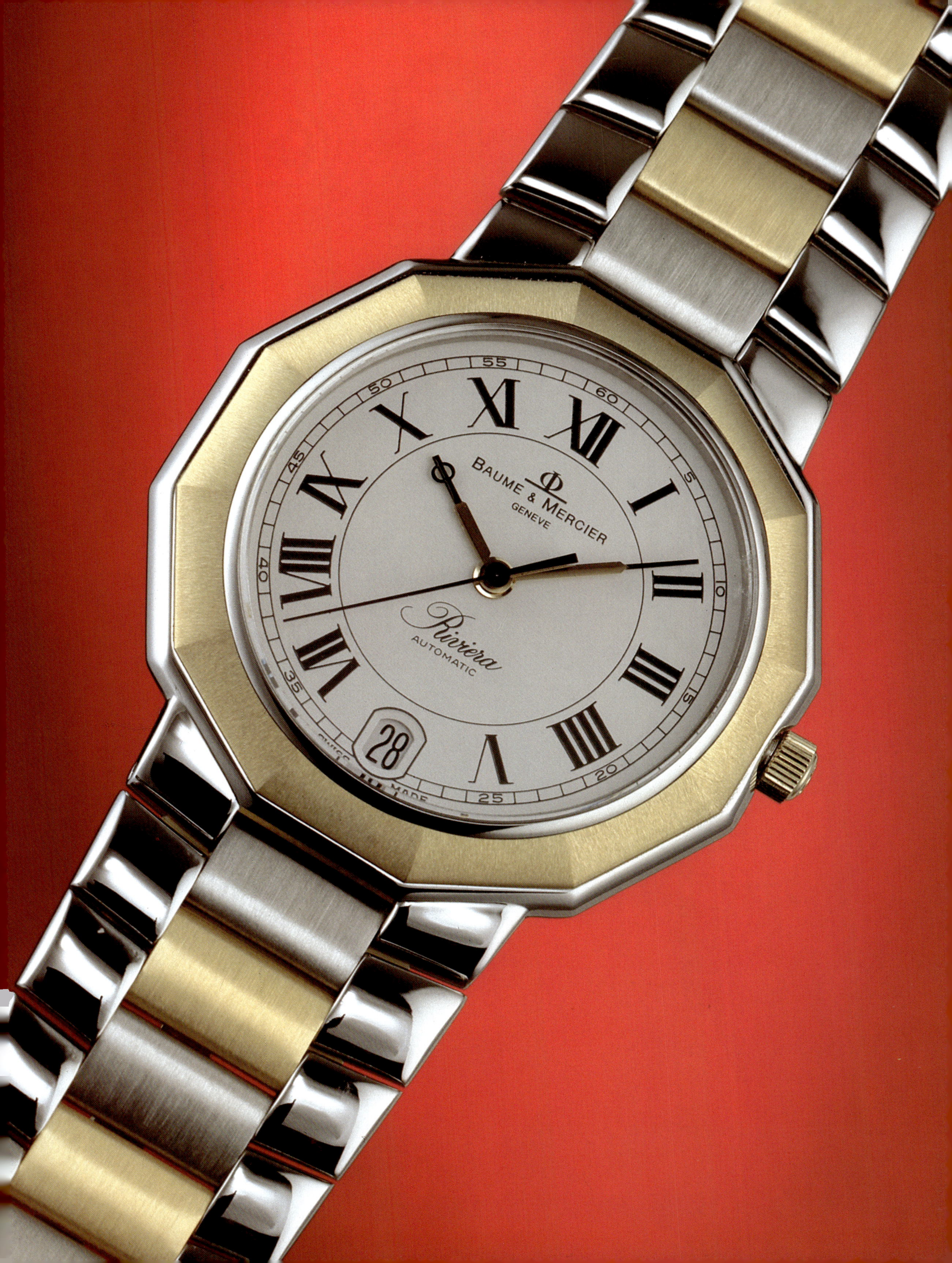
BAUME & MERCIER
GENEVE
Riviera
AUTOMATIC
28

Jean d'Eve

Exzentrische, ausgefallene Armbanduhren mit einer konsequenten Synthese aus Design und Technik sind die Spezialität von Jean d'Eve. Pacte Perpétuel heißt die neueste Errungenschaft des Hauses im Schweizer Jura. Der Name – übersetzt etwa »ewiger Pakt« soll an den Rütlischwur der Urkantone 1291 erinnern. Verblüffend stellt sich die Wandlung der Pacte Perpetuel dar. Einerseits ist sie eine ganz gewöhnliche Automatikuhr, wendet man das außergewöhnlich konstruierte Gehäuse, so erscheint die Ansicht mit zwei Zifferblättern nebeneinander, hinter denen sich zwei Quarzwerke verbergen.

Modell:	Pacte Perpétuel
Hersteller:	Jean d'Eve SA, CH-2301 La Chaux-de-Fonds
Referenz:	743051 ES
Debüt:	1991
Werk:	Automatikwerk plus zwei Quarzwerke, Eta
Besonderheit des Werkes:	Rotor-Schwungmasse in Gold 23 Kt.
Gehäuse:	Gold 18 Kt., numeriert von 1 bis 700
Besonderheit des Gehäuses:	drehbares inneres Gehäuse, wahlweise Ansicht der Automatikuhr oder beider Quarzuhren
Band:	Krokodilleder mit Goldschließe 18 Kt.
Maße:	Ø 39,4 mm, Höhe 11,6 mm
Preis:	14 900.– DM

Ästhetik und Design

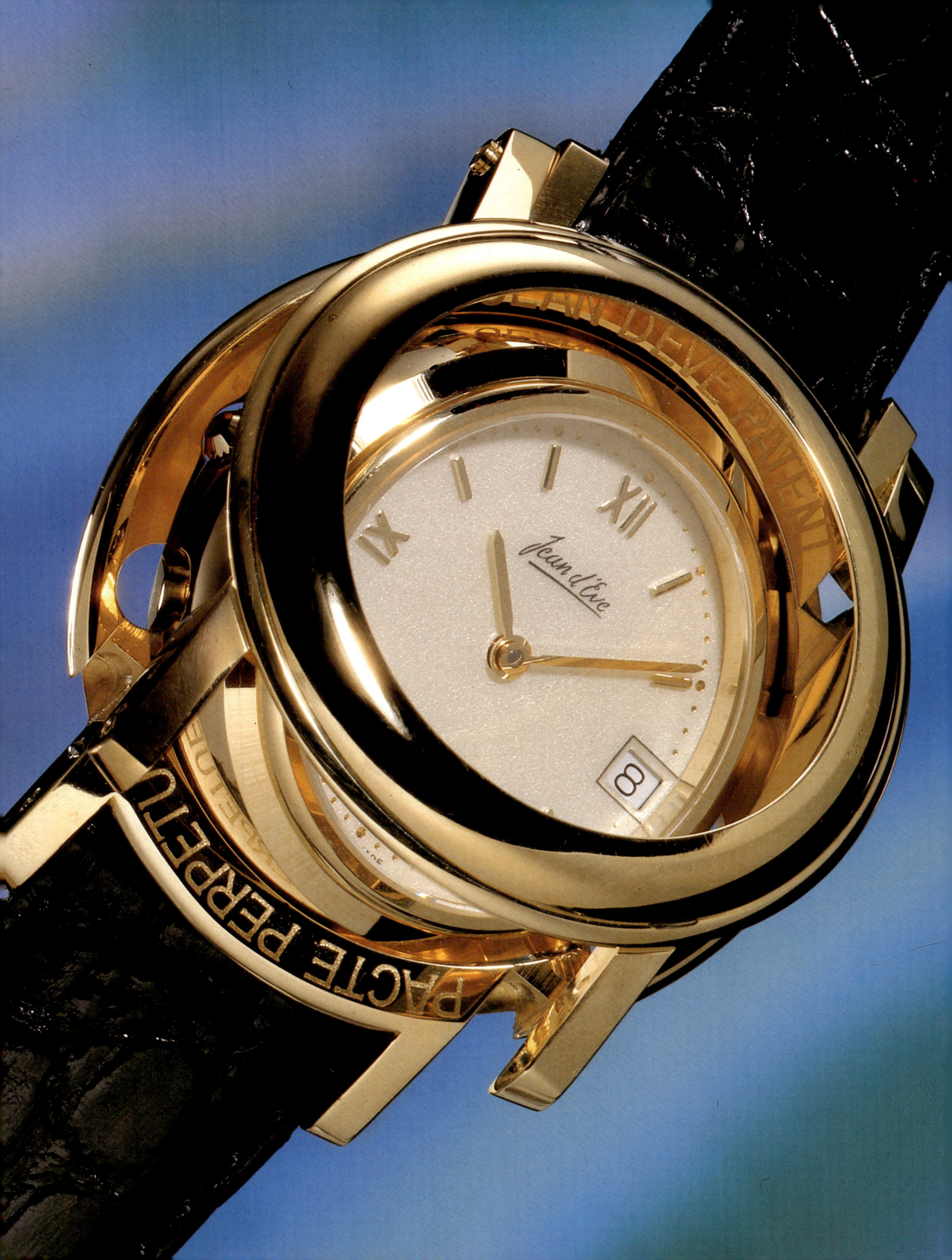
JEAN DEVE PATENT
Jean d'Eve
PACTE PERPETU

PHILIPPE CHARRIOL

Philippe Charriol setzt dem großen Seefahrer und Amerika-Entdecker CHRISTOPHER COLUMBUS mit einer interessant gestalteten Quarzuhr aus der Classic-Linie ein Denkmal. Im Gehäuseboden ist eine Gedenkmedaille eingelassen, die an den berühmten Seefahrer erinnern soll. Eine weitere Besonderheit der durch schlichte Zurückhaltung überzeugenden Uhr liegt im Spangenband, dessen Lederbandeinlagen sich leicht auswechseln und damit variieren lassen.

Modell:	CHRISTOPHER COLUMBUS
Referenz:	Classic mit New York-Spange
Hersteller:	Philippe Charriol, CH-1208 Genéve
Debüt:	1992
Werk:	Quarzwerk
Gehäuse:	Goldplaque
Besonderheit des Gehäuses:	im Boden eingelassene Gedenkmedaille zu Ehren von CHRISTOPHER COLUMBUS
Band:	Spange mit leicht auswechselbaren Lederbandeinlagen
Maße:	Ø 33 mm, Höhe 7 mm
Preis:	2465.– DM

ÄSTHETIK UND DESIGN

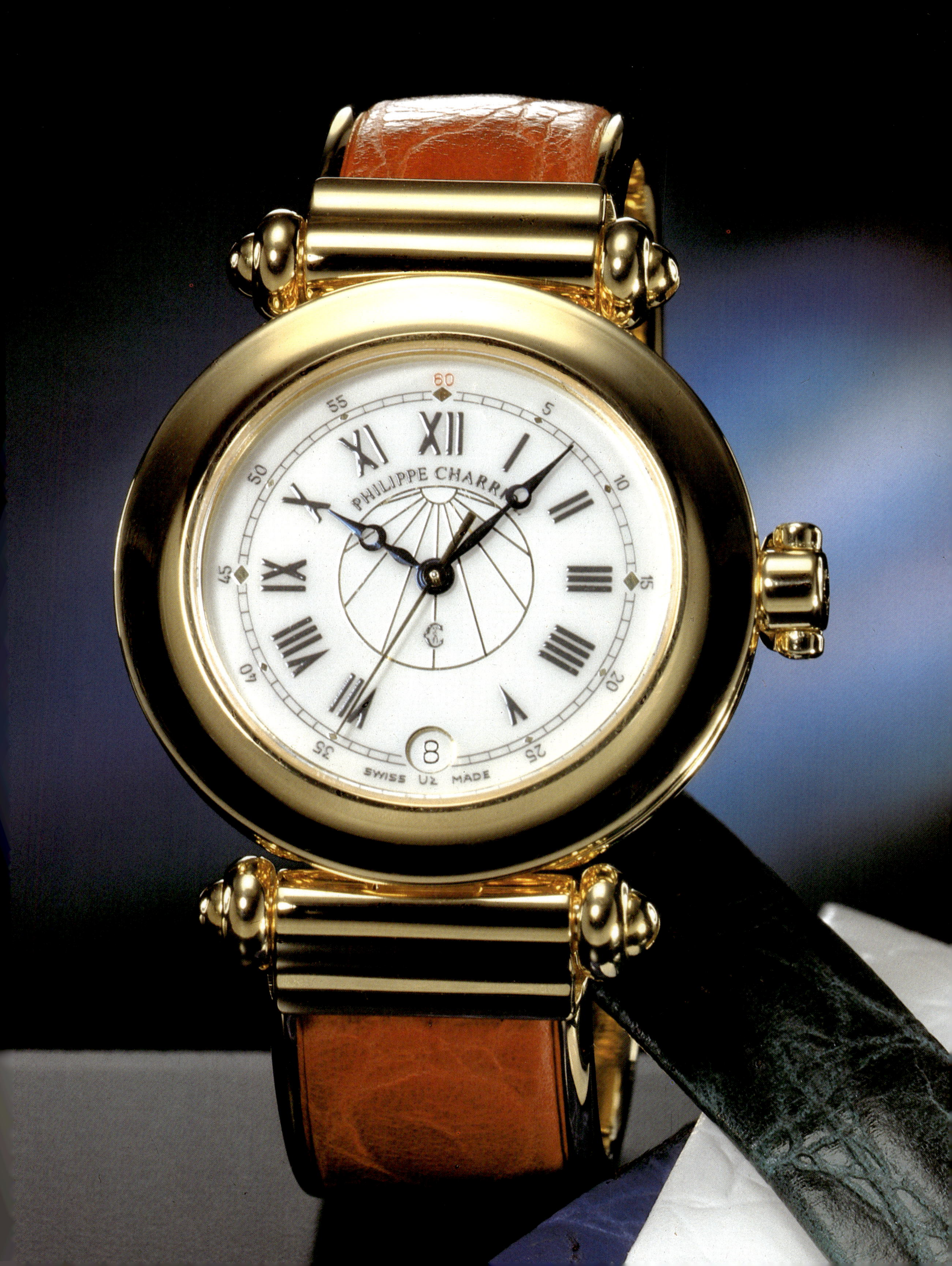
SWISS U2 MADE

BUNZ

Die typische Bunz-Diamantenuhr überzeugt durch schlichte Schönheit und eine geradezu philosophische Interpretationsfähigkeit ihres Stils. Der Diamant bildet als Zeichen der Unvergänglichkeit den Mittelpunkt des Saphirglases über der Zeigerachse. Die große Kreisfläche symbolisiert den ewigen Lauf der Zeit, dem sich alles unterordnet. Symbolik der kostbaren Zeit – die Bunz-Diamant-Center. Eine Uhr, die neben dem banalen Ablauf einer Stunde auch die Unvergänglichkeit in einer metaphysischen Dimension anzeigt, denn Zeit ist ewig. Dieses Spannungsfeld macht den besonderen Reiz der Bunz-Uhr aus.

Modell:	Bunz Diamantuhr
Hersteller:	Bunz Montres SA, Littau, Schweiz
Referenz:	27010322 und 17010309 (kleine Abbildung)
Debüt:	1992/1991
Werk:	ETA 976 Flat-Line, ETA 978
Gehäuse:	Stahl-Gold/ Keramik, beide wasserdicht
Band:	Lederband
Maße:	⌀ 32,5, Höhe 7,3
Varianten:	Modelle in drei Größen und in verschiedenen Zifferblattversionen
Preis:	2600.–/3000.– DM

ÄSTHETIK UND DESIGN

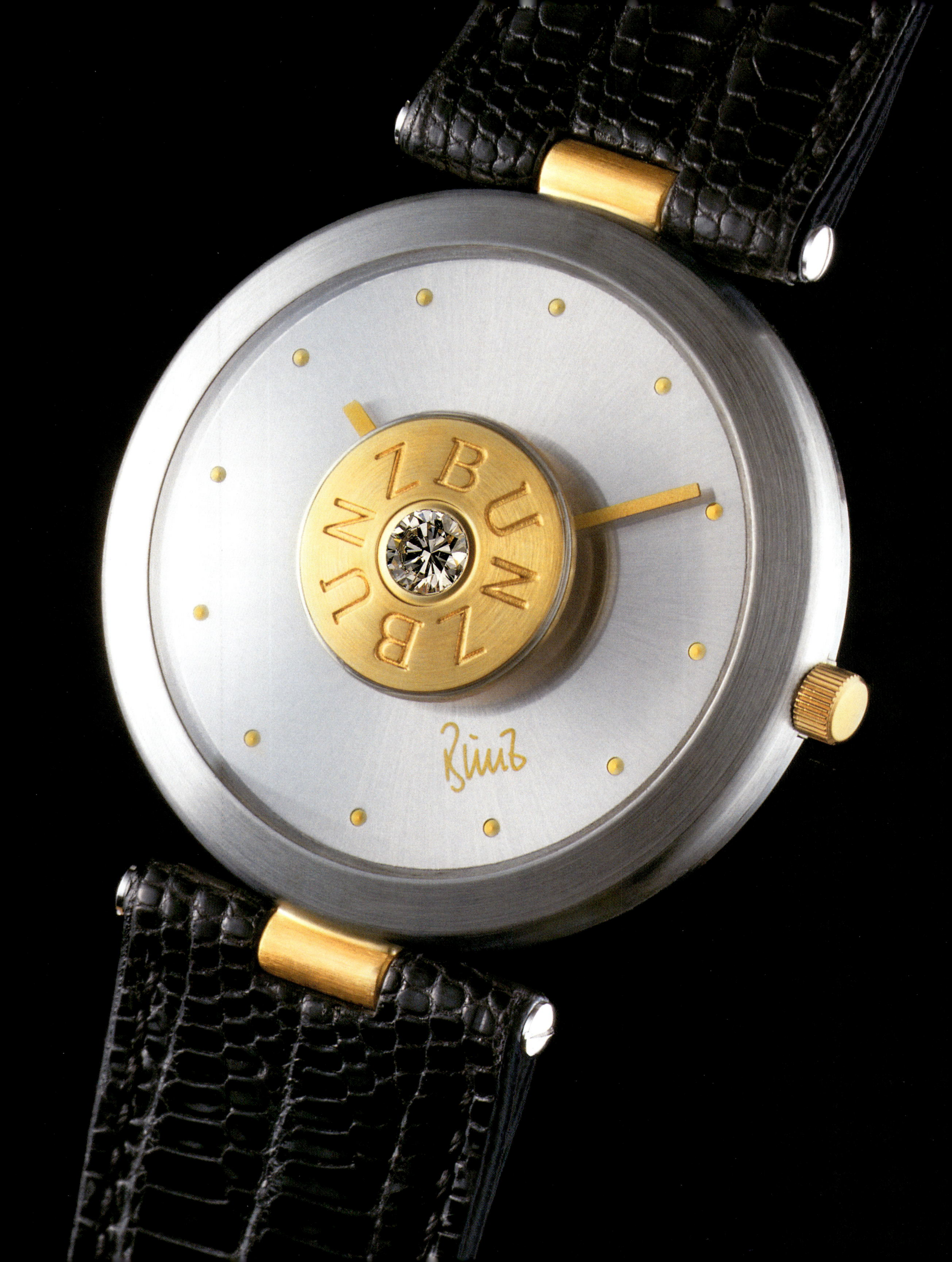
BUNZBUNZ

ZENITH

Als moderner Uhrenklassiker ist die Zenith Modern Art längst in die Designgeschichte eingegangen und ruhmreich ins New Yorker Museum of Modern Art aufgenommen worden. Im Laufe der Zeit entstanden zahlreiche Variationen, im Jahre 1985 das abgebildete Modell »Pacific« mit verschraubter Krone und markanter Lünette. Dank zahlreicher Variationsmöglichkeiten bei Bändern und Gehäusegrößen kann sie jeder Käufer in einer individuellen Version erstehen.

Modell:	Modern Art – Pacific
Hersteller:	Zenith SA, Le Locle, Schweiz
Referenz:	89.0022.615
Debüt:	1985
Werk:	Quarzwerk
Gehäuse:	Edelstahl mit Goldlünette 18 Kt.
Besonderheit des Gehäuses:	verschraubte Krone mit Flankenschutz, kratzfestes Saphirglas, wasserdicht bis 50 m
Band:	Edelstahl mit 18-Kt.-Goldpastillen
Maße:	Ø 30,5 mm, Höhe 4,8 mm
Varianten:	erhältlich auch in Edelstahl oder in Gold, auch mit Diamantlünette, drei Gehäusegrößen, mit Leder-, Edelstahl- oder Goldband
Preis:	2275.– DM

Ästhetik und Design

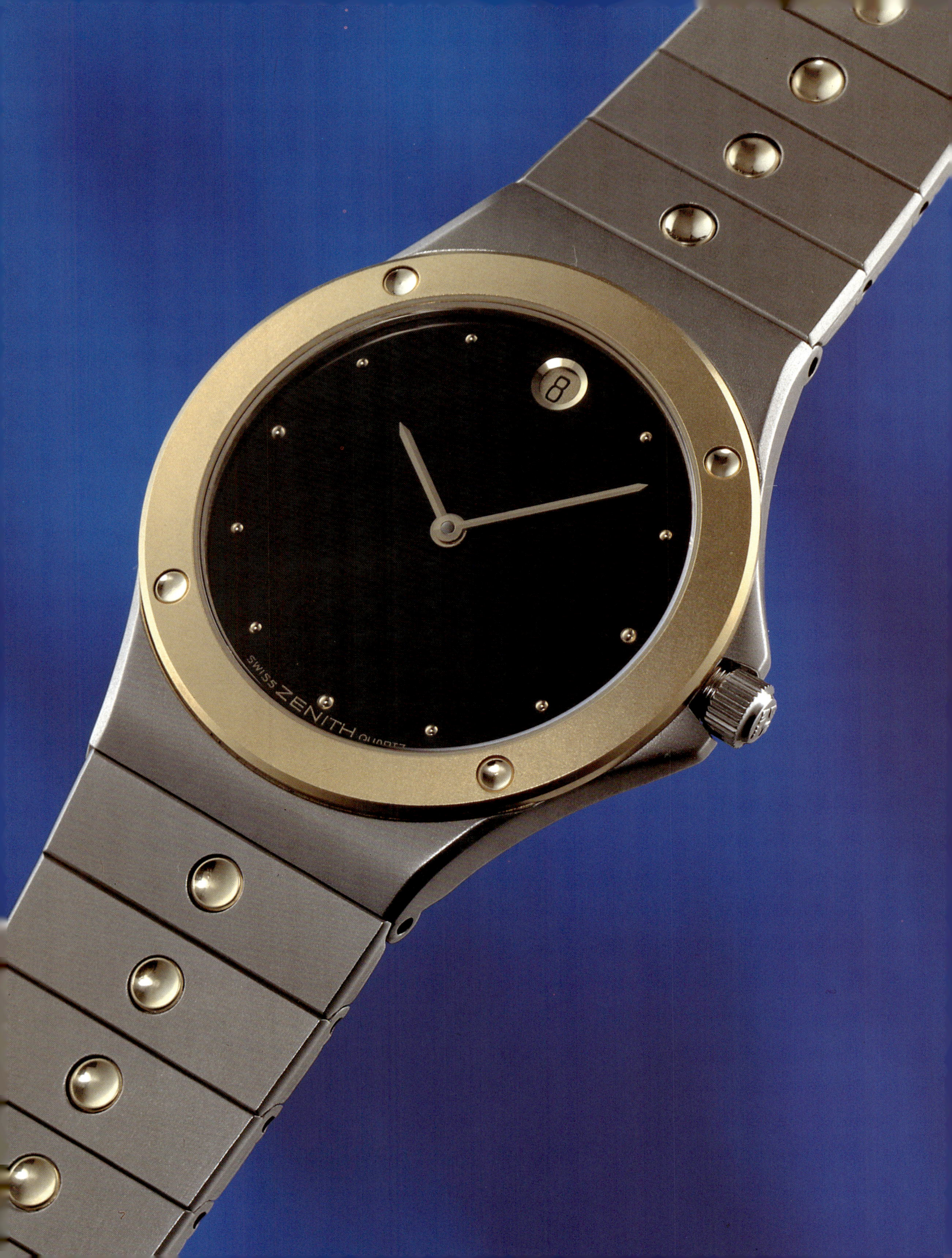
SWISS ZENITH

OMEGA

Seit den 50er Jahren heißen die Flaggschiffe der Omega Kollektionen »Constellation«. Getreu der Bedeutung des Wortes tragen sie eine goldene Sternwarte mit einem Sternbild auf der Gehäuse-Rückseite, um die uralte Verbindung zwischen Astronomie und Zeitmessung zu unterstreichen. Jetzt gibt es eine erlesene Sonderausgabe mit einem Zifferblatt, das den Sternenhimmel symbolisiert. Mit ihr verbindet sich die liebenswürdige Idee sich, oder einem Beschenkten einen Stern vom Himmel zu holen.

Modell:	Omega Constellation
Hersteller:	Omega SA, CH-2500 Biel
Referenz:	1100.85.00
Debüt:	1992
Werk:	Automatikwerk Kaliber 1111
Besonderheit des Werks:	Chronometer mit offiziellem Zertifikat
Zifferblatt:	5-Schicht-Transparent-Brillantlack mit Diamant in Goldfassung
Gehäuse:	Gold 18 Kt., Lünette mit blauen römischen Ziffern, Cabochon-Krone
Besonderheit des Gehäuses:	wasserdicht bis 30 m
Band:	Gold 18 Kt. mit verdeckter Weißgoldschließe 18 Kt., Faltverschluß
Maße:	Ø 35 mm, Höhe 7,4 mm
Varianten:	Damenuhr mit Quarzwerk, Damenuhr mit Brillantlünette und Quarzwerk
Preis:	Herrenuhr 21 500.– DM, Damenuhr 16 000.– DM, Damenuhr mit Brillantlünette 18 500.– DM

ÄSTHETIK UND DESIGN

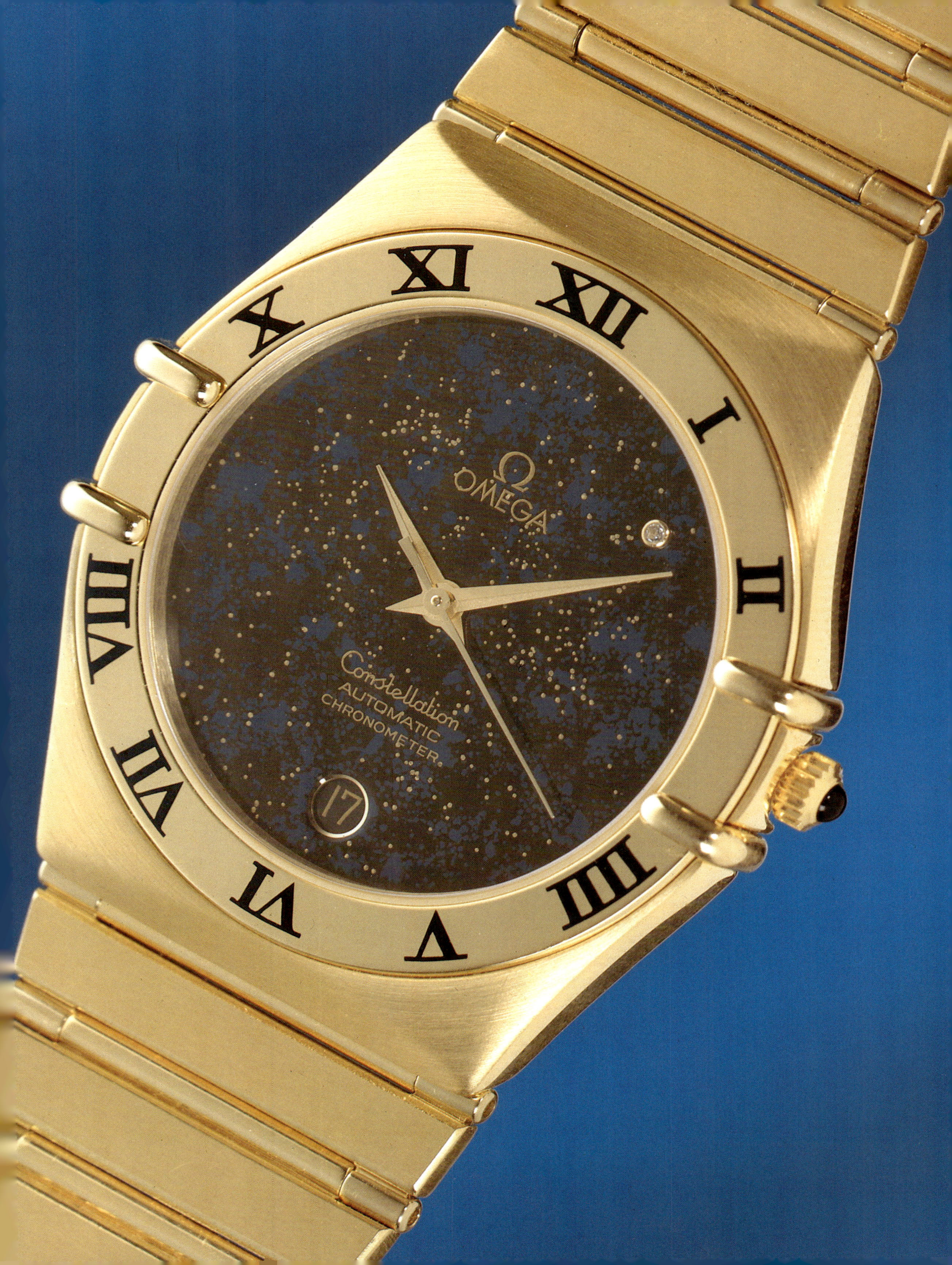
OMEGA
Constellation
AUTOMATIC
CHRONOMETER
17

BERTOLUCCI

Mit der gelungenen Verbindung von italienischem Design und hochstehendem Schweizer Uhrenhandwerk hat Bertolucci innerhalb kurzer Zeit den Sprung in den Luxusuhrenmarkt geschafft. Die präzisen Handfertigungen in Platin, Gold und Edelstahl sowie die minutiös geschliffenen und gefaßten Edelsteine aus einzelnen Modellen machen aus jeder Bertolucci-Uhr ein unvergleichbares Meisterstück. Es waren die runden Formen der vom Wasser rundgeschliffenen Kieselsteine, die Bertolucci für die Form der Uhr und des Armbandes inspirierten. Eine natürliche Form, unvergänglich und zeitlos schön für einen zeitgemäßen Zeitmesser. Sowohl beim abgebildeten Chronographen, ausgerüstet mit dem bewährten Quarzwerk Kaliber 1270 Piguet, als auch bei der feinen Damenuhr mit diamantenbesetzter Lünette überzeugt diese einmalige Form auf den ersten Blick.

Modell:	Herrenuhr Chronograph Quarz Damenuhr mit Brillanten
Hersteller:	Bertolucci, Evilard, Schweiz
Debüt:	Damenuhr 1987 Herrenuhr 1990
Werk:	Herrenmodell: Kaliber 1270 Piguet Damenmodell: Quarz ETA
Gehäuse:	Gold 18 Kt., Damenmodell mit Brillanten
Besonderheit des Gehäuses:	wasserdicht bis 30 m, Saphirglas
Band:	Gold 18 Kt.
Maße:	Chronograph: 39,60 mm, Höhe 9,85 mm Damenuhr: 19 mm, Höhe 6 mm
Varianten:	Chronograph Automatik beide Uhren erhältlich auch in Stahl oder Stahl/Gold 18 Kt.
Preis:	Herrenuhr: 29 400.– DM Damenuhr: 18 400.– DM

ÄSTHETIK UND DESIGN

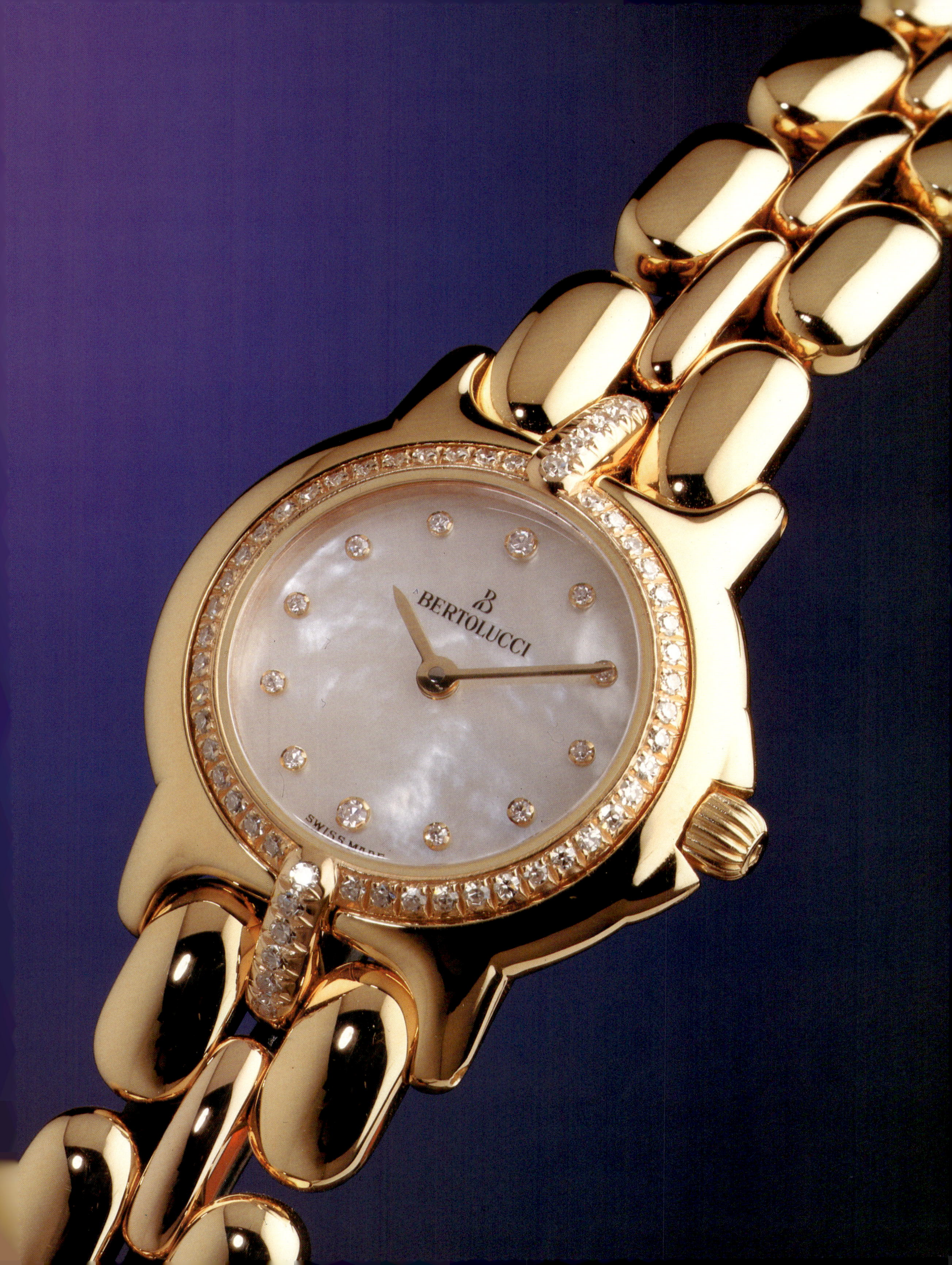
BERTOLUCCI
SWISS MADE

MAURICE LACROIX

Benannt nach dem weltberühmten maurischen Bauwerk in Granada, erfüllt die gleichnamige Uhrenlinie von Maurice Lacroix hohe Ansprüche in Ästhetik und Design. Die Uhren tragen eine Einzelnumerierung und sind von edler Machart. So glänzt die Damen-Alhambra in Stahl und 18karätigem Gold mit einem Perlmuttzifferblatt, auf dem Diamanten die Stunden markieren.

Modell:	Alhambra
Hersteller:	Maurice Lacroix, Switzerland
Referenz:	95.468-1602 Herren 75.471-1606 Damen
Debüt:	1992
Werk:	Eta-Quarzwerk
Gehäuse:	Stahl, 18 kt. Gold Saphirglas
Band:	Stahl 18 kt. Gold (Herren) Krokodilleder (Damen)
Maße:	Damenversion: ⌀ 26,5 mm, Höhe 3,5 mm Herrenversion: ⌀ 35 mm, Höhe 5,7 mm
Varianten:	Damen- und Herrenversion, Damenuhr mit diamantenen Stundenzeichen
Preis:	1995.– DM für beide Modelle

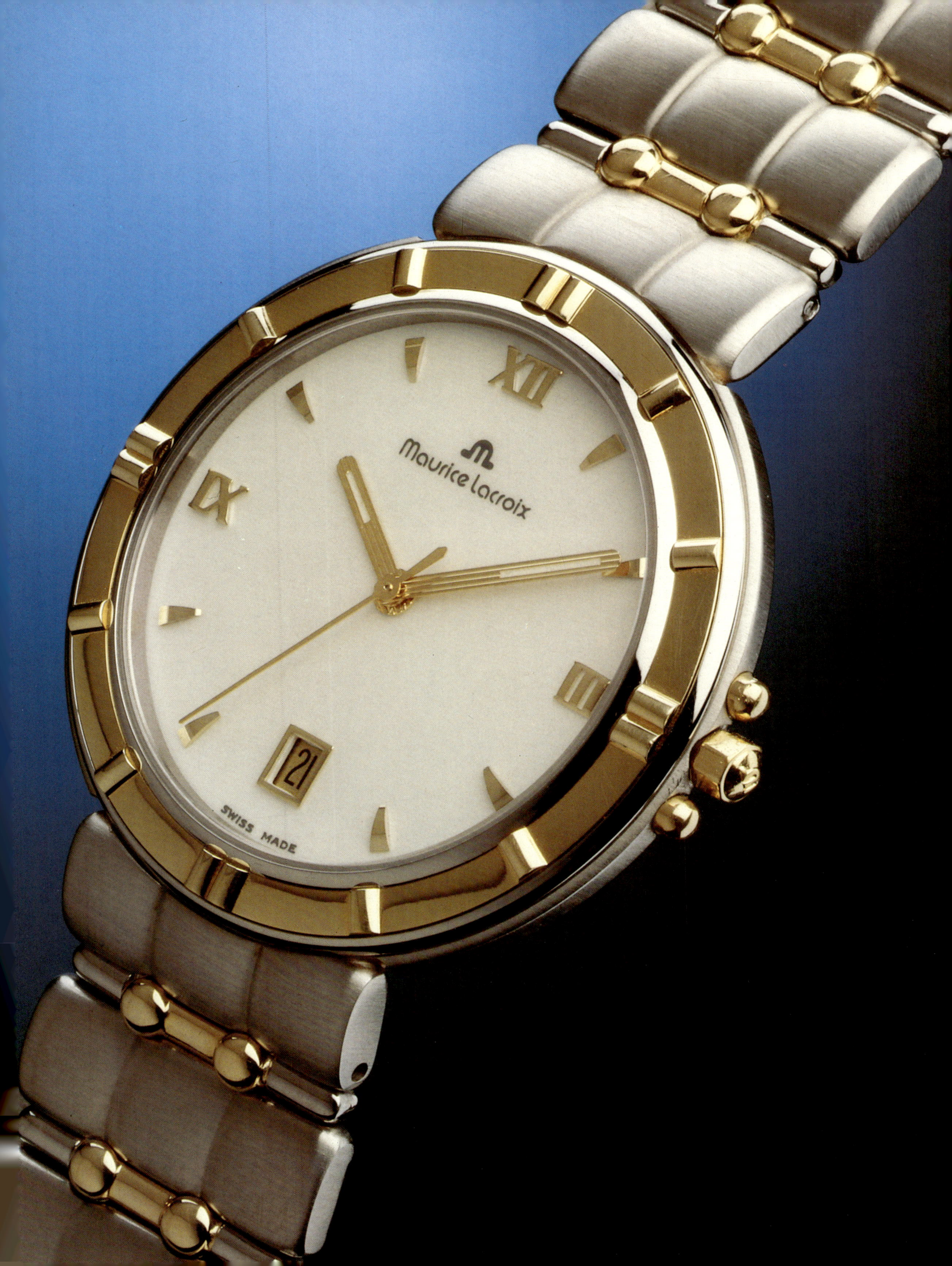
Maurice Lacroix
SWISS MADE

Rado

Die Schweizer Uhrenmarke Rado gehört zur SMH-Gruppe. Dort spielt sie den Part einer sehr designorientierten Konzerntochter, deren Leadermodell seit Jahrzehnten die Diastar ist. Mit der Diastar begründete Rado die ebenfalls markentypische Tradition, besonders kratzfeste und damit langlebige Uhren zu bauen. Dazu nimmt man eine Wolfram-Karbid-Legierung, die – bei 1450 °C zu Hartmetall gesintert – sehr widerstandsfähig ist. Die DiaStar Anatom Jubilé setzt dieser Tradition ein würdiges Denkmal.

Modell:	DiaStar »Anatom« Jubilé blacktop
Hersteller:	Rado Watch Co., CH-2543 Lengnau
Referenz:	129.0298.3.076
Debüt:	1991
Werk:	ETA-Quarzwerk
Gehäuse:	hochglänzendes Hartmetall und nahezu diamanthartes, anatomisch gewölbtes Saphirglas, Zifferblatt mit vier Diamanten
Band:	kratzfestes Hartmetall mit Zwischengliedern aus 18karätigem Gold
Preis:	5600.– DM

Ästhetik und Design

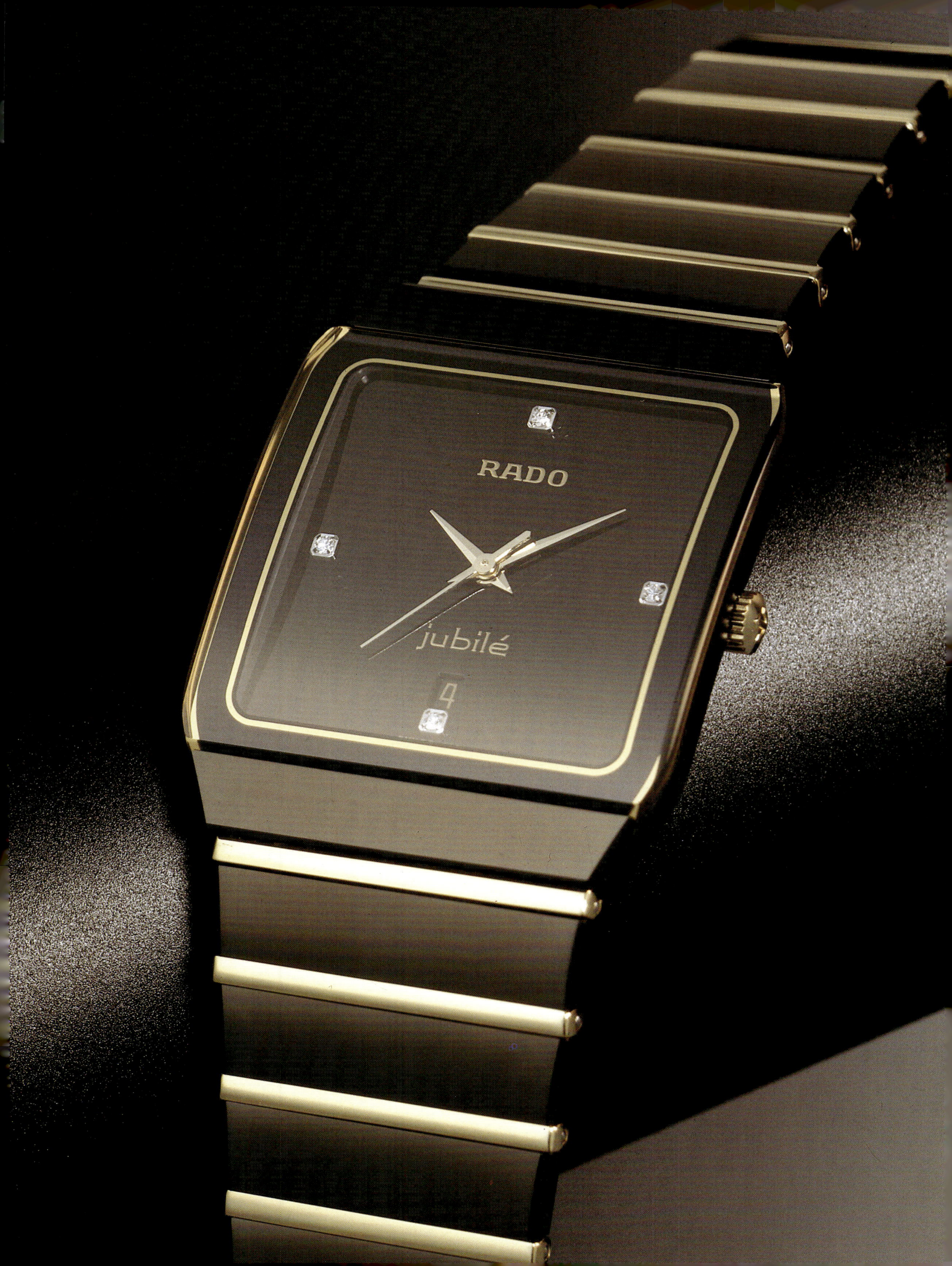
RADO
jubilé
4

Rado

Hochwertiges Keramikmaterial hat sich in vielen industriellen Bereichen als Metallersatz bewährt. Die Rado Ceramica Soft macht sich diese Entwicklung zunutze. Gehäuseoberteil und Krone der Uhr bestehen aus kratzfester High-Tech-Keramik. Bei aller technischen Kühle des Materials kommt das Design nicht zu kurz. Auch diese Uhr trägt die typische Handschrift der Rado-Stylisten und gibt sich daher sehr extravagant. Das flache Gehäuse und das Polyurethanband mit Keramikschließe unterstreichen die ausgeprägte Individualität der Ceramica Soft.

Modell:	Ceramica Soft
Hersteller:	Rado Watch Co., CH-2543 Lengnau
Referenz:	111.0294.3.117
Debüt:	1992
Werk:	ETA-Quarzwerk
Gehäuse:	Oberteil und Krone aus kratzfester High-Tech-Keramik, nahezu diamanthartes Saphirglas
Band:	Polyurethanband mit Keramikverschluß
Varianten:	Jubilee-Version mit 4 Diamanten
Preis:	1250.– DM

Ästhetik und Design

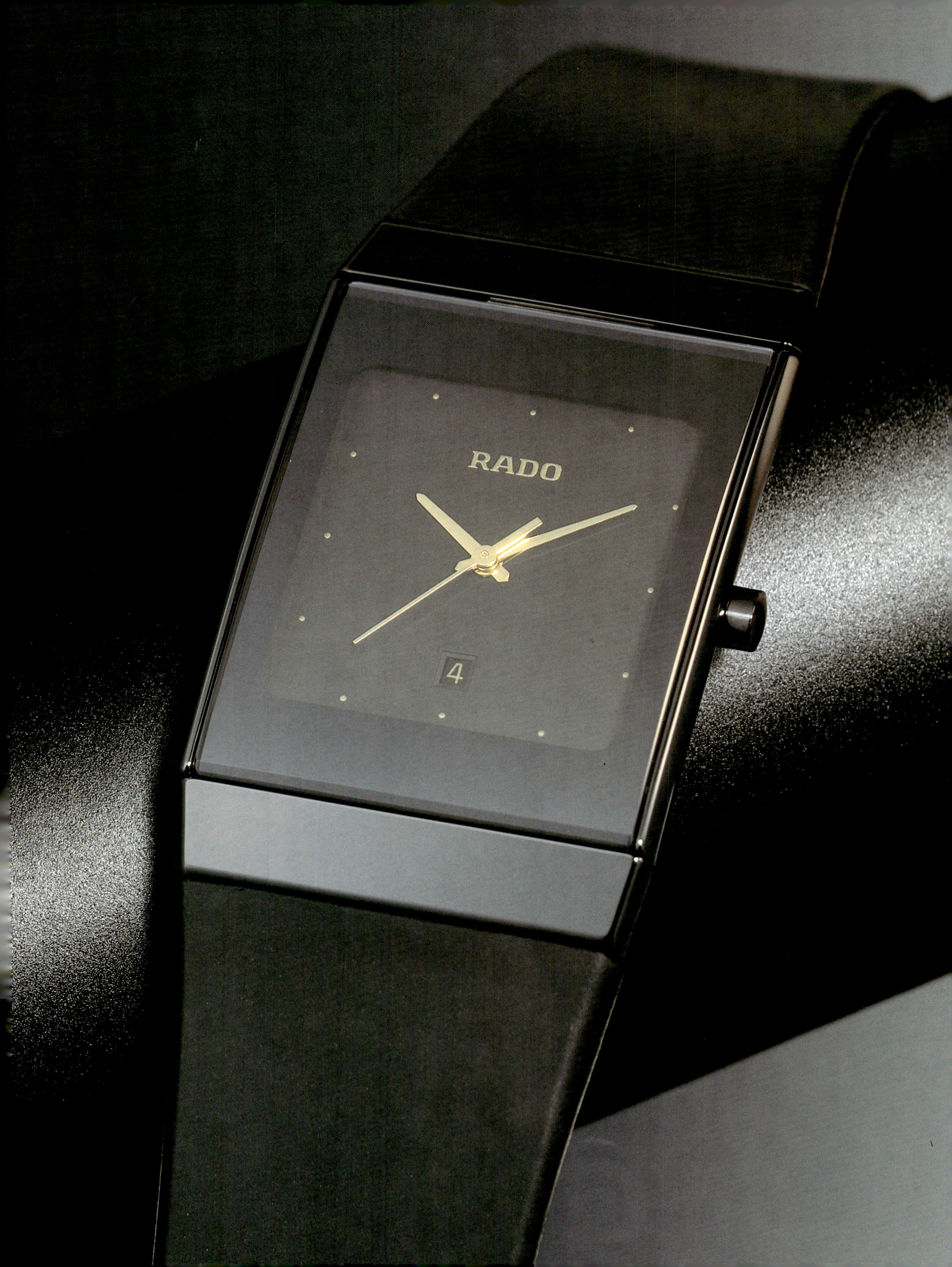
RADO
4

ETERNA-MATIC

Thor Heyerdahls Hochseefloß Kontiki stand seit den 50er Jahren Pate für das Leadermodell von Eterna. Im Rahmen der neuen Produktstrategie von Eterna steht Kontiki für eine ganze Kollektion sportlicher Uhren von Chronograph bis zum Tauchermodell. Besondere Bedeutung kommt dabei dem Kontiki-Chronometer mit Automatikwerk und offiziellem Gangzeugnis zu, denn er ist ein eindrucksvoller Beweis für das günstige Verhältnis zwischen Preis und Leistung bei Eterna. Denn hier wird eine Material- und Verarbeitungsqualität geboten, wie man sie nur von weit teureren Modellen erwartet.

Modell:	Eterna-Matic Kontiki Chronometer
Hersteller:	Eterna AG, CH-2540 Grenchen
Referenz:	1401.47.31.300
Debüt:	1992
Werk:	Automatikwerk Eta 2892-2
Besonderheit des Werkes:	Chronometer mit offiziellem Zertifikat
Gehäuse:	Stahl/Gold 18 Kt.
Besonderheit des Gehäuses:	wasserdicht bis 120 m, geschützte, verschraubte Krone, verschraubter Boden, kratzfestes Saphirglas
Band:	Stahl/Gold 18 Kt.
Maße:	Ø 38,7 mm, Höhe 13,2 mm
Varianten:	Stahl, Stahl/Gold ab 1300.– DM
Preis:	2950.– DM

ÄSTHETIK UND DESIGN

ETERNA·MATIC
KONTIKI
CHRONOMETER
OFFICIALLY CERTIFIED
SWISS
10

Longines

Mit der »Conquest 1958« hat Longines nach der Lindbergh jetzt ein zweites Nostalgie-Modell im Programm. Es handelt sich dabei um eine originalgetreue Replik einer Longines-Armbanduhr aus den späten 50er Jahren. Die Stückzahl der Conquest 1958 ist allerdings begrenzt, weil nur noch geringe Restbestände alter Gehäuse zur Verfügung stehen. Ein handemailliertes Medaillon auf dem Gehäuseboden, das einen Sternenhimmel über dem Meer zeigt, weist auf die Besonderheit der Uhr hin. Typisch für den Zeitgeschmack der 50er Jahre sind die spitz zulaufenden Dauphine-Zeiger und die markanten dreieckigen Stundenzeichen. Als ungewöhnliches Detail fällt das auf der »zwölf« plazierte Datum ins Auge. Für die Conquest 1958 greift Longines auf das bewährte Konzernkaliber ETA 2824-2 zurück, allerdings nicht ohne es im Detail noch ein wenig zu verfeinern.

Modell:	Conquest 1958
Hersteller:	Longines
Referenz:	633.7290.4.001 6.301 (Roségold) 6.101 (Gelbgold) begrenzte Auflage, insgesamt 360 Stück
Debüt:	1958, neu aufgelegt 1991
Werk:	Automatikwerk ETA 2824-2
Gehäuse:	Stahl, Gelbgold, Roségold
Besonderheit des Gehäuses:	handemailliertes Medaillon auf dem Boden
Band:	Krokodil (Gold), Rindleder (Stahl)
Maße:	Ø 35 mm, Höhe 11 mm
Preis:	1200.– DM Edelstahl 3600.– DM Gold

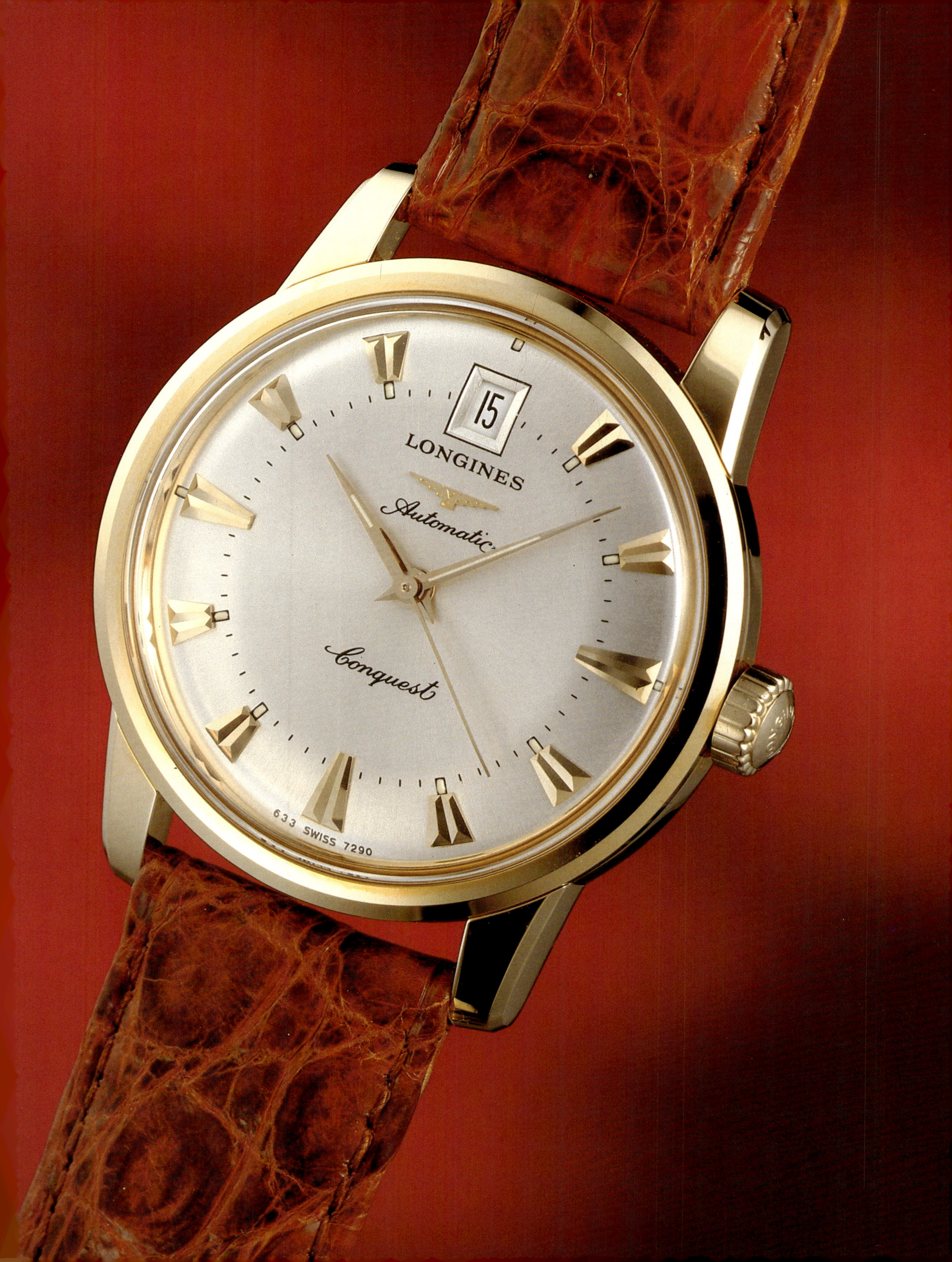
15
LONGINES
Automatic
Conquest
633 SWISS 7290

BREITLING

Die Breitling-Uhrenkollektion mit der Bezeichnung »J-Class« erinnert an die gleichnamigen 40 m langen Segelschiffe mit 1600 m² Spinnaker. Sie nahmen in den 30er Jahren an den Wettkämpfen um den Amerika-Pokal teil. Die Chronographen dieser Reihe repräsentieren den typischen neuzeitlichen Breitling-Look, der Mitte der 80er Jahre von dem Modell Chronomat kreiert wurde. Die »J-Class«-Chronographen gibt es allerdings ausschließlich mit Quarzwerk, dafür sind die Wahlmöglichkeiten bei den Gehäusematerialien, bei den Bändern und den Zifferblättern umso größer.

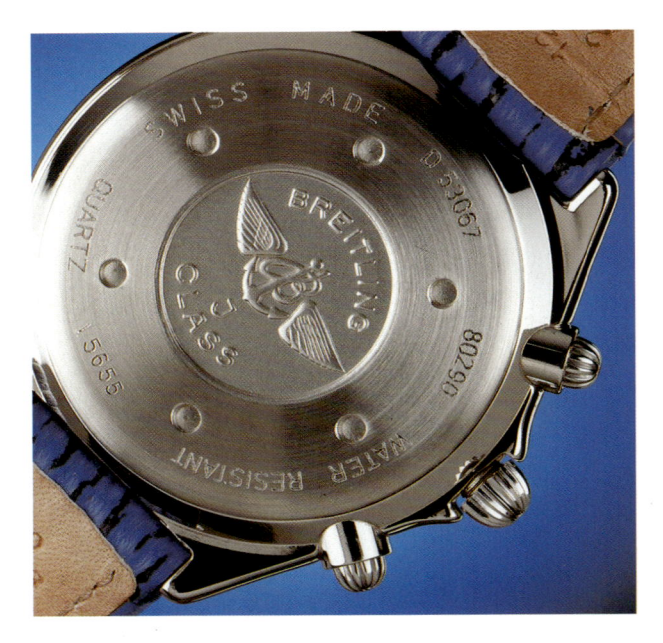

Modell:	Chrono J-Class
Hersteller:	Breitling Montres SA, CH-2540 Grenchen
Referenz:	D 53067
Debüt:	1989
Werk:	Quarzwerk ETA 251.262
Besonderheit des Werkes:	Chronographenfunktion
Gehäuse:	Stahl, Stahl/Gold 18 Kt. oder Gold 18 Kt.
Besonderheit des Gehäuses:	Lünette drehbar, Krone verschraubt, wasserdicht bis 100 m
Band:	Haifischband mit Faltschließe, Metallbänder Pilot oder Rouleaux auf Wunsch
Maße:	∅ 41 mm, Höhe 12,5 mm
Varianten:	Stahl, Stahl/Gold, Goldgehäuse; Zifferblattfarben: Weiß, Blau oder Schwarz; Bänder: Haifisch, Rouleaux oder Pilot
Preis:	3800.– DM für Ausführung Stahl mit Haifischband und Faltschließe

ÄSTHETIK UND DESIGN

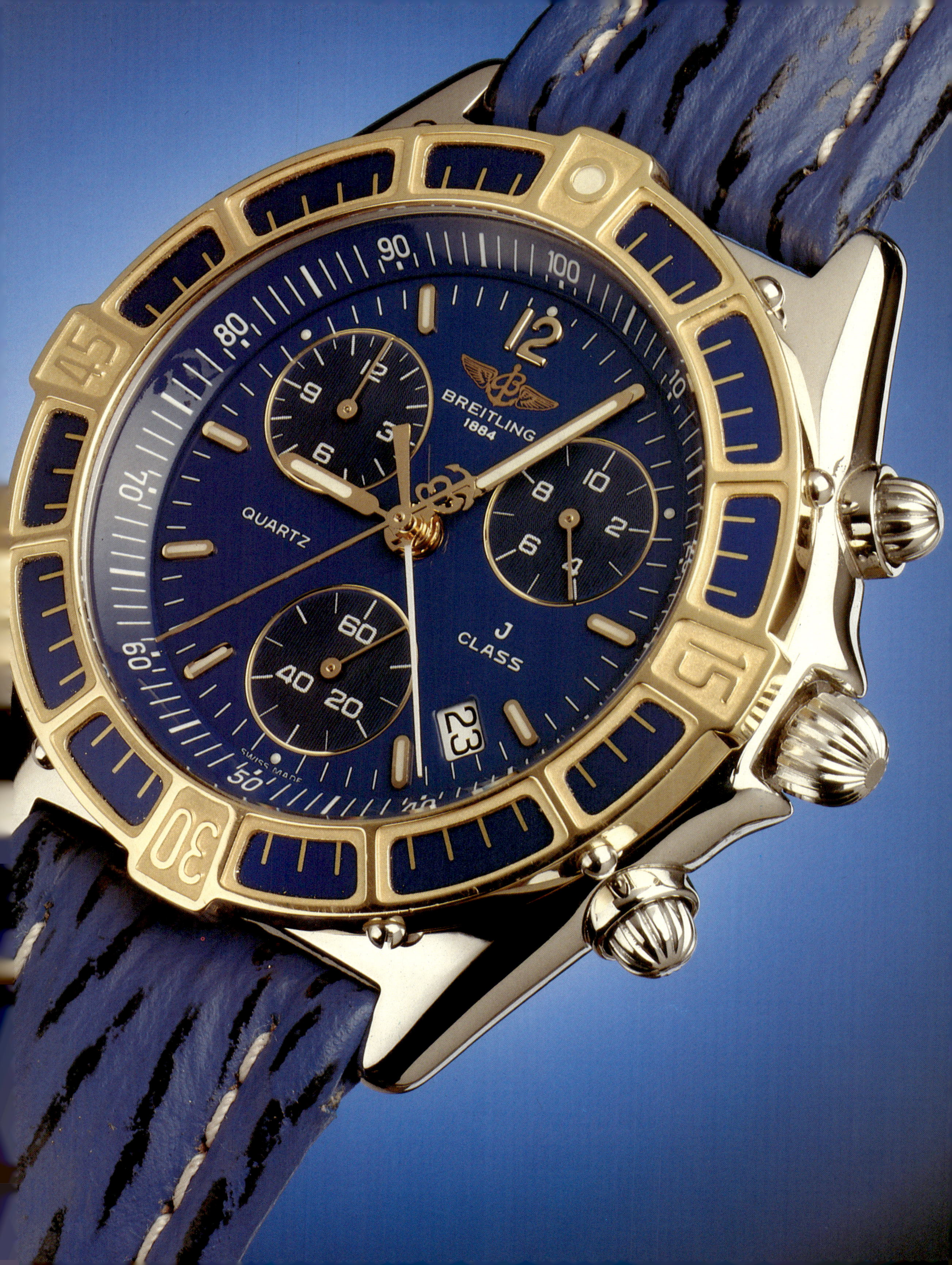
BREITLING
1884
QUARTZ
J
CLASS
SWISS MADE

MIDO

Wer Mido sagt, meint die klassische Ocean Star Commander, die auf das Jahr 1958 zurückgeht. Doch die Ocean-Star-Kollektion umfaßt auch noch andere attraktive Modelle, die ein modernes Design aufweisen. Sie heißen Ocean-Star New Line und hätten den verpflichtenden Namen Ocean Star nicht verdient, wenn sie nicht auch über das patentierte Aquadura-System mit der Kronendichtung aus Naturkork verfügen würden. Das abgebildete Modell ist auch als Automatik-Modell lieferbar.

Modell:	Ocean Star New Line
Hersteller:	Mido Watch Factory Co., CH-2500 Biel/Bienne 3
Referenz:	235-8064-9-120 (bicolor)
Debüt:	1990
Werk:	Quarzwerk Eta 255.611 mit 10-Jahres-Batterie oder Automatikwerk Eta 2892-2
Gehäuse:	Bicolor, Edelstahl und Double
Besonderheit des Gehäuses:	Saphirglas, wasserdicht durch Aquadura-System
Band:	Edelstahl, Bicolor oder Double
Preis:	1045.– DM in Bicolor

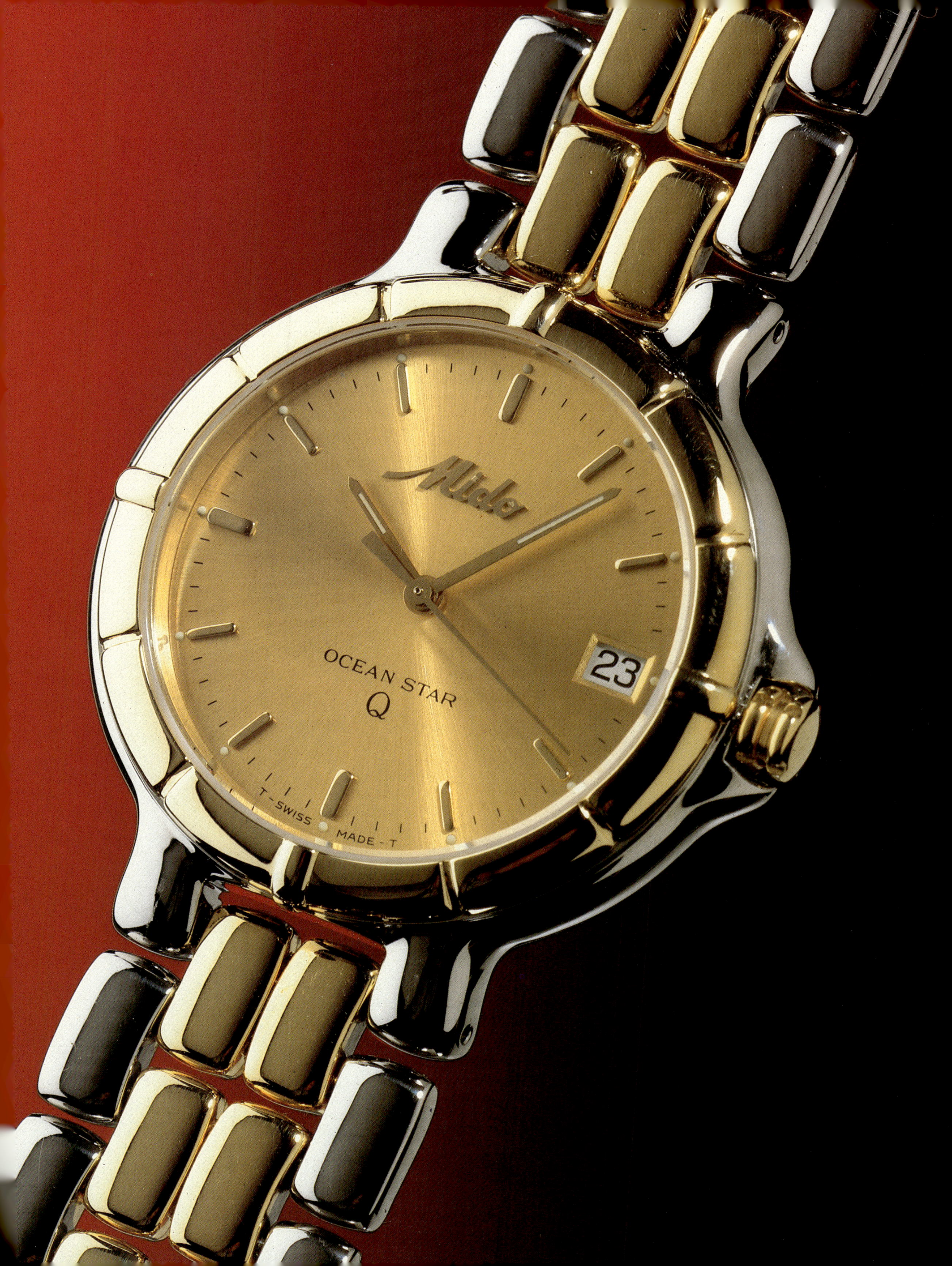
Mido
OCEAN STAR
Q
23
T-SWISS MADE-T

Milus

Milus hat sich innerhalb weniger Jahre einen festen Platz unter den Designeruhren erobert. Auch das neue Modell Far-Side besticht durch eine ebenso ungewöhnliche wie ansprechende Gestaltung. Wie man es von manchen Taschenuhr-Klassikern kennt, lassen sich Werkgehäuse und Innenring der Uhr um 360 Grad drehen. Dies verleiht der Uhr in jedem Stadium der Wandlung eine Faszination, wie sie nur wenigen Modellen eigen ist.

Modell:	Far-Side
Hersteller:	Milus, Paul Junod SA, CH-2500 Biel/Bienne
Referenz:	720.011
Werk:	Quarzwerk, ETA 280.003
Gehäuse:	Edelstahl und Edelstahl/Gold 18 Kt.
Besonderheit des Gehäuses:	Innenring und Werkgehäuse um 360 Grad drehbar
Band:	Sämisch-Leder
Maße:	Ø 33 mm, Höhe 6 mm
Varianten:	Stahl oder Stahl/Gold
Preis:	ca. 1400.– bis 2400.– DM

Ästhetik und Design

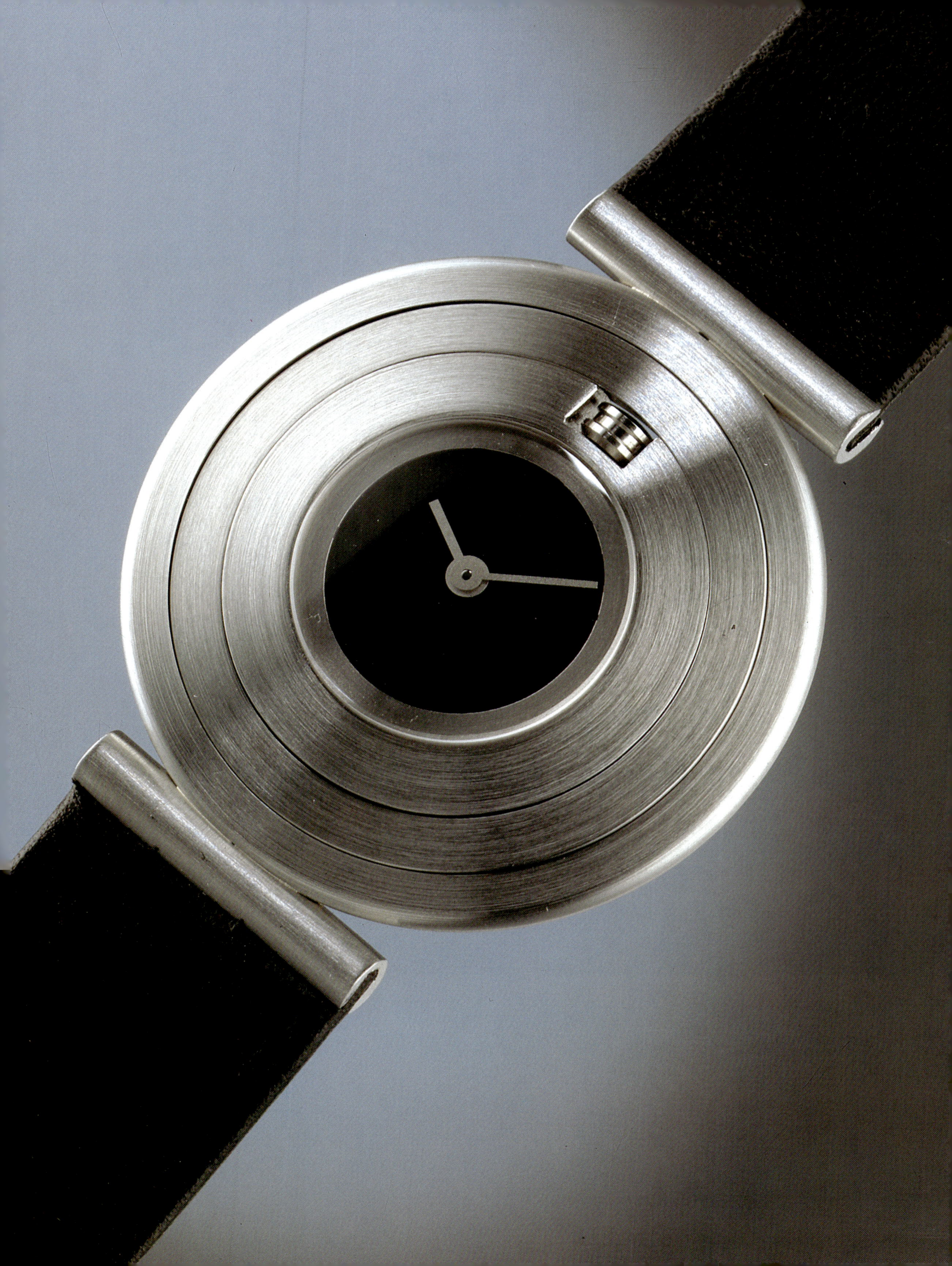

TAG HEUER

Chronometer liegen zur Zeit voll im Trend. Immer mehr Uhrenhersteller unterziehen ihre Werke einer peniblen Reglage, um sich die damit erreichte hohe Ganggenauigkeit vom offiziellen schweizerischen Prüfinstitut für Chronometer (C.O.S.C.) bescheinigen zu lassen. Der TAG-Heuer Chronometer S/EL hat diese 16 Tage dauernde Normprüfung mit Bravour bestanden. Die schlicht gestaltete Uhr mit ihren klaren Linien ist aber nicht nur genau und schön, sondern auch ausgesprochen sportlich. Immerhin verträgt sie Tiefen bis zu 200 m und genügt auch den harten Anforderungen an die Stoßfestigkeit beispielsweise bei der Leichtathletik.

Modell:	TAG Heuer Chronometer
Hersteller:	TAG Heuer SA, CH-2074 Marin
Referenz:	S 87.906
Debüt:	1991
Werk:	Automatikwerk ETA 2892-2
Besonderheit des Werks:	Chronometer mit C.O.S.C.-Zertifikat
Gehäuse:	mattiertes Edelstahlgehäuse
Besonderheit des Gehäuses:	verschraubte Krone, drehbare Lünette zum Einstellen der Tauchzeit, kratzfestes Saphirglas
Band:	Stahlband
Maße:	Ø 38 mm, Höhe 9 mm
Varianten:	Stahl, Stahl/Gold
Preis:	2380.–/2980.– DM

ÄSTHETIK UND DESIGN

TAG HEUER
Chronometer
Officially certified
200 METERS
T-AUTOMATIC
SWISS-T
20

Ars Temporis

Der Wiener Künstler Ernst Fuchs, einer der berühmtesten zeitgenössischen Vertreter des Phantastischen Realismus, ist in der Uhrenbranche kein Unbekannter. Für IWC in Schaffhausen schuf er Mitte der 80er Jahre die Taschenuhr »Scarabaeus Fuchs«, eingedenk des in Ägypten heiligen Käfers. Für Ars Tempus entwarf Ernst Fuchs die außergewöhnliche Sammleruhr. Die »Kußuhr« zeigt auf dem Zifferblatt eine Szene, die der Künstler mit folgenden Worten beschreibt: »Solaris – König – küsset Luna / Der Stunden Rund Fortuna.« Diese Uhr wird weltweit in einer Auflage von nur 250 Exemplaren hergestellt. Die Besonderheit ist, daß jede Uhr auf dem Zifferblatt persönlich von Ernst Fuchs handsigniert ist. Sie ist numeriert und mit einem Echtheitszertifikat versehen, welches eine Original Fuchs-Radierung des Zifferblattes darstellt. Das Gehäuse der Kußuhr besteht aus massivem 18karätigem Gold. Im Innern tickt das Handaufzugswerk Peseux 7001.

Modell:	Ars Temporis Kußuhr
Hersteller:	Ars Temporis, Swiss made
Debüt:	1992, Auflage 250 Stück
Werk:	Handaufzugswerk Peseux 7001, Genfer Streifen, gebläute Schrauben, vergoldet
Gehäuse:	Gold 18 Karat, Zifferblatt in Gold, Krone mit Tubus in Gold, Saphirglas, wasserdicht bis 30 m
Band:	hochwertiges Lederband mit Goldschließe 18 Kt.
Maße:	Ø 34,4 mm Höhe: 2,85 mm
Preis:	13 500.– DM

Ästhetik und Design

'SOLARIS-KÖNIG-RÜSSET LUNA
DER STUNDEN RUND FORTUNA

DELMA

Auch die neue Linie Delma Rialto, benannt nach der gleichnamigen venezianischen Brücke, verbindet hohe Individualität mit dem Delma-typischen Erscheinungsbild. Die Uhr kann ebenso zu repräsentativen Anlässen wie auch in der Freizeit getragen werden. Die stilistische Harmonie überträgt sich auch auf die Verarbeitung der Materialien. Es gibt keine schroffen Kanten, Gehäuse und Band präsentieren sich weich und abgerundet, was ihnen besonders günstige Trageeigenschaften einbringt.

Modell:	Rialto
Hersteller:	Delma Watch Ltd., CH-2543 Lengnau
Referenz:	467179/467082
Debüt:	1992
Werk:	Quarz
Gehäuse:	Stahl/Goldplaque, Bicolor
Band:	Stahl/Goldplaque, Bicolor
Maße:	Herrenmodell: Ø 33,5 mm, Höhe 5 mm Damenmodell: Ø 11,5 mm, Höhe 5 mm
Preis:	800.– DM Damenmodell 850.– DM Herrenmodell

ÄSTHETIK UND DESIGN

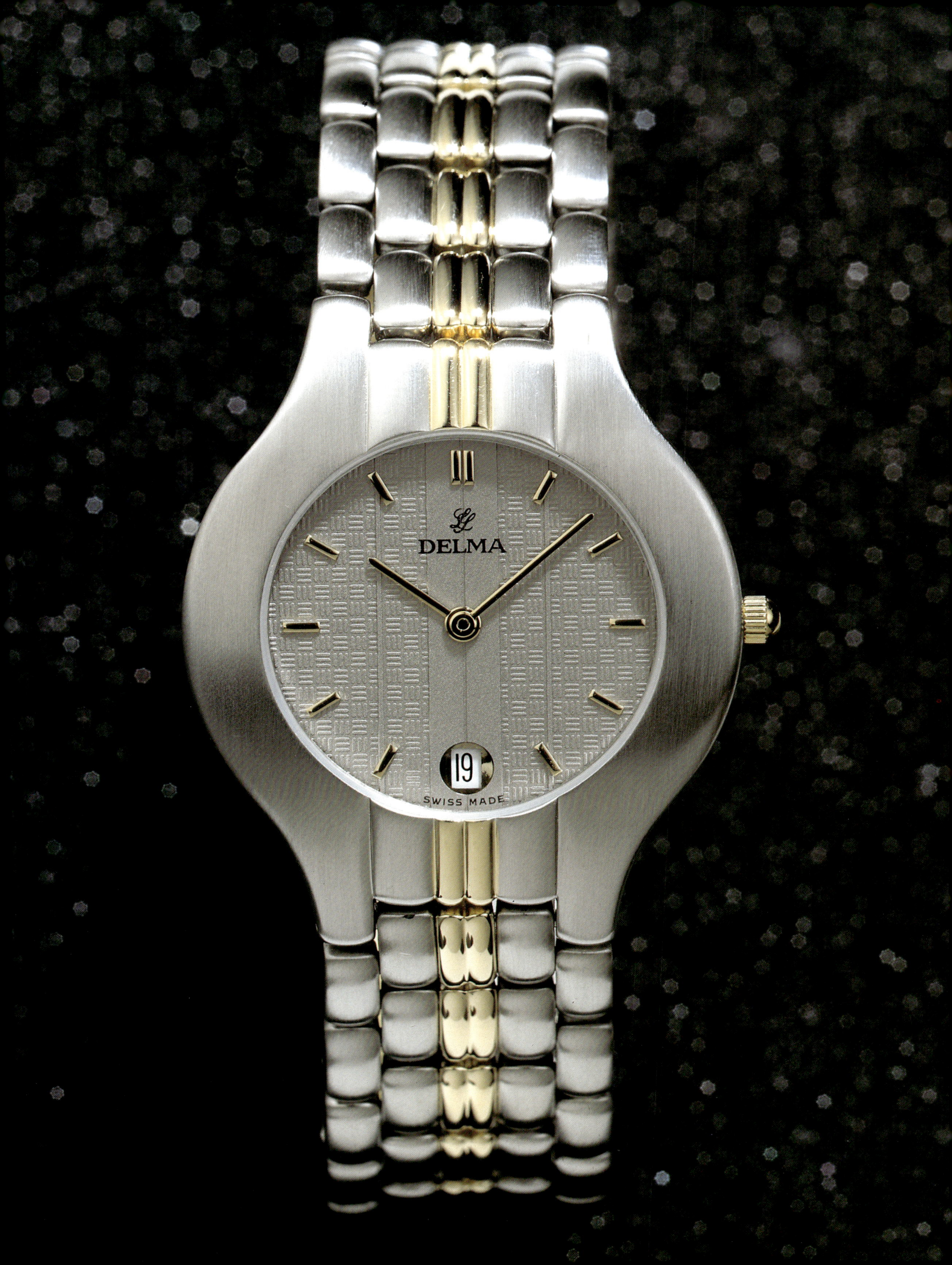
DELMA
19
SWISS MADE

Momo

Der prägnante Name hat nichts mit dem gleichnamigen Buch von Michael Ende zu tun, sondern steht seit rund 20 Jahren als Markenzeichen für erlesenes italienisches Automobilzubehör. Besonders die Momo-Lenkräder sind Enthusiasten ein Begriff. Momo-Pionier Gianpiero Moretti gab sich aber damit nicht zufrieden, sondern gründete vor einem Jahrzehnt das erfolgreiche Tochterunternehmen Momo-Design, das sich auf seine eigene Art und Weise dem Thema Uhren angenommen hat. Die Momo-Armbanduhren sind von schlichter Strenge, klassisch rund präsentiert sich die Momo L'Orologio, avantgardistisch geben sich die Modelle Il Chronografo, Il Carbon und Il Subacqueo.

Modell:	Momo Design Il Carbon
Debüt:	1992
Werk:	mechanisches Automatik-Laufwerk ETA Kaliber 2892
Gehäuse:	Kombination aus Titan und Carbonfibre
Band:	weiches Carbonfibre
Maße:	Ø 39 mm, Höhe 8,2 mm
Preis:	2280.– DM

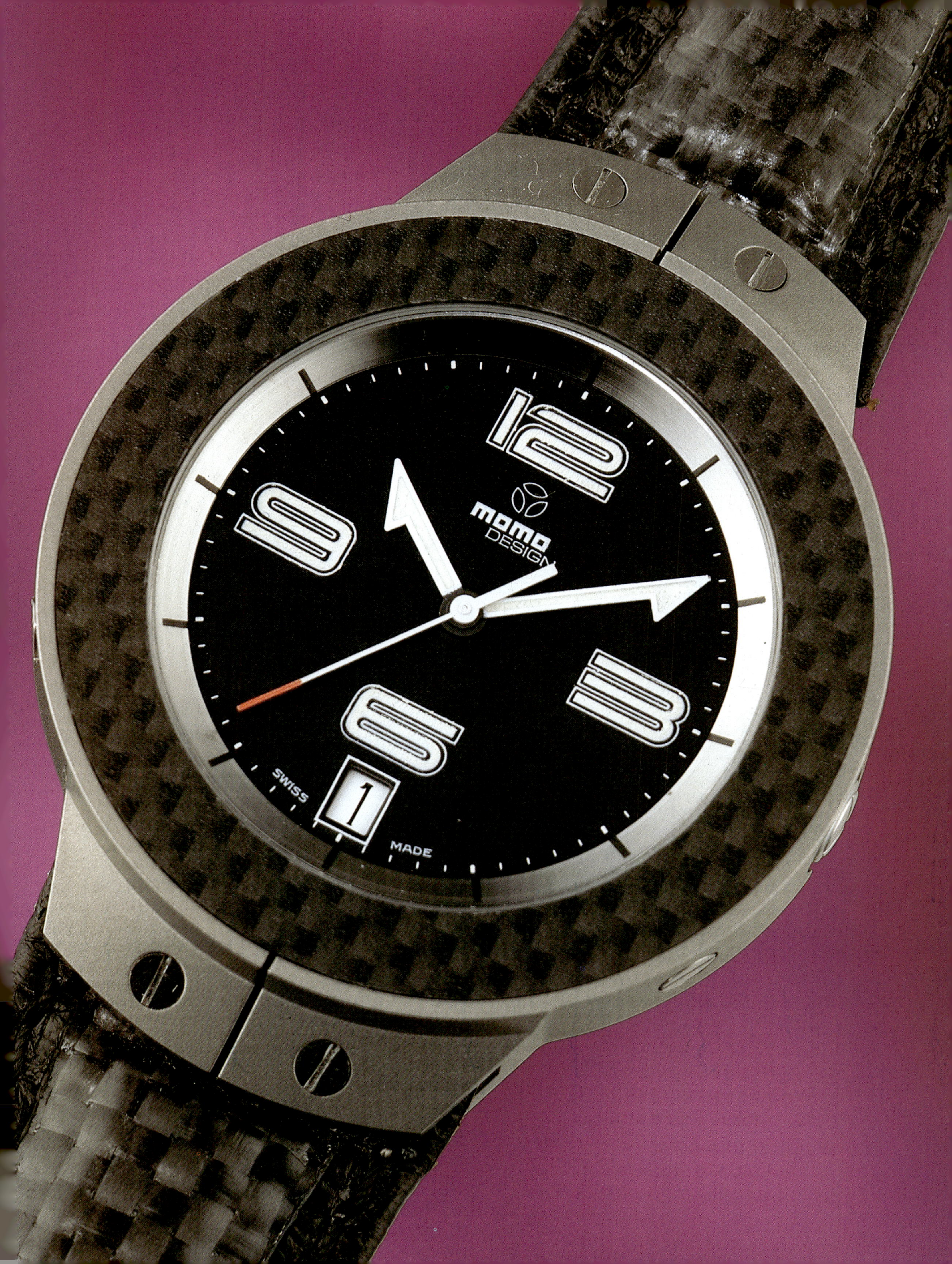
momo
DESIGN
SWISS
MADE

Alpina

Die Stärke des Uhrenherstellers Alpina aus Biel liegt in der Herstellung qualitativ hochwertiger Uhren zu günstigen Preisen. Die Alpina Automatic Sea-Strong unterstreicht diesen Anspruch. Sie ist aus massivem, reichlich dimensionierten Edelstahl gefertigt und mit einem Saphirglas ausgestattet. Die Uhr ist, wie ihr Name schon andeutet, bis 200 Meter wasserdicht. Das Eta-Automatikwerk 2824-2 unterstreicht das sensationell günstige Preis-/Leistungsverhältnis der Alpina Sea-Strong.

Modell:	Sea-Strong Automatic
Hersteller:	Alpina AG, CH Biel
Referenz:	ALD 95-1227 CH mit Lederband AL 95-1226 W mit Metallband
Werk:	Eta 2824-2 vergoldet, 25 Steine mit Datumsanzeige
Gehäuse:	Edelstahl oder Bicolor, drehbare Lünette mit 60-Minuten-Einteilung, Saphirglas, wasserdicht bis 200 m
Band:	wahlweise Leder- oder Metallband
Preis:	ab 475.– DM

ALPINA
sea-strong
AUTOMATIC
SAPPHIRE CRYSTAL
200M
SWISS
MADE
10

TTC Longlife

Als ISECO 1991 Armbanduhren mit dem TTC-Longlife-System erfolgreich auf den Markt brachte, waren 20 Jahre Erfahrung aus der Herzschrittmachertechnologie genutzt: Ziel war es, dem Markt neue Impulse zu geben mit modernster, umweltverträglicher Technik im attraktiven Design. In enger Zusammenarbeit der Uhren- und Batterieindustrie wurde von TTC ein Longlife-System entwickelt, dessen Batterie eine Laufzeit von 20 Jahren bei Armbanduhen ermöglicht. Die Business Watch ist ein Highlight in der erfolgreichen ISECO-Collection.

Modell:	Business Watch
Hersteller:	Iseco TTC-Microelectronic GmbH
Debüt:	1992
Werk:	Ronda-Quarz mit TTC-Longlife
Besonderheit des Werks:	Anzeige von Kalenderwoche, Monat, Datum, Wochentag und Mondphase, 20 Jahre Laufzeit
Gehäuse:	Edelstahl, Plaqué 10 Micron
Maße:	⌀ 39 mm, Höhe 11 mm
Band:	Edelstahl, Plaqué
Varianten:	Plaqué, limitiert 999 Stück; Bicolor, Edelstahl, Titan mit Lederband
Preis:	Plaqué 1450.– DM, Bicolor 959.– DM, Edelstahl 751.– DM, Titan 696.– DM

FEBRUAR
JANUAR
MÄRZ
APRIL
MAI
JUNI
JULI
DEZEMBER
iSECO
SON
MO
SAM
FRE
DON
MIT
TTC
LIMITED

Glashütte

Der traditionelle Glashütter Uhrenbetrieb (GUB) in Sachsen etabliert sich mit deutschen Qualitätsuhren im von den Schweizern beherrschten Markt zu etablieren. Das Aushängeschild sächsischer Uhrmacherkunst ist dabei die Prestigeuhr »Glashütte Original«. Sie ist sogar mit einem original Glashütter Automatik-Werk ausgestattet, das einen Vergleich mit konstruktiv ähnlichen Eta-Werken nicht zu scheuen braucht. Den Glashütter Uhrmachern gelang jedenfalls eine hochwertige Klasseuhr, die in allen Details überzeugt.

Modell:	Glashütte Original
Hersteller:	Glashütter Uhrenbetrieb GmbH, Altenberger Straße 1, O-8245 Glashütte/Sachsen
Referenz:	10-30-07-07-04
Debüt:	1992
Werk:	Kaliber GUB 10-30", kugelgelagerter Rotor, 28 800 Hs/h, Rotor einseitig aufziehend
Besonderheit des Werks:	Exzenter-Feineinstellung, reich dekoriert, Glashütter Dreiviertel-Platine
Gehäuse:	Gelbgold 18 kt., verschraubter Boden mit Saphirglas
Band:	Eidechsband mit spezieller Goldschließe 18 kt.
Maße:	Ø 34,5 mm, Höhe 8,5 mm
Varianten:	zwei
Preis:	7990.– DM

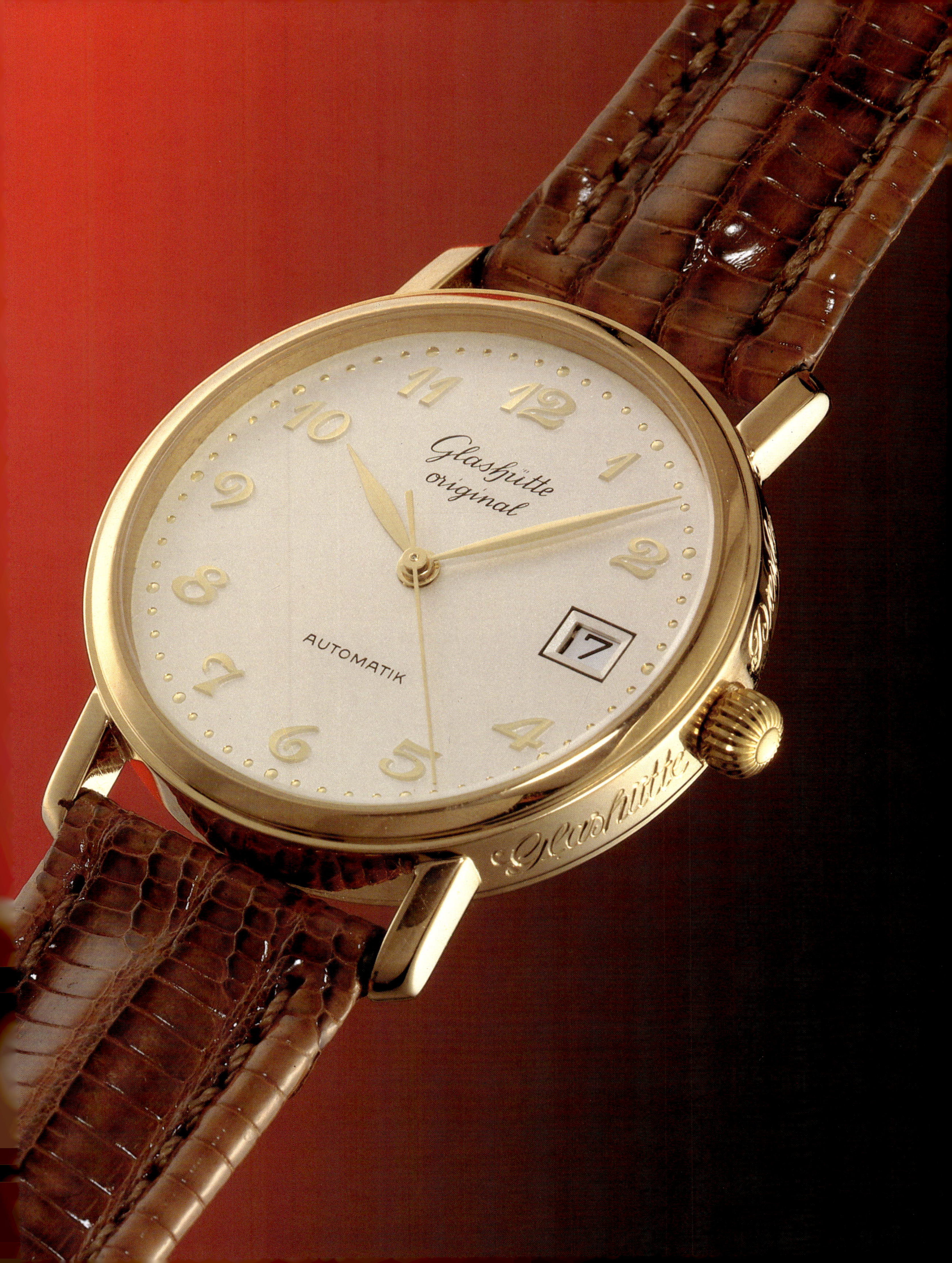
Glashütte
original
AUTOMATIK
17
Glashütte

CERRUTI

Nino Cerruti ist einer der bedeutendsten Stoffhersteller und Modedesigner dieser Epoche. Der Name Cerruti steht als Synonym für Produkte mit höchster Qualität, Perfektion sowie für Harmonie von Design und Material. Cerruti 1881 Swiss Watches, die Uhrenkollektion mit vier verschiedenen Produktlinien, hat sich innerhalb von zwei Jahren international behauptet und ist so unverwechselbar Teil der Welt Nino Cerrutis, wie der Schriftzug, den sie tragen: Cerruti 1881. Phantastisch und exklusiv ist das Design der Linie »Rue Royale« und typisch für Cerruti. Angefangen beim Metallband bis hin zu feinen Details an Verschluß und speziellen Attaches.

Modell:	Rue Royale
Hersteller:	Cerruti 1881 SWISS WATCHES
Referenz:	312.051.13
Debüt:	1991
Werk:	Quartz ETA 956.114
Besonderheit:	Datumsanzeige, CERRUTI-Serigrafie auf dem Zifferblatt
Gehäuse:	Edelstahl/Goldplaque
Besonderheit des Gehäuses:	wasserdicht bis 30 m, kratzfestes Saphirglas
Maße:	⌀ 34,5/27 mm, Höhe 6,1/6,1 mm (Herren/Damen)
Band:	Edelstahl/Goldplaque
Besonderheit des Bandes:	integrierte Faltschließe
Varianten:	Herren- und Damenuhren, Goldplaque oder Bicolor, verschiedene Zifferblattausführungen, auch mit Lederbändern erhältlich
Preis:	von 850.– DM bis 1595.– DM Abbildung rechts: 1350.– DM

ÄSTHETIK UND DESIGN

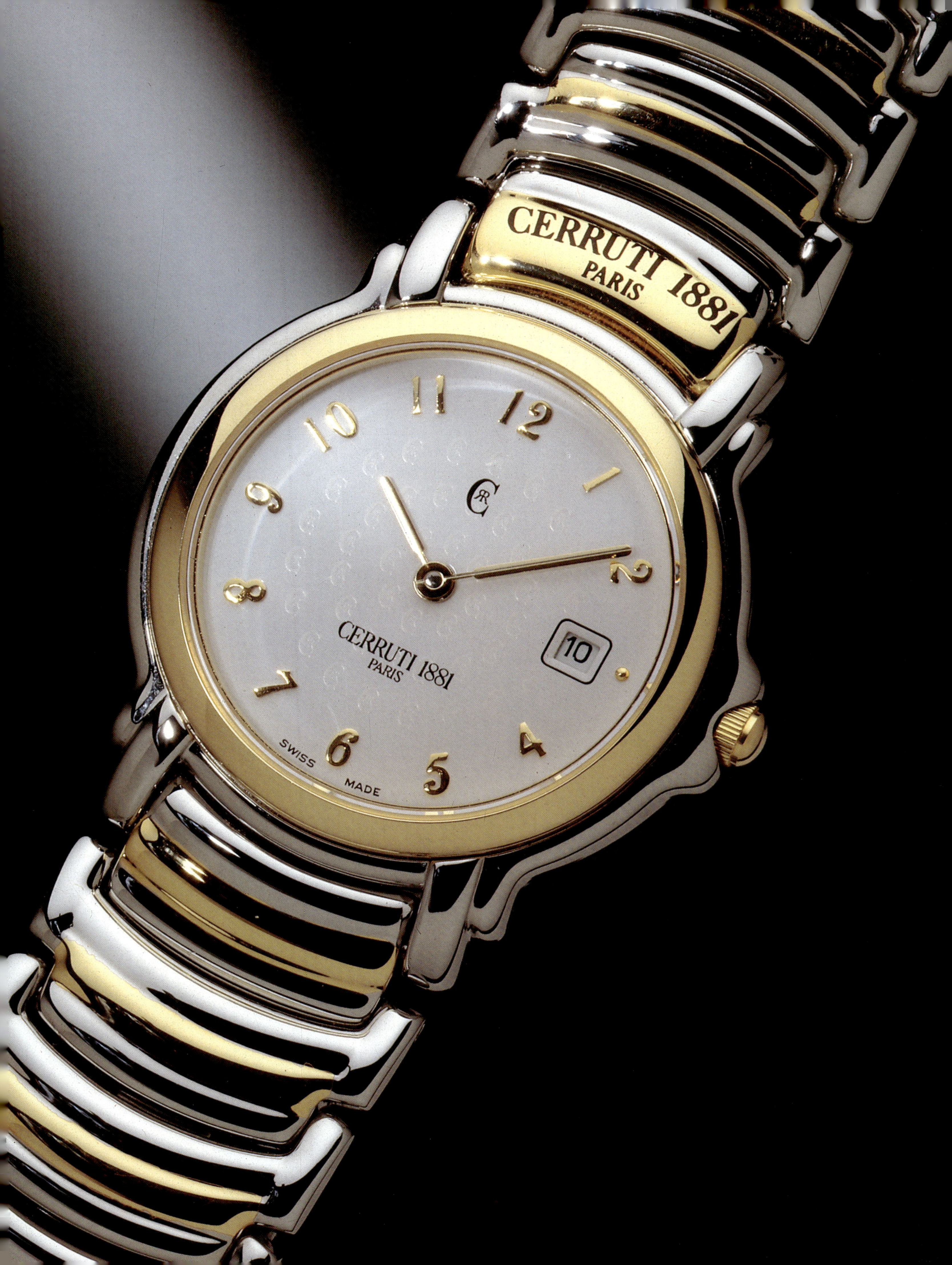
CERRUTI 1881
PARIS
CERRUTI 1881
PARIS
SWISS MADE
10

ROYCE

Um die Marke Royce war es lange still in Deutschland. Jetzt möchte der Schweizer Uhrenhersteller wieder an die Erfolge der 60er Jahre anknüpfen. Das Modell Résidence präsentiert sich im klassischen Armbanduhrenstil der 50er Jahre, der in unserer Zeit eine Renaissance erfährt. Ein bewährtes ETA-Werk versieht in der Residence seinen Dienst. Die Uhr bietet keine spektakulären Merkmale, wirkt aber rundherum gelungen. Eine Version in Titan ist ebenfalls erhältlich.

Modell:	Résidence
Hersteller:	Royce
Referenz:	654-01
Debüt:	1992
Werk:	Automatikwerk ETA 2824-2
Gehäuse:	Goldplaque oder Titan, wasserdicht 3 bar, Glasboden
Band:	Lederband
Maße:	⌀ 34,5 mm, Höhe 10,4 mm
Varianten:	Referenz 651-02 mit Titangehäuse
Preis:	Goldplaque 318.– DM Titan 398.– DM

ÄSTHETIK UND DESIGN

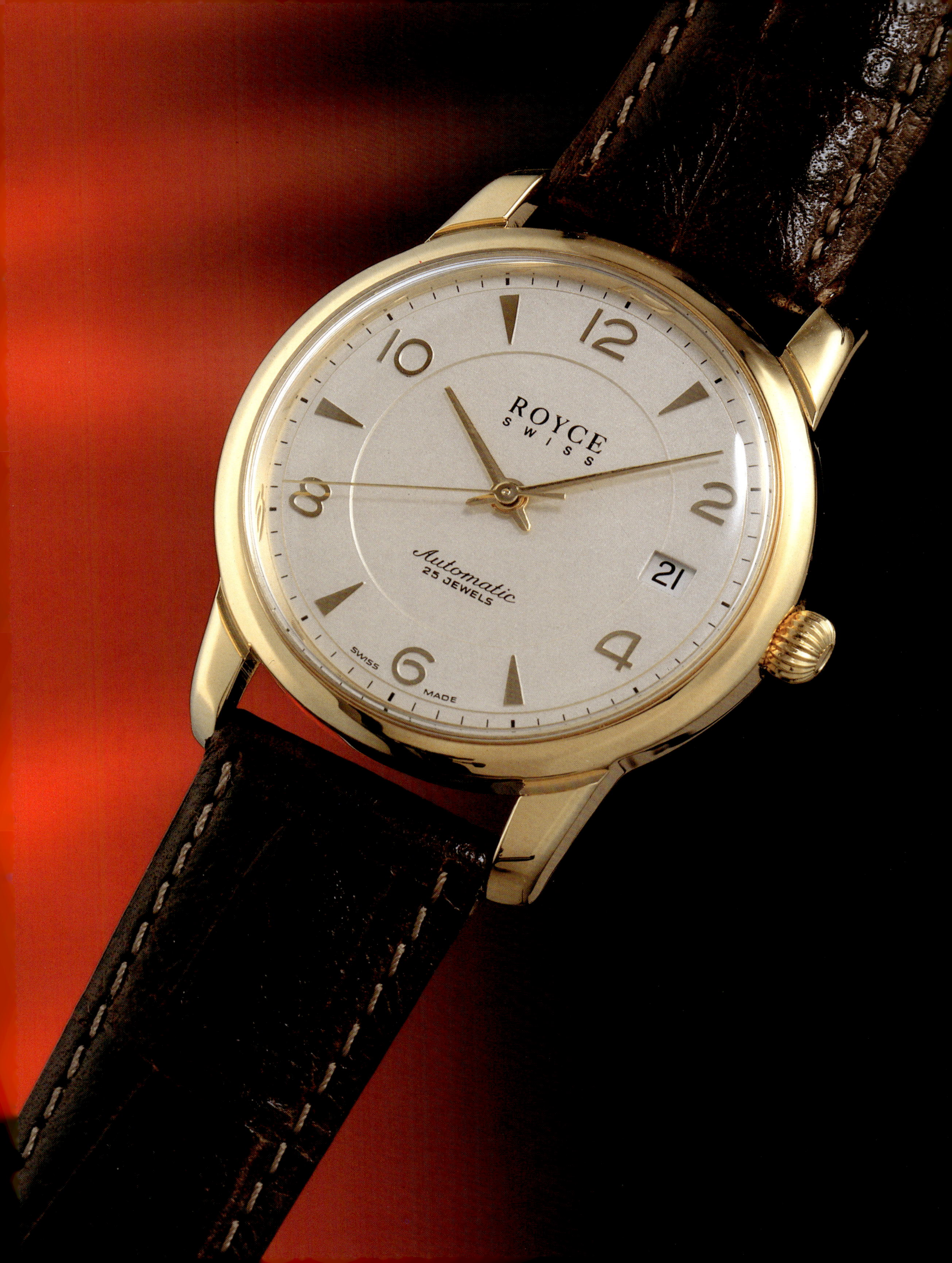
ROYCE
SWISS
Automatic
25 JEWELS
SWISS
MADE

Dugena

Angeregt durch die faszinierende Philosophie der Welt des Tantra, hat Dugena eine exklusive Uhrenkollektion entwickelt, die im kosmopolitischen Trend der 90er Jahre liegt. Tantra, ein Sanskritwort, ist von der Wurzel »tan« – »erweitern« – abgeleitet und strebt als Philosophie den versöhnenden Ausgleich von Geist und Materie an. Yantra ist die bildliche Abstraktion dieser Philosphie, die bis ins 3. Jahrtausend v. Chr. zurückgeht? Das Geheimnis dieses Strukturmusters – im Mittelpunkt der Uhr – liegt in seiner suggestiven Kraft. Die sich durchdringenden Dreiecke, eingebunden in die Blätter der Lotosblume, vermitteln die Unendlichkeit von Raum und Zeit und zeichnen so ein faszinierendes »neues Gesicht der Zeit«.

Modell:	Yantra
Referenz:	759 036
Hersteller:	Dugena
Debüt:	1992
Werk:	4 U 12, 10$^{1/2}$ Linien Quarz
Besonderheit:	Zifferblatt – Yantra-Symbol
Gehäuse:	Edelstahl vakuumgoldplattiert
Besonderheit des Gehäuses:	Saphirglas, wasserdicht bis 50 m
Maße:	Ø 36,2 mm/25 mm Höhe 6 mm /5,2 mm (Herren/Damen)
Band:	Edelstahl massiv, Vorder- und Rückseite vakuumgoldplattiert
Besonderheit des Bandes:	Edelstahlband mit Sicherheitsverschluß
Varianten:	Damen- und Herrenuhren, auch mit Lederband, Damenuhren auch 5 Micron goldplattiert mit 30 Diamanten, Edelstahl bicolor, Automatik-Werk ETA 2892/2
Preis:	von 649.– DM bis 1298.– DM, Abbildung rechts 998.– DM

Ästhetik und Design

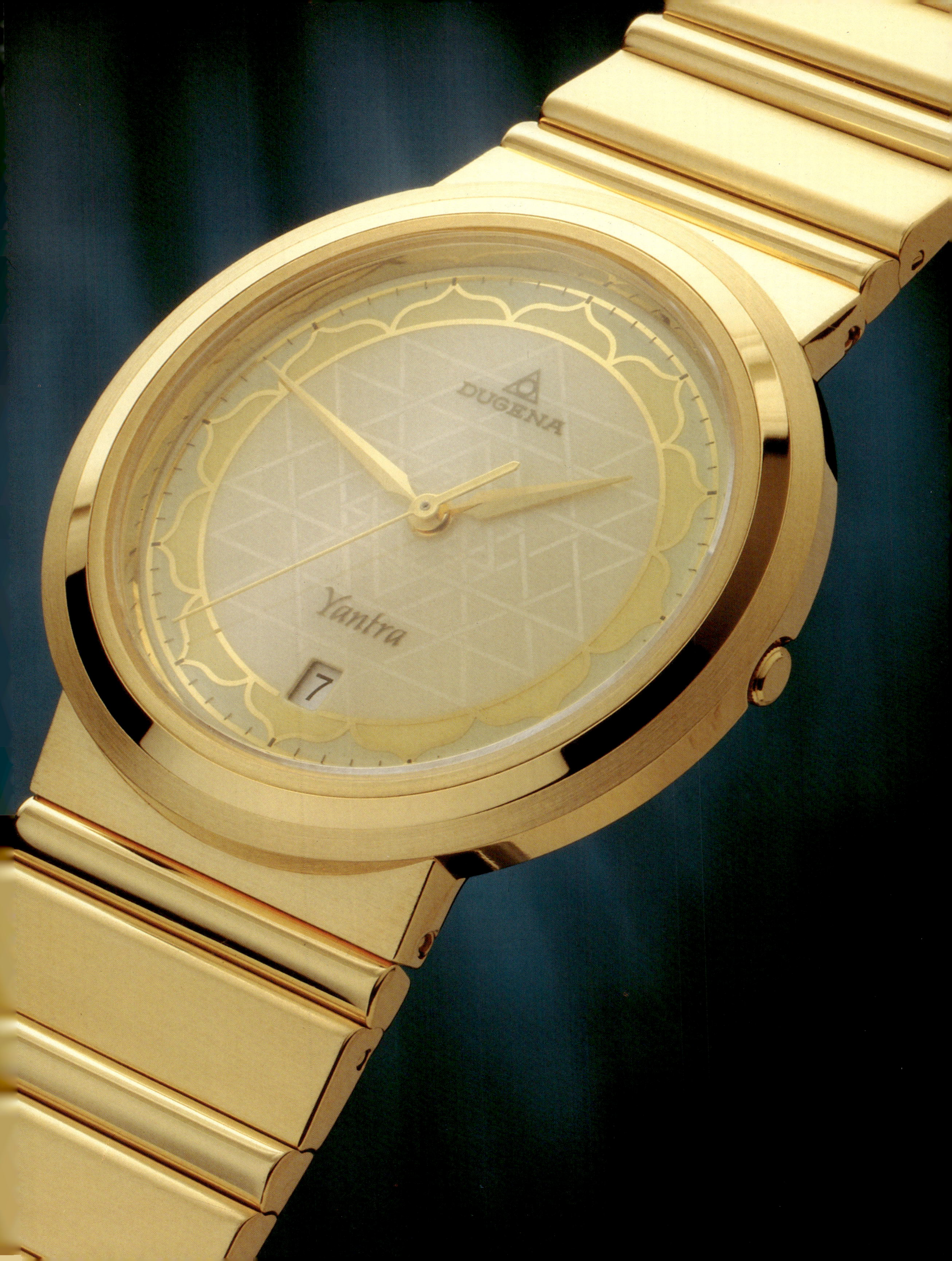
DUGENA
Yantra
7

Yonger Bresson

Eine traditionsreiche Uhrenmarke aus Frankreich präsentiert sportlichen Chic und Technik in vollendeter Form. Chronographen in den schönsten Farben, nicht nur für den modernen Mann. Auch die modebewußte Dame findet die richtige Uhr zum aktuellen Trend. Der Quarz-Chronograph HCB 205 mit seinem wasserdichten Gehäuse in Goldplaqué bicolor ist mit echten Haifisch-Lederbändern versehen und läßt in bezug auf die Vielfalt der Farben keine Wünsche offen. Die Harmonie der Zifferblätter und Bänder unterstreicht das markante Design.

Modell:	Farb-Chronograph
Referenz:	HCB 205
Hersteller:	Yonger Bresson, Morteau/Paris, France
Debüt:	1992
Werk:	Quarz-Chronographenwerk
Besonderheit des Werkes:	Alarm-Chronograph, Stoppfunktion auch für Zwischenzeiten, Tachymeterskala, Datum
Gehäuse:	Goldplaque/bicolor
Band:	Haifischband »Waterproof«
Maße:	Ø 37 mm, Höhe 8 mm
Varianten:	in 15 verschiedenen Farben erhältlich
Preis:	498.– DM

ÄSTHETIK UND DESIGN

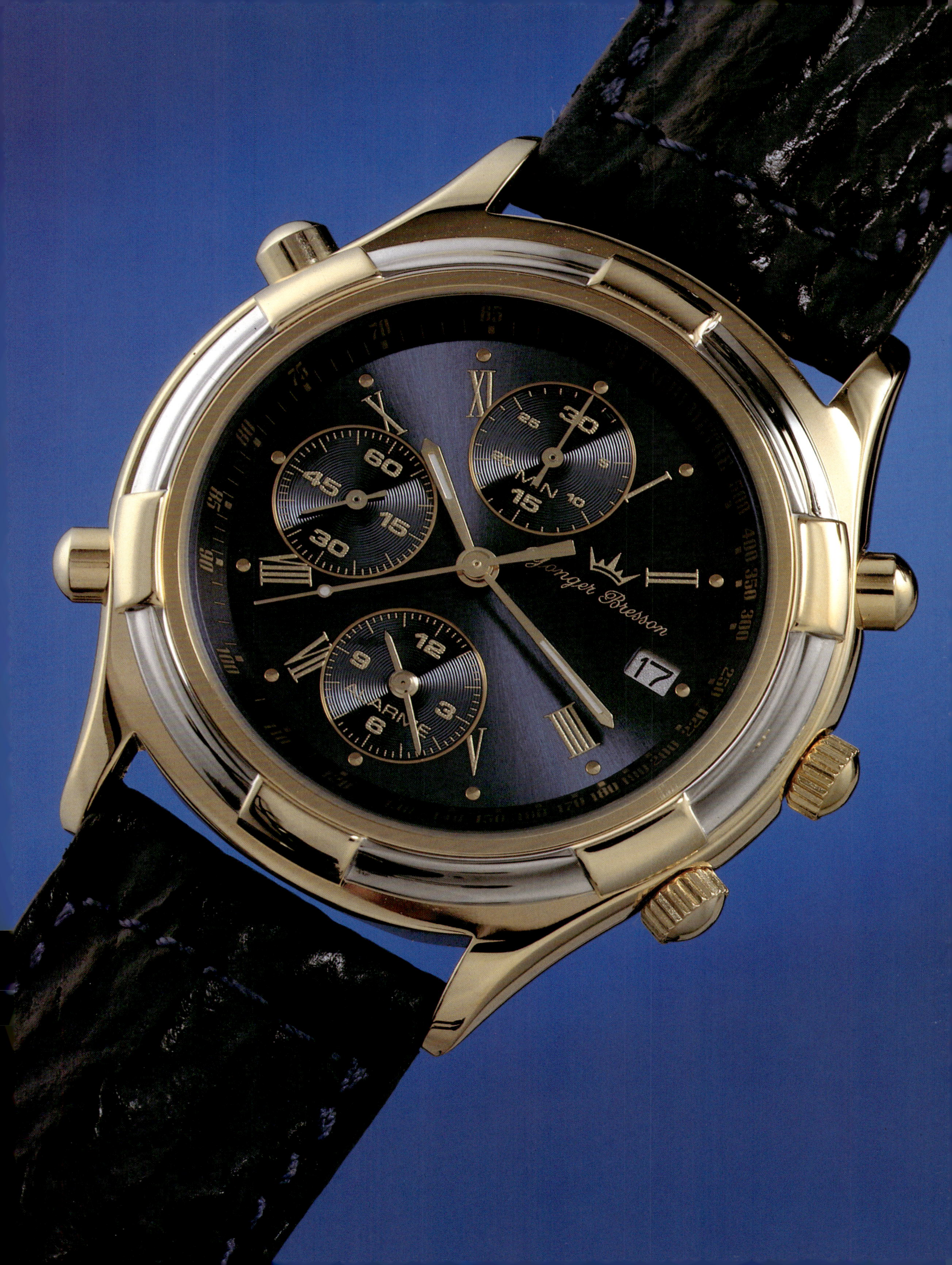
Yonger Bresson
MN
ALARME

CITIZEN

Der größte Uhrenhersteller der Welt macht in diesem Jahr wieder durch ausgefallene Modelle auf sich aufmerksam. Sie erfüllen den hohen technischen Anspruch der Marke und sind absolute High-Tech-Armbanduhren. Der Titanium-Chronograph mit 18 Kt. Goldelementen besticht einerseits durch eine raffinierte, ungewöhnliche Formgebung und andererseits mit einer, gemessen an mechanischen Chronographen, großen Funktionsvielfalt. Als Pionier der Solar-Armbanduhr hat Citizen auch zu diesem sehr zeitgemäßen Thema eine neue Interpretation zu bieten.

Modell:	Titanium Chronograph 18 Kt. Gold
Hersteller:	Citizen Watch
Debüt:	1992
Werk:	Quartz-Chronographenwerk
Gehäuse:	Titan, 18 Kt. Gold
Band:	Titan
Maße:	Ø 38,4 mm, Höhe 9,3 mm
Preis:	1450.– DM
Modell:	Titanium-Solar
Hersteller:	Citizen Watch
Debüt:	1992
Werk:	Quartz
Gehäuse:	Titan
Band:	Titan, Bicolor mit Goldauflage
Maße:	Ø 37,5 mm, Höhe 8,3 mm
Preis:	399.– DM

Ästhetik und Design

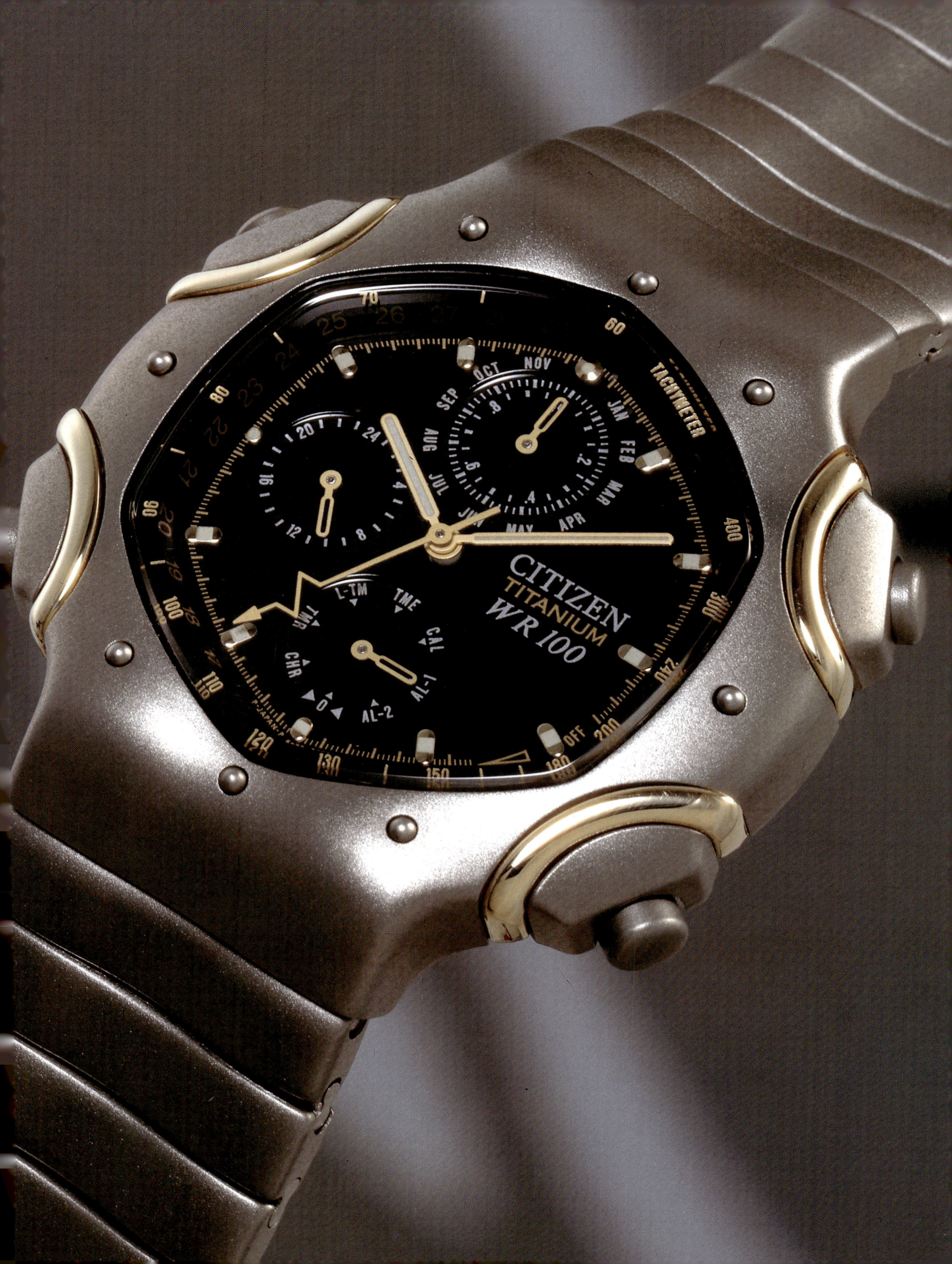
CITIZEN
TITANIUM
WR 100
TACHYMETER

Junghans

Als erster und einziger Hersteller von Funkarmbanduhren bietet Junghans neuerdings neben den Herrenmodellen auch die Funkarmbanduhr für Damen. Auch sie empfängt über eine kleine Antenne im Armband per Funk die Zeitsignale der genauesten Uhr der Welt, der Normalzeitbasis in Braunschweig. Sowohl die Zeiteinstellung als auch die Umstellung auf Sommer- beziehungsweise Winterzeit geschehen funkgesteuert; mit der einzigartigen Senderruftaste können Sie jederzeit den Empfang überprüfen. Zusätzlich verfügen die Junghans Mega Funkarmbanduhren über einen Zeitspeicher, eine Zeitzoneneinstellung für den weltweiten Einsatz und einen ewigen Kalender.

Modell:	Junghans Mega
Hersteller:	Junghans Uhren GmbH, Schramberg
Debüt:	1992
Werk:	funkgesteuertes Quarzwerk
Besonderheit:	erste funkgesteuerte Armbanduhr der Welt mit Zeigern
Präzision:	eine Sekunde Abweichung in einer Million Jahren
Funktionen:	automatische Zeiteinstellung, Senderruftaste, Zeitspeicher, bei den Herrenuhren ewiges Datum
Preis:	ab 890.– DM

Ästhetik und Design

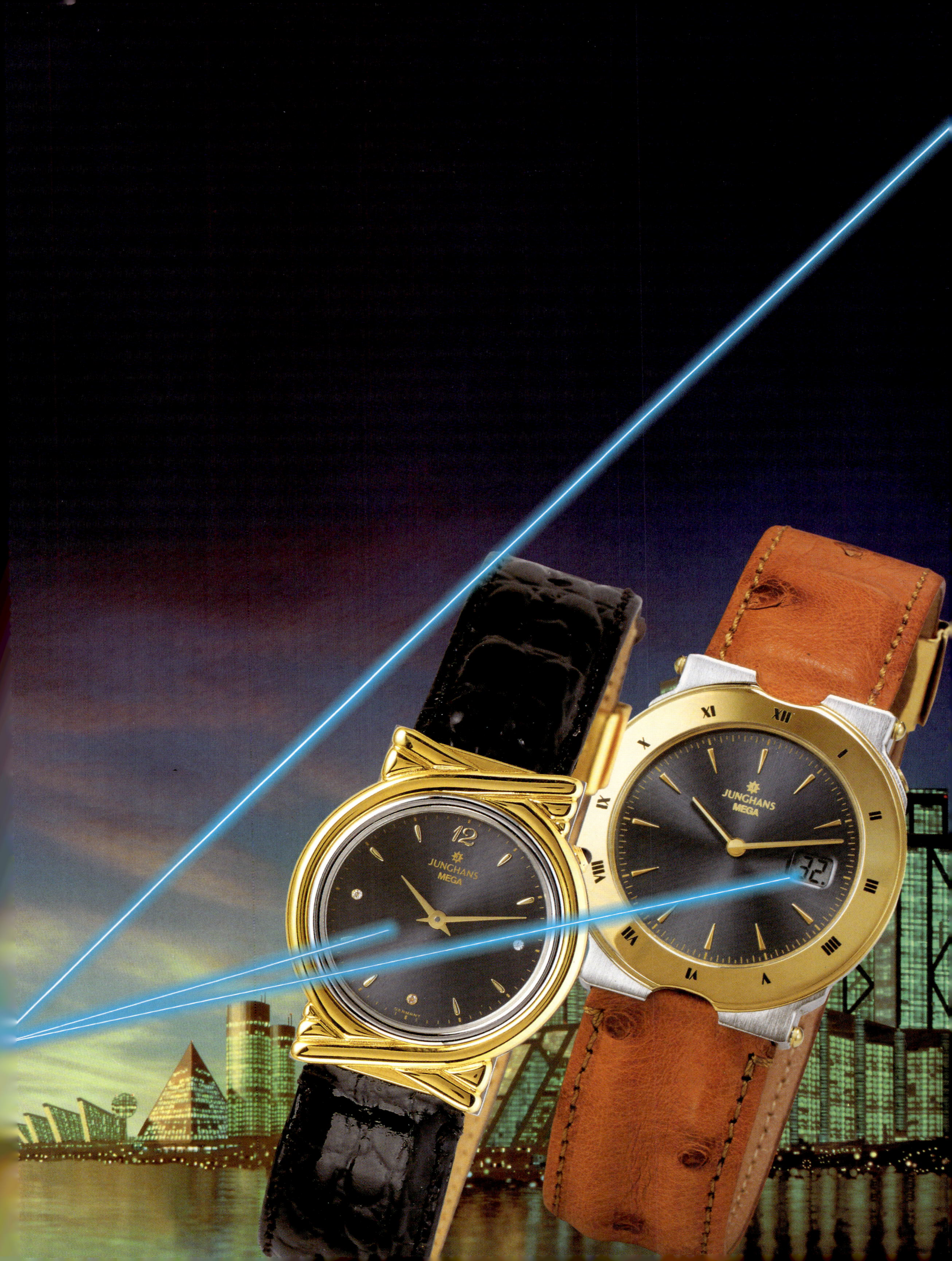
JUNGHANS
MEGA
JUNGHANS
MEGA

Kapitel 3
DIE UHR ALS SCHMUCKSTÜCK

Audemars Piguet	*Damen-Skelettuhr L'Oiseaux 180*
DeLaneau	*Triangle 182*
Hermés	*Cape Cod 184*
Piaget	*Polo 186*
Laudier	*Changée 188*
Century	*Art Deco und Tisch-Taschenuhr 190*
Christian Lippuner	*Swiss Watch Art 192*
Lapponia	*Timeless Round/Macao/Azurra 194*
Hans Hirsch	*Edelsteinuhr 196*
Montres	*Cogito 198*

Audemars Piguet

Eine besondere Kostbarkeit stellt diese außergewöhnliche Kreation der Meisteruhrmacher aus Le Brassus im berühmten Vallee de Joux dar. Das handgravierte, wunderbar verfeinerte Handaufzugswerk ist auf der Zeigerseite mit einem romantischen Vogelmotiv verziert. In der groß abgebildeten Joiallerie-Variante zeichnen nicht weniger als 173 Brillanten die filigranen Konturen der Uhr nach.

Modell:	Skelettuhr für Damen
Hersteller:	Audemars Piguet, CH-1348 Le Brassus
Referenz:	BA 79136
Debüt:	1986
Werk:	Handaufzug, extraflach, 14 Karat Gelbgold, AP-Kaliber 2003
Besonderheit des Werkes:	handskelettiert mit Oiseaux-Motiv, anglierte und hochglanzpolierte Kanten
Gehäuse:	extraflaches Gehäuse in Gold 18 Kt.
Band:	handgearbeitetes Goldband 18 Kt.
Maße:	⌀ 30 mm, Höhe 5 mm
Preis:	72 000.– DM Version mit Brillanten: Gehäuse 124 Brillanten à 1,13 ct, Goldvögel 49 Brillanten à 0,23 ct

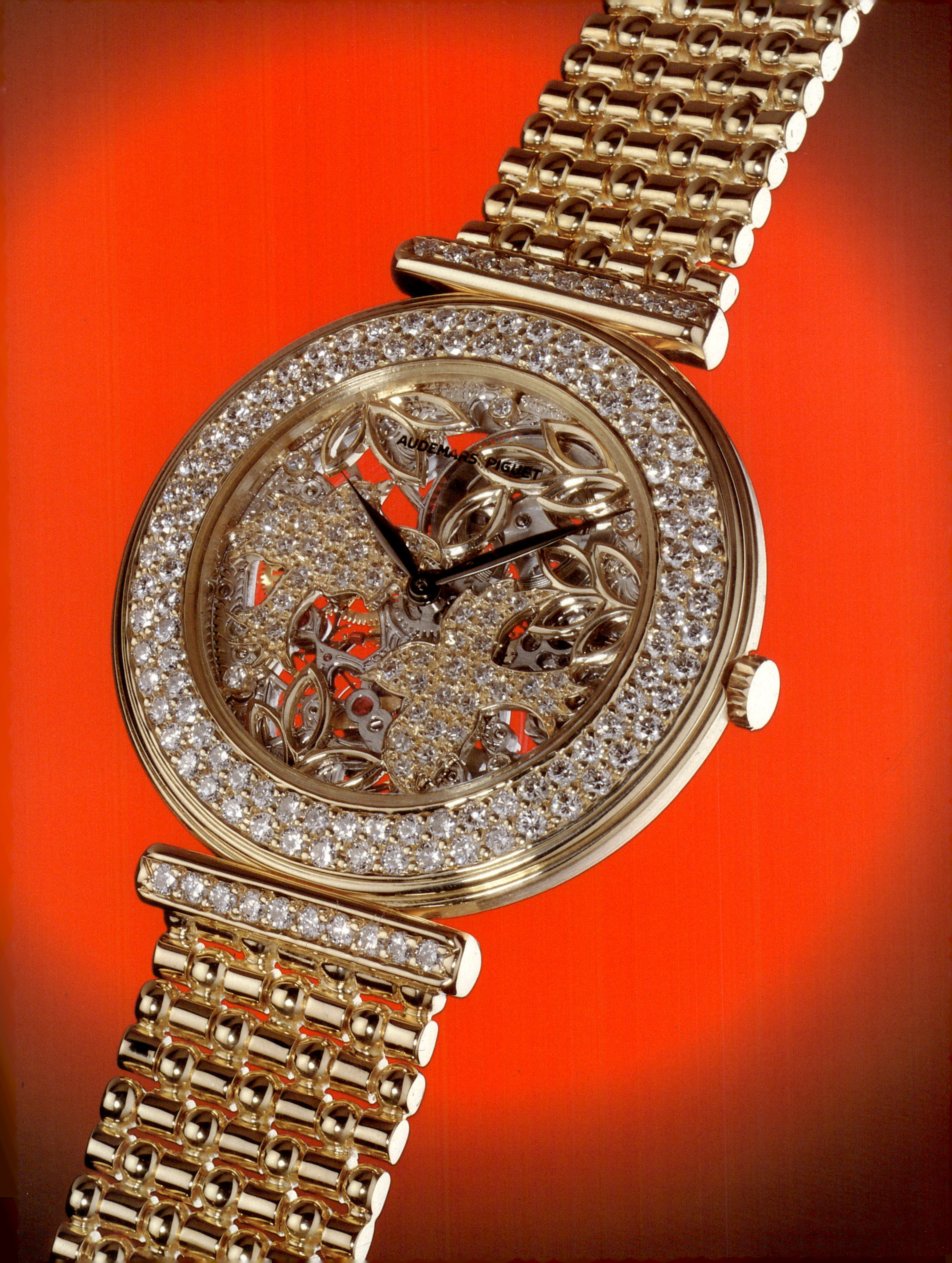
AUDEMARS PIGUET

DeLaneau

Wenn Geld keine Rolle mehr spielt, dann schlägt die Stunde der DeLaneau-Uhren. DeLaneau ist eine kleine Manufaktur in Biel, die sich auf die Herstellung erlesener Schmuckuhren spezialisiert hat, die insbesondere unter schwerreichen Industriellen, Monarchen, Staatschefs und Sammlern ihre Abnehmer finden. Unübertroffenes Glanzstück des Hauses, das pro Woche nur 30 Uhren fertigstellt, ist die DeLaneau Triangular. Sie ist die einzige Uhr der Welt mit dreieckigen Brillanten und kostet die unfaßbare Summe von 1,5 Mio. DM. Die Triangular ist ein erlesenes, kostbares Denkmal der Zeit, das uns stets daran erinnert, daß die Zeit genauso kostbar ist und im Laufe eines Lebens immer kostbarer wird, weil sie sich nicht mehren läßt, sondern stets schwindet.

Modell:	DeLaneau »Triangular«
Hersteller:	DeLaneau, »Le« Joaillier de la Montre, Biel/Bienne, Schweiz
Referenz:	G-527
Debüt:	1990
Werk:	ultraflaches Quarzwerk
Gehäuse:	Gold 18 Kt. mit Brillant-Baguettes 8 Kt.
Zifferblatt:	Gold 18 Kt. mit Brillanten 3 kt, Smaragd-Baguettes
Band:	Gold mit dreieckigen Brillanten 58 Kt.
Besonderheit:	die einzige Uhr der Welt mit dreieckigen Brillanten, weltweit nur 25 Exemplare verkauft
Maße:	Länge 40,5 mm, Breite 29,4 mm
Varianten:	Weißgold 18 Kt. mit Saphir-Baguettes auf dem Zifferblatt anstelle der Smaragd-Baguettes
Preis:	1 500 000.– DM

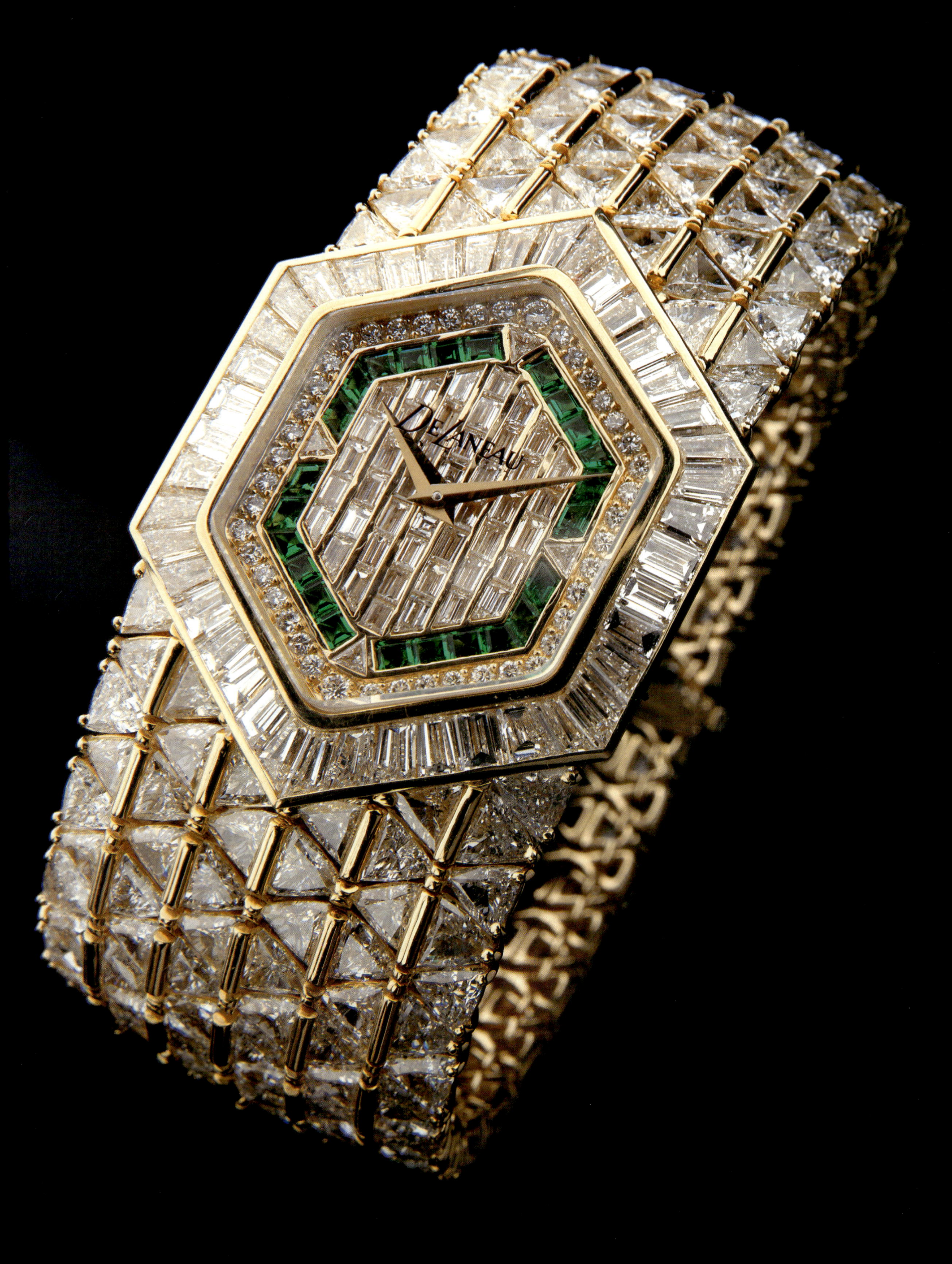
DeLaneau

Hermès

Handgenähtes Leder, feinste Materialien und die Liebe zum Detail kennzeichnen die Uhren des Pariser Hauses Hermès. Seit mehr als einem halben Jahrhundert setzen die ausgefallenen, aber immer gediegenen Zeitmesser darüber hinaus gestalterische Maßstäbe. Mit der Cape Cod ist den Designern von Hermès erneut ein Meisterstück gelungen. Eine Uhr, die mit oder ohne Brillanten höchsten Ansprüchen gerecht wird und wie selbstverständlich die Welt von Hermés aufleben läßt.

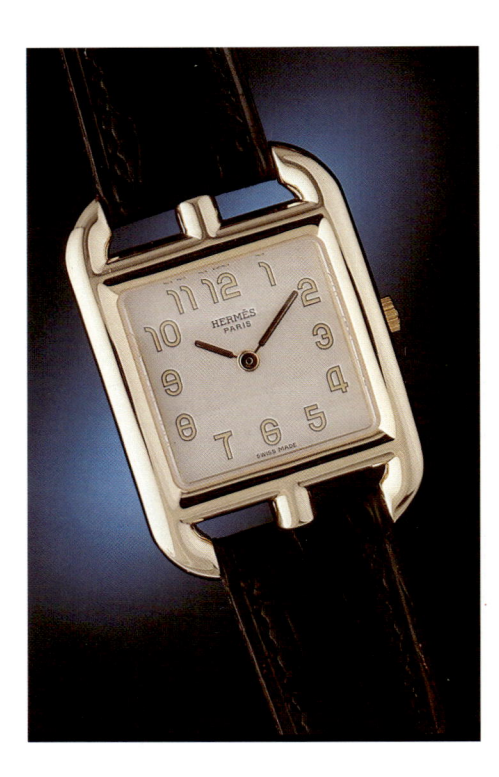

Modell:	Hermès
Referenz:	40.46.34 D2
Debüt:	1992
Werk:	Schweizer Quarzwerk
Gehäuse:	Gelbgold 18 Karat
Band:	Krokodilleder
Maße:	Breite 23 mm, Länge 28 mm, Höhe 7 mm
Varianten:	Gold ohne Diamanten, Silber 925
Maße:	Breite: 23 mm Länge: 23 mm Höhe: 7 mm
Preis:	Gelbgold mit Diamanten 11 800.– DM

Die Uhr als Schmuckstück

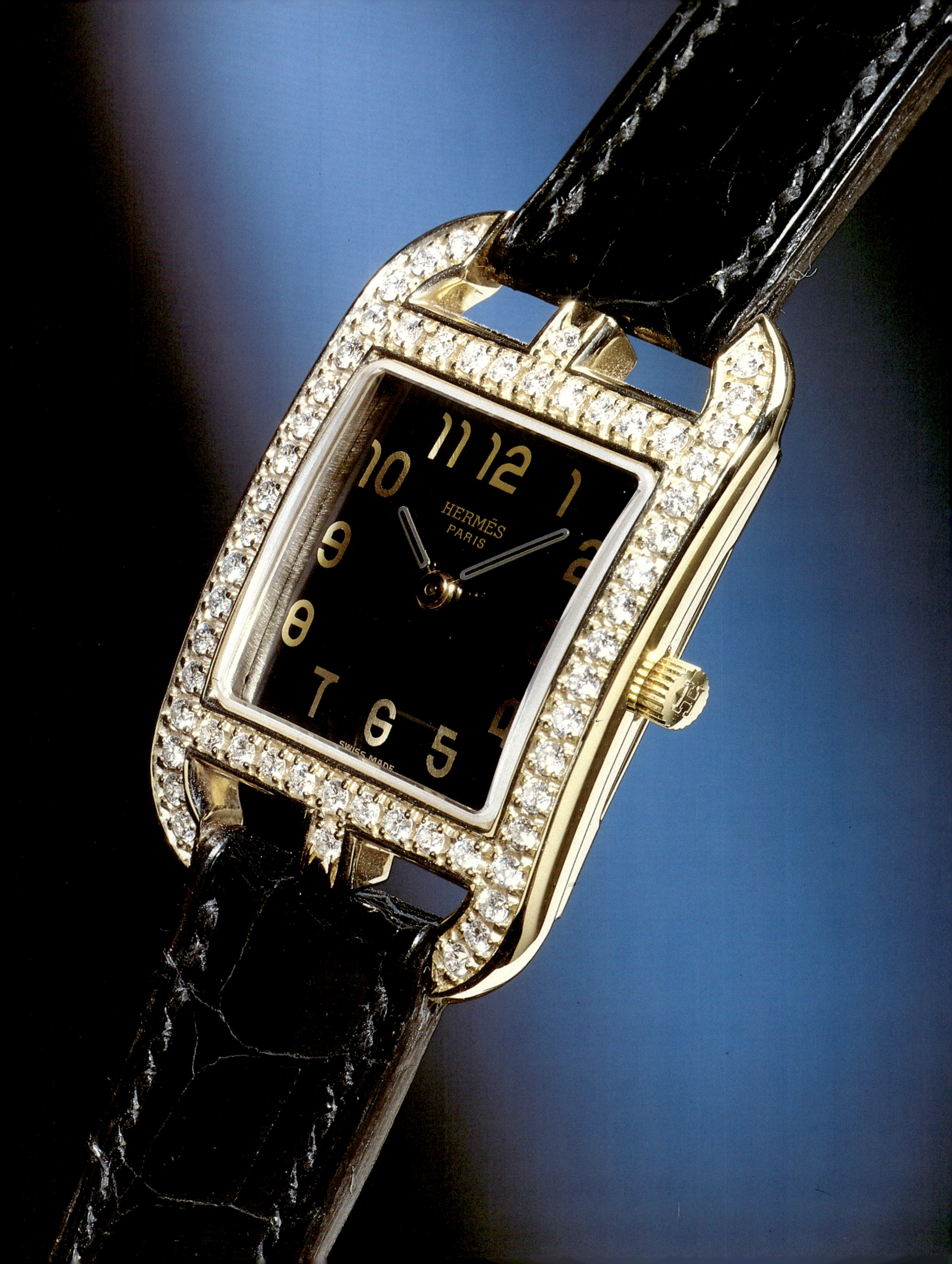
HERMÈS
PARIS
SWISS MADE

Piaget

Nicht ganz zu Recht wird Piaget gerne als »der« Spezialist für Schmuckuhren bezeichnet. Sicherlich machen Schmuckuhren einen Großteil des Piaget-Sortimentes aus, aber die Uhrmacherkunst mit feinst bearbeiteten mechanischen Werken steht dahinter nicht zurück. Die Piaget Polo ist eines der beliebtesten Modelle aus der vielfältigen Piaget-Kollektion. Das Herrenmodell der Polo ist mit einem feinen, extraflachen Automatikwerk ausgestattet.

Modell:	Piaget
Hersteller:	Piaget Genève
Referenz:	GOA 17225 und GOA 17227
Debüt:	1992
Werk:	Automatikwerk für Herren, Kal. 951 P Piaget-Quarzwerk für Damen, Kal. 8310 P
Gehäuse:	Gold 18 kt., Krone 18 kt., wasserdicht bis 50 m
Band:	Goldband oder Lederband mit 18 kt. Schließe
Varianten:	5 Zifferblätter zur Auswahl, Herrenmodell mit Automatikwerk
Preis:	Damenmodell: 16 350.– DM Herrenmodell: 26 800.– DM (beide mit Goldband)

Die Uhr als Schmuckstück

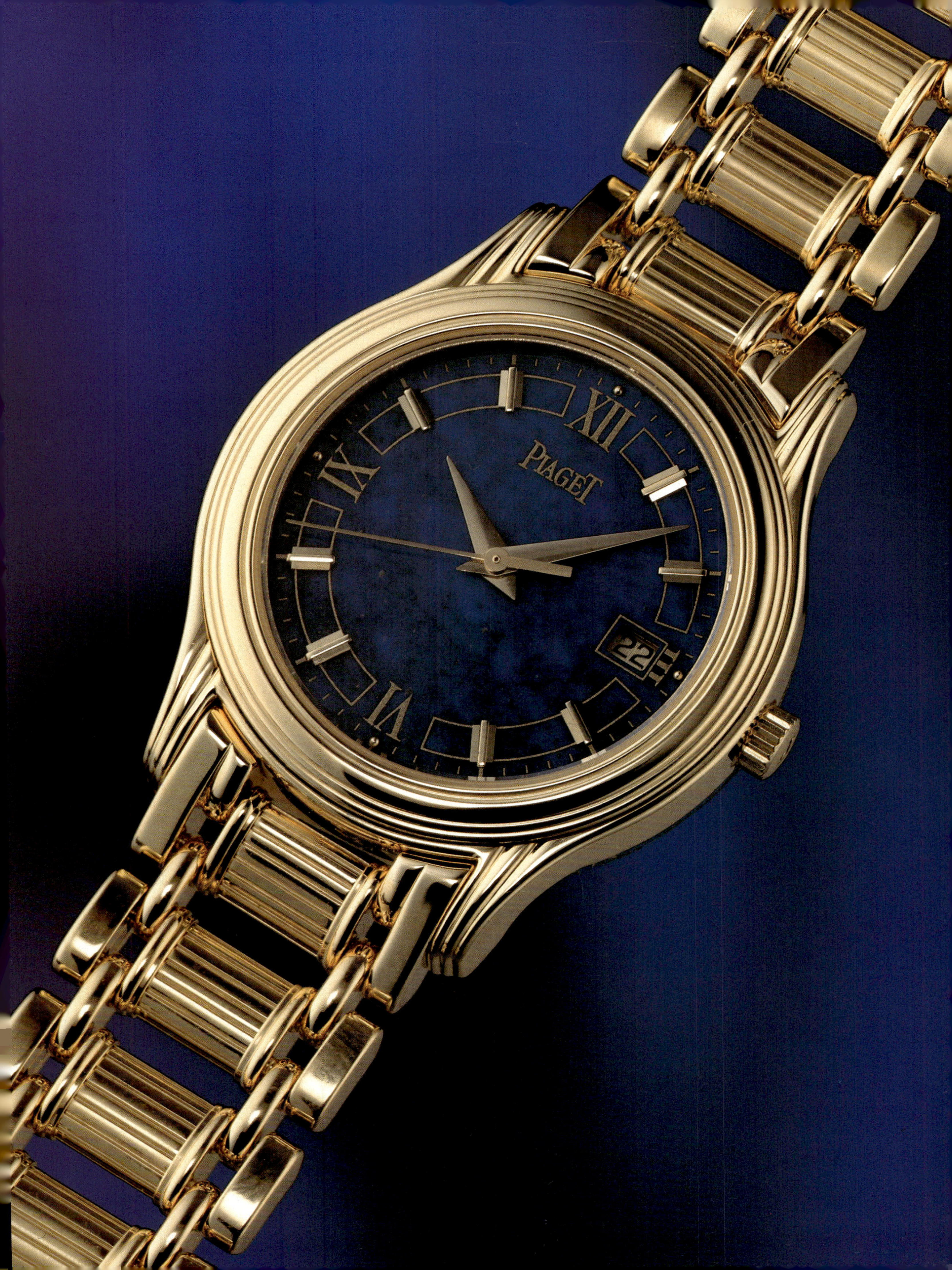
PIAGET

Laudier

Viele modebewußte Damen dürften sich von der Laudier Changée besonders angesprochen fühlen. Wie ihr Name »Changée« schon dezent verheißt, paßt sie sich mit einem raffinierten Trick der jeweiligen Garderobe an. Dazu wechselt »Sie« mit einem beigefügten kleinen Werkzeug im Handumdrehen das Band. Nicht weniger als 24 verschiedenfarbige Bänder aus exquisitem Leder stehen der auf Abwechslung erpichten Dame zur Verfügung. Selbstverständlich alle in den wichtigsten Modefarben der Saison. Deshalb erscheinen auch zweimal jährlich neue Armbänder. Die Uhr selbst ist aus massivem Gold gefertigt. Sie ist entweder mit einem extraflachen ETA-Quarzwerk ausgestattet oder mit einem handgravierten Skelettwerk versehen. Die Lunette präsentiert sich einmal glatt und schlicht, ein anderes Mal ist sie mit Edelsteinen oder einem stilisierten Elefanten verziert. Drei Armbänder in den jeweiligen Wunschfarben der Trägerin werden mitgeliefert.

Modell:	Laudier Changée
Hersteller:	Laudier SA., CH-1211 Geneve 25
Referenz:	7.0150.02.01 Quarz, 7.0157.02.00 Skelett
Debüt:	1992
Werk:	Quarz, ETA Flatline, Kal. 8 1/4 Skelett: veredeltes Peseux-Handaufzugwerk
Besonderheit des Werkes:	Skelettwerk, von Hand graviert und vergoldet
Gehäuse:	Quarz: 18kt. Gold, vier Brillanten Top Wesselton, lupenrein Skelett: Gold 18 Kt.
Band:	Drei Bänder in freier Farbwahl im Lieferumfang. Insgesamt 24 Farben zur Auswahl. Auch Goldband oder Brillantband möglich.
Maße:	Quarz/Skelett: Ø 29,5/29,5 mm, Höhe 5/6 mm
Varianten:	insgesamt 20 Varianten
Preis:	Quarz 4995.– DM Skelett 5275.– DM

Die Uhr als Schmuckstück

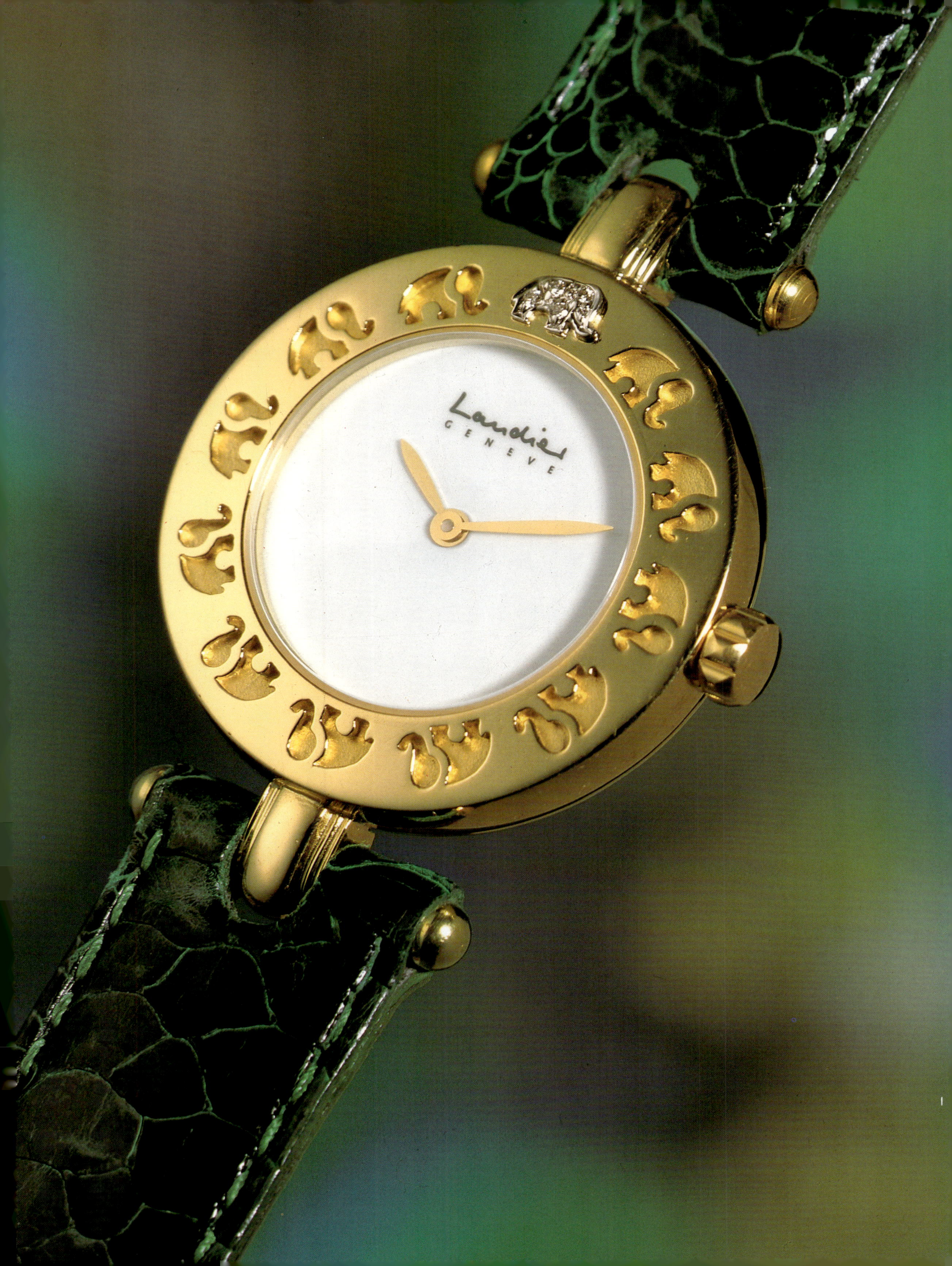
Landiel
GENEVE

Century

Die Uhr als Edelstein. Mit dieser Aussage läßt sich das ausgefallene Konzept der Marke Century treffend charakterisieren. Ein echtes Highlight in der Glitzerwelt von Century stellt die smaragdgrüne Tisch-Taschenuhr mit Napoleonkrone dar. Das ganze Gehäuse besteht aus raffiniertem Saphir und aus Edelmetallen und wird auf Wunsch mit Brillanten verziert. Im recht konservativen Taschenuhr-Genre ist diese Uhr die Überraschung schlechthin. Auch die Armbanduhr, ebenfalls aus Saphir im Art-déco-Schliff, erregt hohes Aufsehen. Beide Uhren werden von einem ETA-Quarzwerk angetrieben. Mechanische Versionen sind bei G- und X-Größen erhältlich.

Modell:	Art-Déco-Schliff
Hersteller:	Century Time AG, CH-2501 Biel
Referenz:	810.6.G.65.91.51
Debüt:	1991
Werk:	Quartz
Gehäuse:	Saphir, Saphirboden mit Platinring
Maße:	⌀ 30,3 mm Höhe 5,3 mm
Varianten:	in drei Größen (L, G und X), auch in Gold 18 Kt. erhältlich, sieben Farbversionen
Preis:	Herren: Platin 10 600.– DM Gold 9250.– DM Damen: Platin 10 000.– DM Gold 8600.– DM Extra Platin 12 050.– DM Gold 10 400.– DM

Modell:	Century Tisch-Taschenuhr
Referenz:	807.8T.73.42
Debüt:	1991
Werk:	ETA
Gehäuse:	Saphir, Ständer und Bodenrad Gold
Maße:	⌀ 38 mm Höhe 7,2 mm
Varianten:	in sieben Farben und mit Brillantenring erhältlich
Preis:	19 050.– DM mit Brillanten 9000.– DM ohne Brillanten, Kette separat

Die Uhr als Schmuckstück

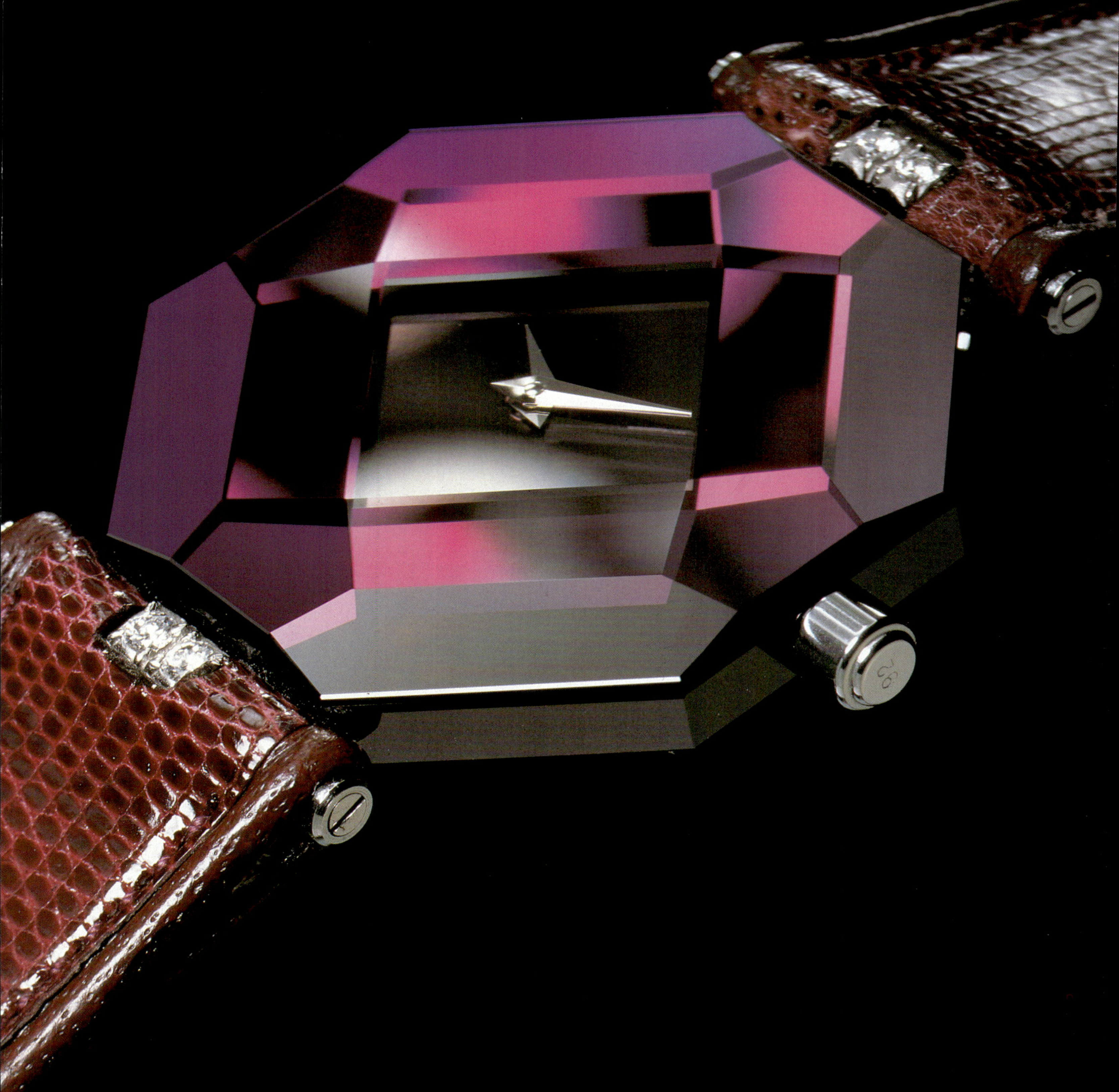

CHRISTIAN LIPPUNER

Als »Symbiose von Kunst und Zeit« sieht der Newcomer Christian Lippuner seine Kollektion klassischer Armbanduhren mit von Künstlern bemalten Zifferblättern. Die Technik dieser besonderen Miniaturgemälde kommt aus der hochqualitativen Porzellanmalerei. So entstehen in kunstvoller, akribischer Handarbeit detailreiche Szenen aus Realität und Phantasie. Das Spektrum reicht von der recht naturalistischen Darstellung von Landschaften, Pflanzen und Tieren über sagenhafte Motive wie »Kampfreiter« oder »Drachentöter«, bis hin zu erotischen Darstellungen. Jede Uhr der Kollektion »Swiss-Watch-Art« ist ein absolut einmaliges Kunstwerk, weil kein Motiv wiederholt wird. Jeder Käufer einer Lippuner-Uhr kann seine eigenen Ideen für das Miniaturgemälde des Zifferblattes realisieren lassen. Die Uhren sind in einem schweren, 18karätigen Gelbgoldgehäuse ausgeführt. Ein Saphirglasboden gibt den Blick auf das bewährte ETA-Werk 2892-2 frei, dessen Rotor handgraviert und mit einem Diamanten versehen ist.

Modell:	Christian Lippuner Swiss Watch Art
Hersteller:	Aurotec System AG, Uhrenmanufaktur, CH-8274 Gottlieben
Debüt:	1992
Werk:	veredeltes Automatik-Werk ETA 2892-2
Besonderheit des Werkes:	Rotor, unterschiedlich handgraviert und mit Diamant im Firmensignet Lippuner versehen, vergoldet
Gehäuse:	Gold 18 Kt. mit entspiegeltem Saphirglas, Sichtboden mit Saphirglas, Krone (18 Kt. Gold) mit Saphir-Cabochon, wasserdicht
Band:	Karpfenleder mit 18 Kt. Goldschließe
Maße:	⌀ 35,7 mm, Höhe 7,95 mm
Varianten:	jede Uhr ist ein Unikat
Preis:	13 800.– sfr incl. Zertifikat und Holzschatulle

DIE UHR ALS SCHMUCKSTÜCK

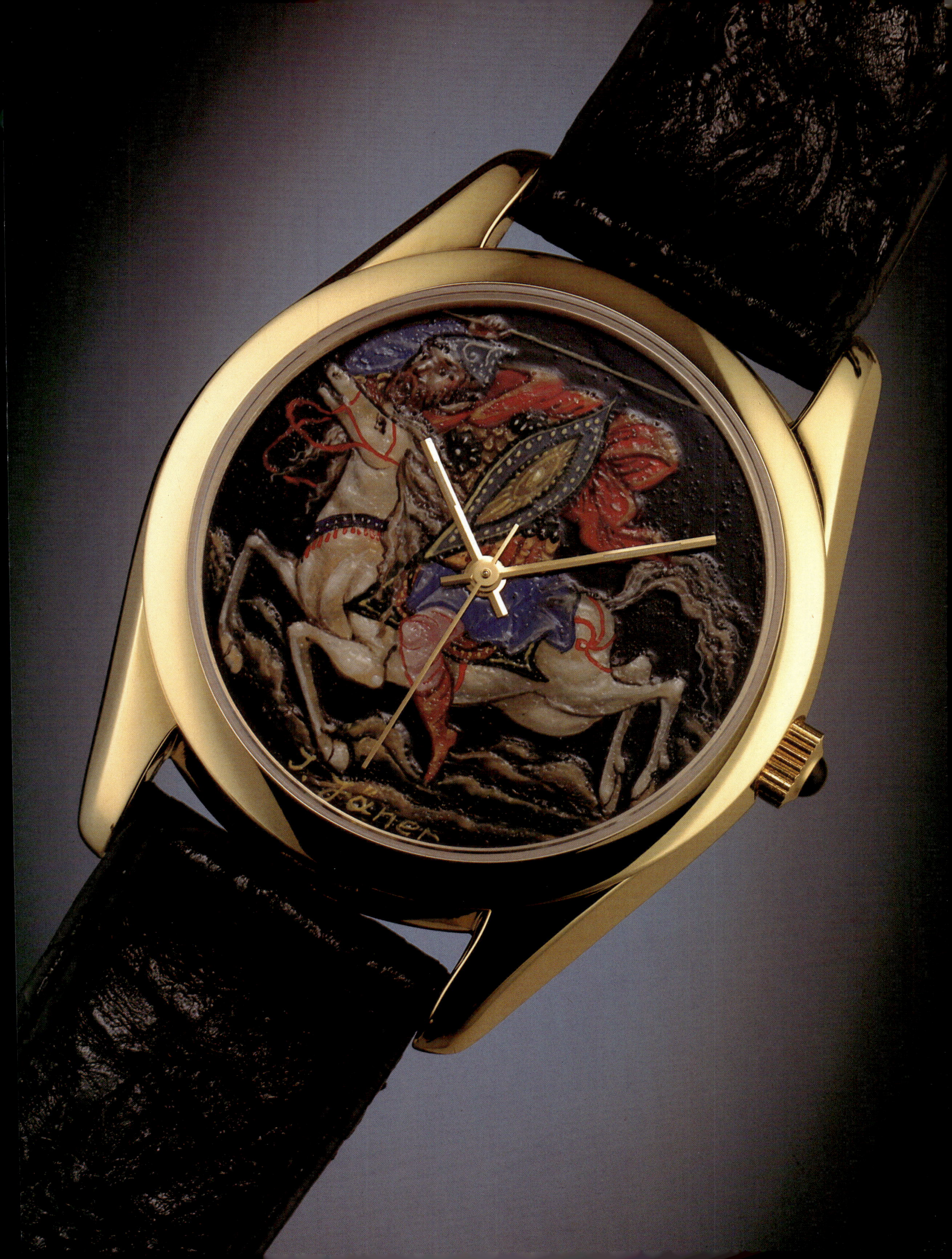

LAPPONIA

Man kann ohne Übertreibung sagen, daß der extravagante Lapponia-Stil aus Finnland, Mitte der 70er Jahre kreiert und damals als revolutionär empfunden, inzwischen zu einer etablierten Institution im Schmuckbereich wurde. Ein spezielles Interesse der Lapponia-Designer Poul Havgaard und Björn Weckström gilt den Uhren. Während die »Timeless round« eine sachliche Interpretation einer Uhr darstellt, präsentieren sich die Modelle Azzurra und Macao (großes Bild) sehr avantgardistisch im typischen Lapponia-Stil. Ihre Gehäuse wirken wie aus dem Erz gebrochene Gesteinsstücke, die Spektrolith-Zifferblätter erzeugen ein beinahe mystisches Bild auf der Uhr. Die beiden Modelle wirken ursprünglich, beinahe etwas unheimlich in ihrer scheinbaren Roheit, aber gerade das macht ihre Faszination aus.

Modelle:	Macao, Azzurra
Hersteller:	Lapponia Jewelry Oy, Helsinki
Debüt:	Macao: 1991 Azzurra: 1992
Design:	Björn Weckström
Werk:	ETA Quarz, Schweiz
Gehäuse:	Gelbgold 750, Saphirglas, wassergeschützt, Zifferblatt aus Spektrolith
Band:	Lederband mit Goldschnalle
Maße:	Macao: Breite 22 mm, Höhe 7 mm Azzurra: Breite 13 mm, Höhe 7 mm
Preis:	Macao: 8169.– DM Azzurra: 4662.– DM

Modell:	Timeless round
Hersteller:	Lapponia Jewelry Oy, Helsinki
Debüt:	1992
Design:	Poul Havgaard
Werk:	ETA Quarz, Schweiz
Gehäuse:	Sterlingsilber 925, Saphirglas, wassergeschützt
Band:	Lederband mit Silberschnalle
Maße:	Ø 31,5 mm, Höhe 15 mm
Preis:	2310.– DM

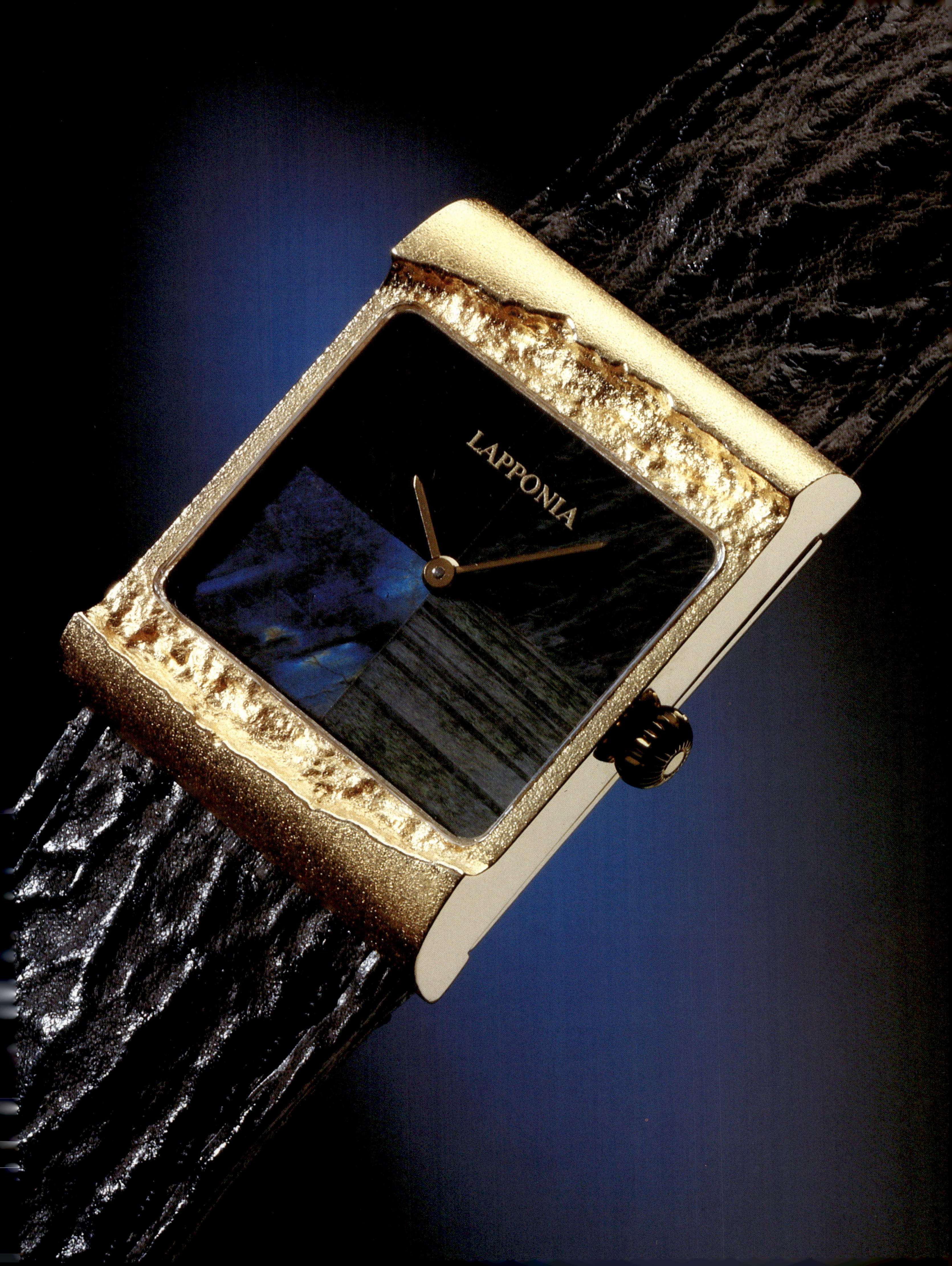
LAPPONIA

Hans Hirsch

Binnen kurzer Zeit hat die Hans Hirsch Edelsteinuhr international Furore gemacht. Sie verbindet edle Anmutung mit modischem Schick und einer beachtlichen Wandlungsfähigkeit. Das Besondere an der Hans Hirsch Edelsteinuhr ist neben dem aus seltenem Gestein gefertigten, edel schimmernden Zifferblatt der Modulcharakter. In die hartvergoldete Gehäuseschale mit Bandanstößen und Band wird das Uhrwerk samt Zifferblatt – im Hirsch-Sprachgebrauch Zeitmodul genannt – einfach eingesetzt. Bänder, Gehäuse und Module können beliebig kombiniert werden. Technisch besonders interessant ist die Konstruktion der geschützten Krone, die den traditionellen Schwachpunkt vieler Uhren beseitigt. Sie gewährt bis 60 m Tauchtiefe absolute Sicherheit.

Modell:	Hans Hirsch Edelsteinuhr
Hersteller:	Hirsch Uhr GmbH, A-9500 Villach
Debüt:	1991
Werk:	Quarzwerk, Miyata, Japan
Gehäuse:	Messing vergoldet
Besonderheit des Gehäuses:	Zeitmodul und Gehäuseschale als getrennte Bauteile
Band:	Krokoleder
Varianten:	15 Varianten nach Tierkreiszeichen unterteilt mit Zifferblättern verschiedener Halbedelsteine, römische oder arabische Stunden
Preis:	von 320.– bis 680.– DM

Die Uhr als Schmuckstück

HANS HIRSCH EDELSTEINUHR
AUSTRIA
Hans Hirsch®
Edelsteinuhr
Echt
Edelstein
HIRSCH © 1993 AUSTRIA

Montres Cogito

»Cogito, Ergo Sum« – ich denke, also bin ich. In Anlehnung an die tiefsinnige Bedeutung dieses lateinischen Spruchs will Cogito-Erfinder Georg Bartkowiak seine Uhrenkollektion verstanden wissen. Die eleganten, durchweg in Gold gehaltenen Modelle bestechen durch ihre von Hand gefertigten Emailzifferblätter, die es in verschiedenen Farben und Strukturen gibt und die durch ein wunderbares Farbspiel beeindrucken. Kein Geringerer als der Email-Spezialist Victor Mayer zeichnet für diese Miniatur-Kunstwerke aus Email verantwortlich.

Modell:	Cathérine Marien Elegance
Hersteller:	Montres Cogito, Georg Bartkowiak, D-7536 Ispringen
Debüt:	1992
Werk:	Eta Cal. 255.411, Quarz oder ETA Automatik 2892-2
Gehäuse:	18 kt. Gold
Besonderheit des Gehäuses:	wasserdicht, verschraubter Boden, Saphirglas, Bandanstöße mit Cabochons gefaßt, handgefertigtes Crocoband
Besonderheit des Zifferblatts:	von Hand gefertigtes Emailzifferblatt, Rohling aus Silber 925 oder Gold 750, abhängig von der Emailfarbe, handguillochiert
Varianten:	C. Marien Elegance oder C. Marien Sportive, Automatikversion; ETA Kaliber 2892-2, 7 Farben und 7 verschiedene Zifferblattguillochierungen zur Auswahl
Preis:	6300.– DM

Die Uhr als Schmuckstück

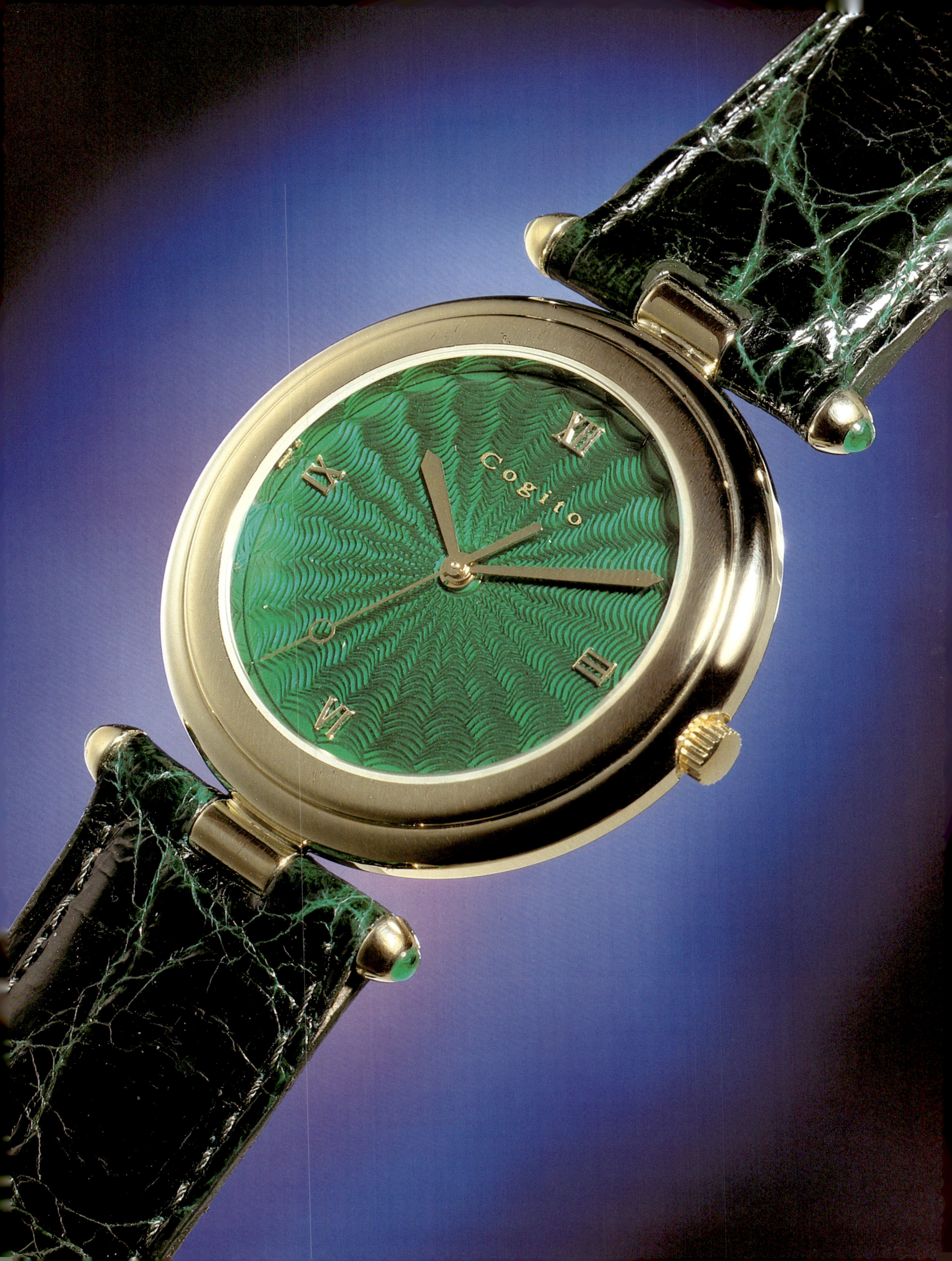
Cogito

Kapitel 4
ORIGINELLE UHRENMODE

Swatch	*Automatic*	*202*
Swatch	*Watch*	*204*
Benetton by Bulova	*Ecology*	*206*
Benetton by Bulova	*Mega Chrono*	*208*
M & M	*Jealousy*	*210*
Kaufmann	*Uhrarmbänder*	*212*
Eulit	*Uhrarmbänder*	*214*
Street	*Monza*	*216*
Street	*Picadilly*	*218*
Street	*Ellysee*	*220*

Swatch

Die Automatic-Swatch war die genau passende Antwort auf den Mechanik-Trend unserer Zeit. Auch das zunehmende Umweltbewußtsein korrespondiert weit besser mit einer Automatik-Uhr statt mit der batteriegespeisten Quarzuhr. Außerdem verkörpert die Automatik-Swatch trotz des höheren Preises auch eine höhere Wertigkeit, zumal das sichtbare Werk nicht nur Sammler begeistert. Für die Frühjahr/Sommer-Kollektion 1993 wird die Swatch-Automatic-Kollektion um drei interessante Modelle bereichert: Montenapoleone, Francois Premier und Nachtigal.

Modell:	Swatch Automatic
Hersteller:	SMH, Uhren und Mikroelektronik, CH-Grenchen
Referenz:	SAK 104 (Nachtigall), SAK 103 (Montenapoleone), SAK 100 (Francois 1er)
Werk:	ETA-Automatikwerk
Gehäuse:	Kunststoff
Band:	Kunststoff
Preis:	115.– DM

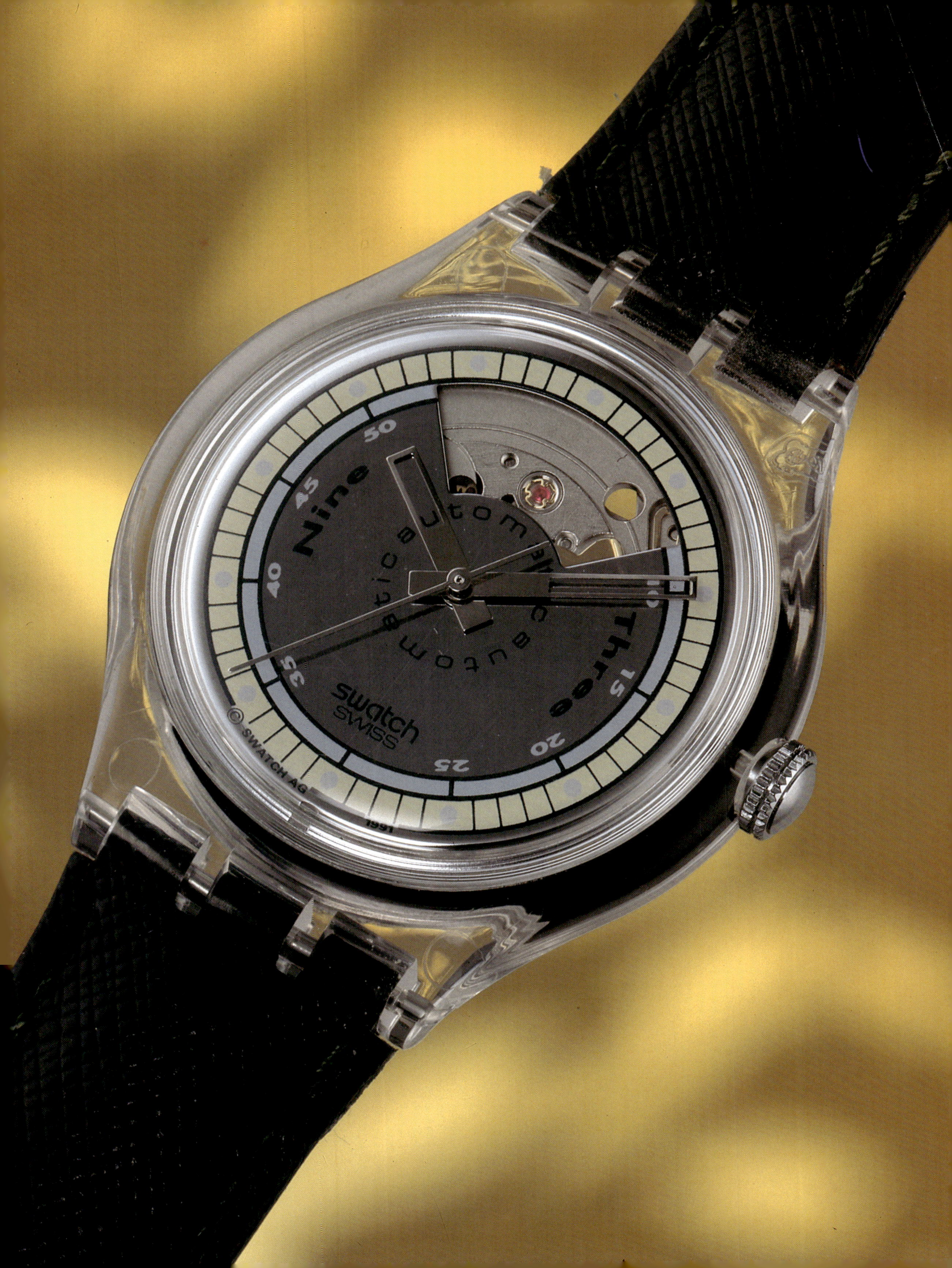
Nine
Three
swatch
SWISS
© SWATCH AG
1991

SWATCH

Die bunteste Vielfalt kreativer Swatch-Designs gibt es immer noch bei der »klassischen« Swatch mit Quarzwerk und Kunststoffgehäuse. Die neue Kollektion für Frühjahr/Sommer 1993 steht unter dem Zeichen der Inspiration durch indische Motive, wie die Modelle Sari und Delhi beweisen. Gerade diese phantasievolle Motivvielfalt ist es, die Swatch-Fans immer wieder entzückt und die Sammelleidenschaft weckt.

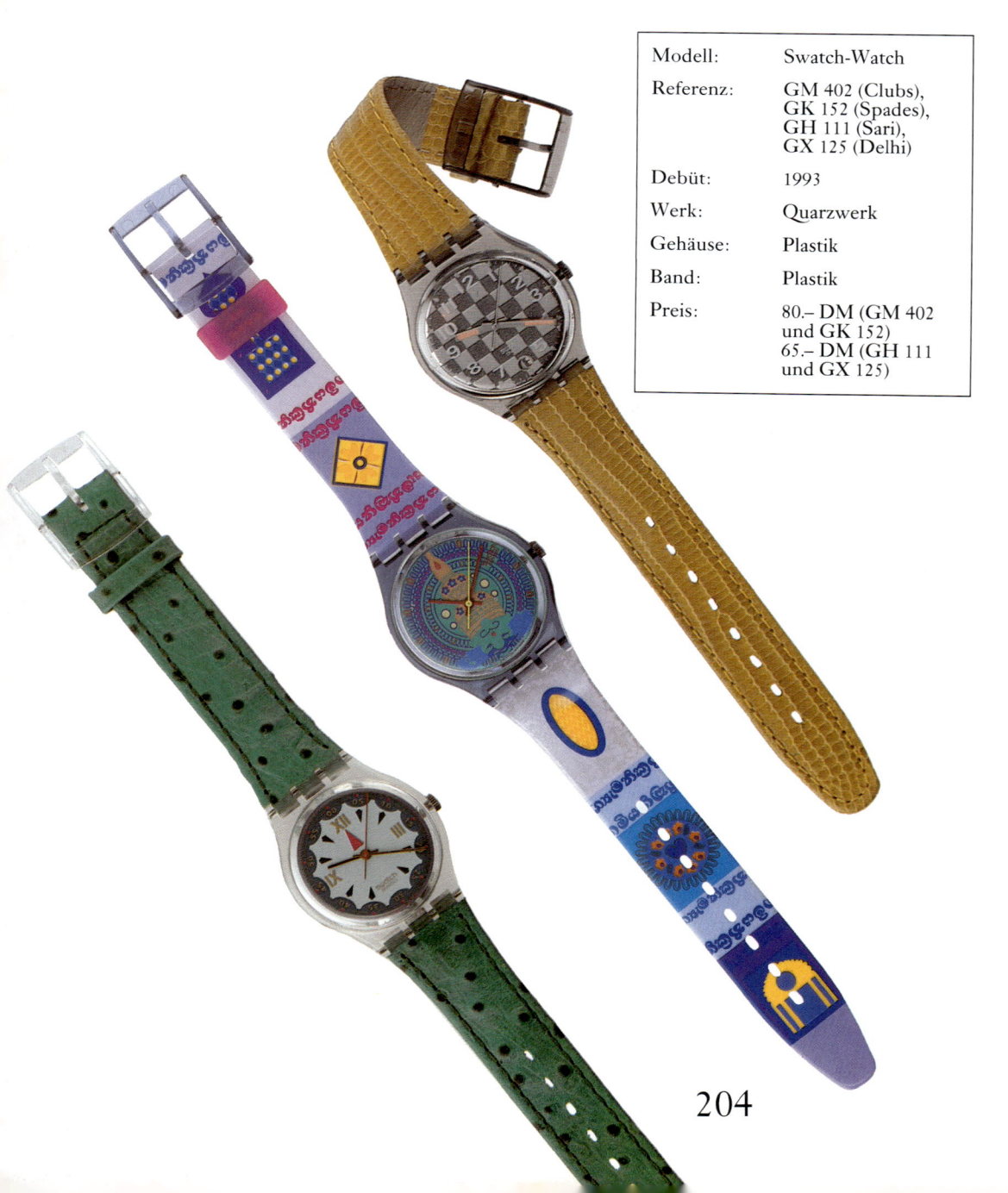

Modell:	Swatch-Watch
Referenz:	GM 402 (Clubs), GK 152 (Spades), GH 111 (Sari), GX 125 (Delhi)
Debüt:	1993
Werk:	Quarzwerk
Gehäuse:	Plastik
Band:	Plastik
Preis:	80.– DM (GM 402 und GK 152) 65.– DM (GH 111 und GX 125)

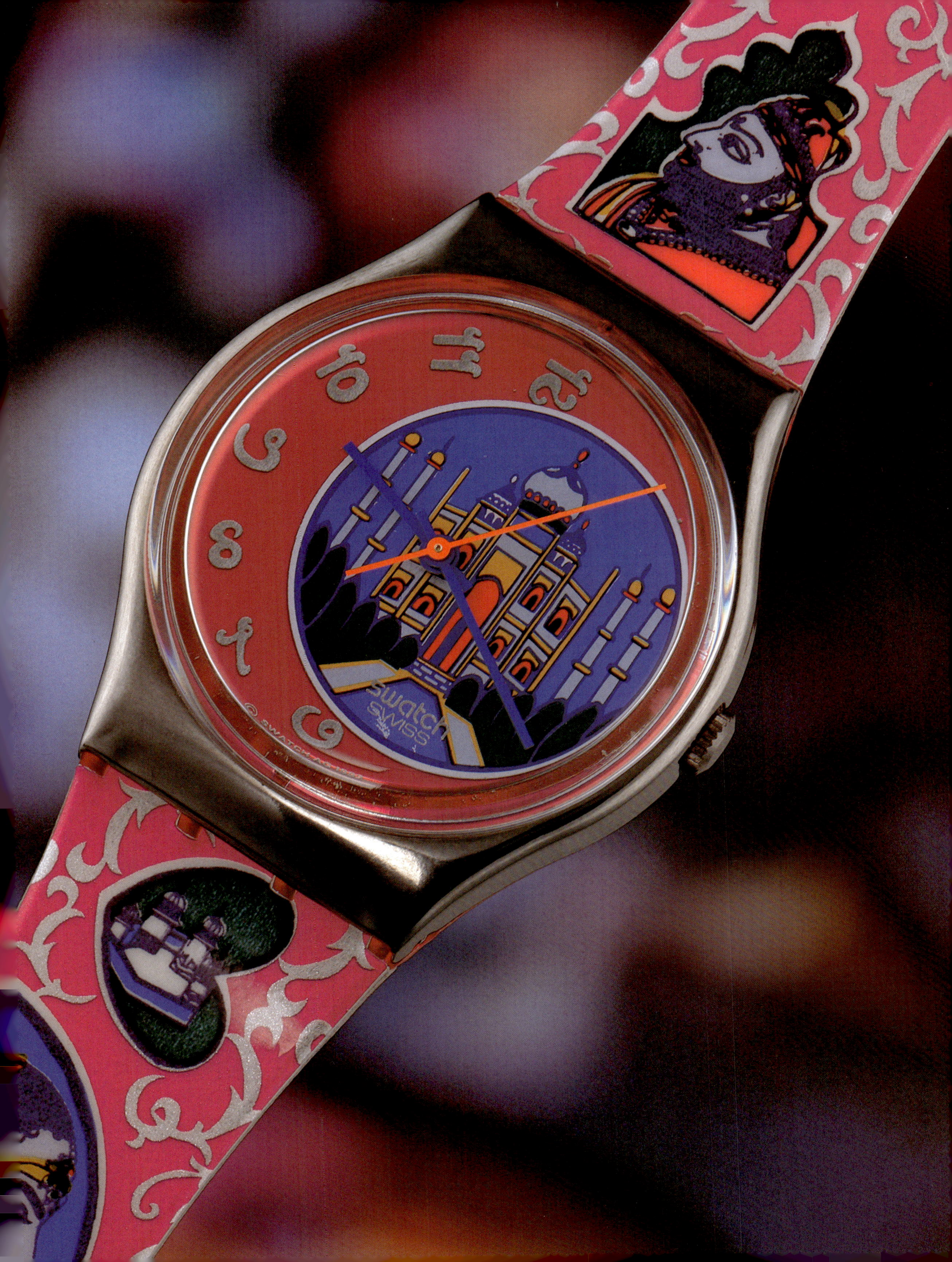
swatch
SWISS

BENETTON BY BULOVA

Benetton by Bulova steht für eine modische, dynamische Uhrenkollektion, die insbesondere junge Leute ansprechen soll. Leaderfunktion der Kollektion erfüllt der »Mega Chrono«, ein sehr preiswerter, individuell gestalteter Quarz-Chronograph mit Weckfunktion und einer zweiten synchronisierten Weltzeit.

Modell:	Mega Chrono	Besonderheit des Gehäuses:	verschraubter Boden, wasserdicht bis 50 m
Referenz:	United Chronos of Chronos	Band:	echte Lederbänder in modischen Farben im Haifisch-Look
Debüt:	1992		
Werk:	Quarz-Chronographenwerk	Maße:	Ø 40 mm, Höhe 8 mm
Besondere Funktionen:	Kalender auf Zeigerbasis, zwei Weckfunktionen für 12 und 24 Stunden, akustischer Countdown, zweite synchronisierte Weltzeit und die klassische Chronographenfunktion	Varianten:	Linie »Chronos« und Linie »Multi Chronos« mit allen Funktionen des Mega-Chrono, nur kleine, statt zentrale Sekunde
Gehäuse:	Edelstahl	Preis:	Mega und Multi 299.– DM, Chrono 249.– DM

ORIGINELLE UHRENMODE

MEGA
CHRONO
UNITED
CHRONOS
OF
CHRONOS
UNITED COLORS
OF BENETTON.
BY BULOVA
NOV
JAN
MAR
MAY
JUL
SEP
TMR
II-TZ
TME
CAL
AL-1
AL-2
CRO
OFF

BENETTON

Auch bei modischen Uhren, die meist in häufigem Wechsel miteinander getragen werden, spielt die Automatik eine zunehmend größere Rolle. Der Grund dafür liegt in der zunehmenden Bedeutung umweltbewußten, ökologischen Denkens. Kein Wunder, daß eine entsprechende Kollektion von Benetton by Bulova, die auf eine Batterie verzichtet, »Ecology Automatic« heißt. Im Innern der acht Modelle schwingt ein vergoldetes automatisches Werk mit 21 Steinen und automatischem Aufzug, dem man durch den Glasboden bei der Arbeit zuschauen kann. Manche Uhren besitzen sogar einen Ausschnitt im Zifferblatt, damit man die Unruh sehen kann. Zur Bekräftigung der Ökologie-Idee verzichtet man bei Bulova bei der Färbung der Echt-Lederarmbänder auf chemische Stoffe und bei der Recycling-Verpackung auf Plastik.

Modell:	Ecology Automatic
Debüt:	1992
Werk:	Automatik-Werk
Besonderheit des Werkes:	21 Steine, vergoldet
Gehäuse:	vergoldetes oder Palladium-beschichtetes Edelstahlgehäuse ohne Nickelanteil, wasserdicht bis 30 m
Band:	echte Lederarmbänder, ohne chemische Zusätze gefärbt
Maße:	Ø 38 mm, Höhe 10 mm
Varianten:	mit oder ohne Zifferblattausschnitt für die Unruh
Preis:	179.– DM

ORIGINELLE UHRENMODE

ECOLOGY
AUTOMATIC
XII
UNITED COLORS
OF BENETTON.
BY BULOVA
21 JEWELS
automatic

M & M

Modische Uhren in hochwertiger Ausführung und Verarbeitung sind das Metier von M & M. Auch die Technik kommt dabei selbstverständlich aus der Schweiz. Die neueste M & M-Idee heißt »Jealousy«, zu deutsch »Eifersucht«, und läßt hinsichtlich der Extravaganz wieder keine Wünsche offen. Eine pfiffige Besonderheit stellt das dem Schräganstoß angepaßte Uhrband dar, das an das Gehäuse angeschraubt ist.

Modell:	Jealousy
Referenz:	5024
Debüt:	1991
Werk:	ETA-Quarzwerk 579.005
Gehäuse:	Messing vergoldet 5 Mikron
Besonderheit des Gehäuses:	Uhrbänder werden angeschraubt, Bandansätze sind gewölbt
Band:	Eidechsband in mehreren Farben
Maße:	Ø 25,7 mm, Höhe 5,8 mm
Preis:	295.– DM

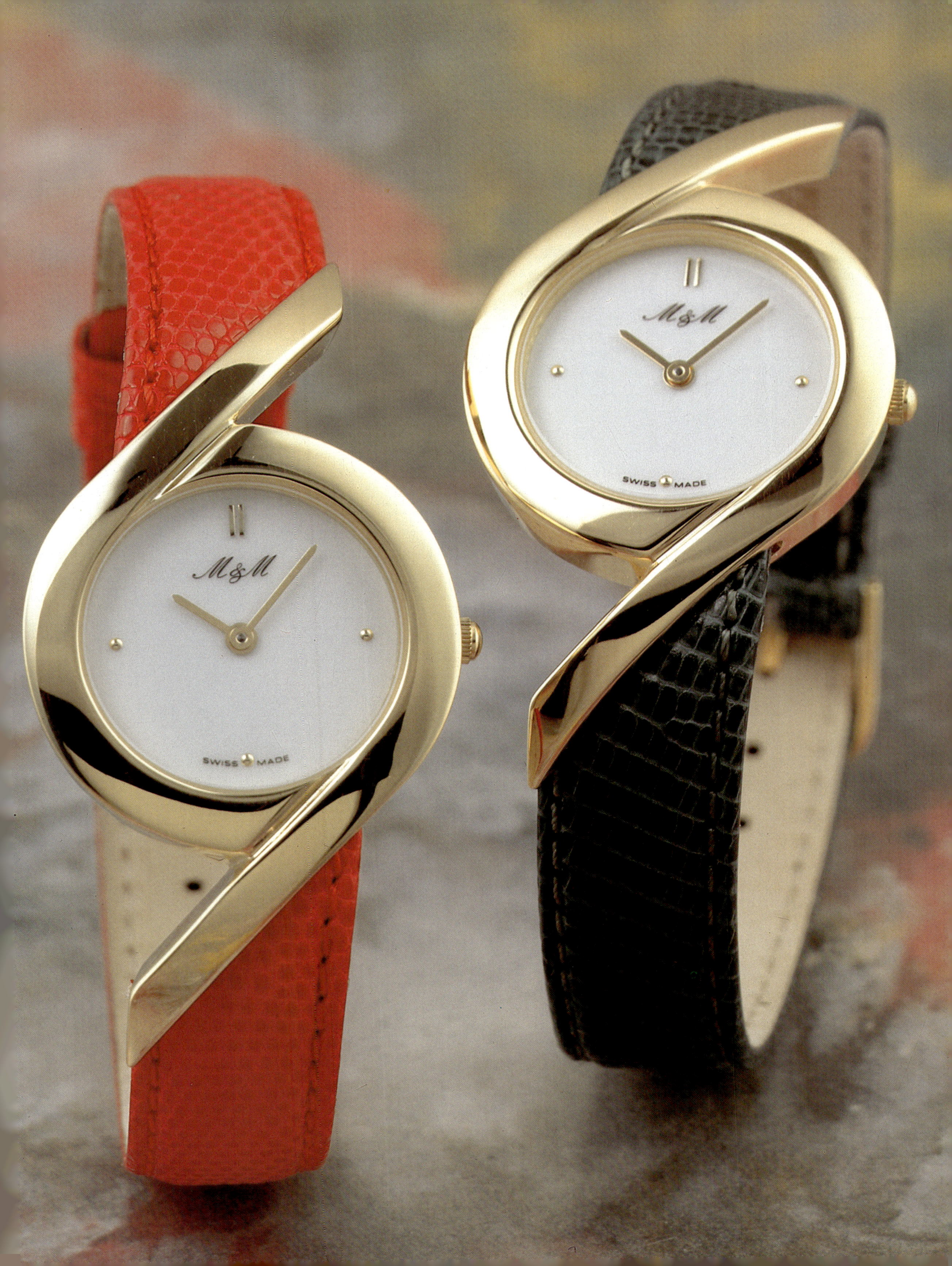
M&M
SWISS MADE
M&M
SWISS MADE

KAUFMANN

Armbanduhren mit Lederbändern sind wieder in. Nachdem die Stahlbanduhr auch im eleganten Bereich lange Zeit dominierte, erfolgt seit einiger Zeit eine deutliche Rückbesinnung auf das anschmiegsame Lederband mit den angenehmen Trageeigenschaften. Es ist leicht, individuell verstellbar und hautsympathisch. Im Idealzustand spürt man es kaum. Aber es soll nicht irgendein Lederband sein. Kaufmann-Bänder bieten in jeder Hinsicht das Besondere, erfreuen gleichermaßen Auge und Haut. Weil sie durchgenäht sind, erweisen sie sich bei pfleglicher Behandlung als erstaunlich langlebig. Auf der Innenseite der Bänder sorgt Kalbleder für beste Trageeigenschaften. Kaufmann-Bänder gibt es in vielen modischen, aber auch klassichen Farben für fast alle Anstoßmaße. Auch die Materialvielfalt besticht: Ob Haifisch-, Straußen-, Eidechsoder klassisches Krokoleder, jede hochwertige Armbanduhr erhält mit dem passenden Kaufmann-Band den entsprechenden Anzug. Die Bänder der Kaufmann-Classic-Collection liegen in der Preislage von 80.– bis 150.– DM, sicher gibt es billigere, aber wohl kaum bessere.

ORIGINELLE UHRENMODE

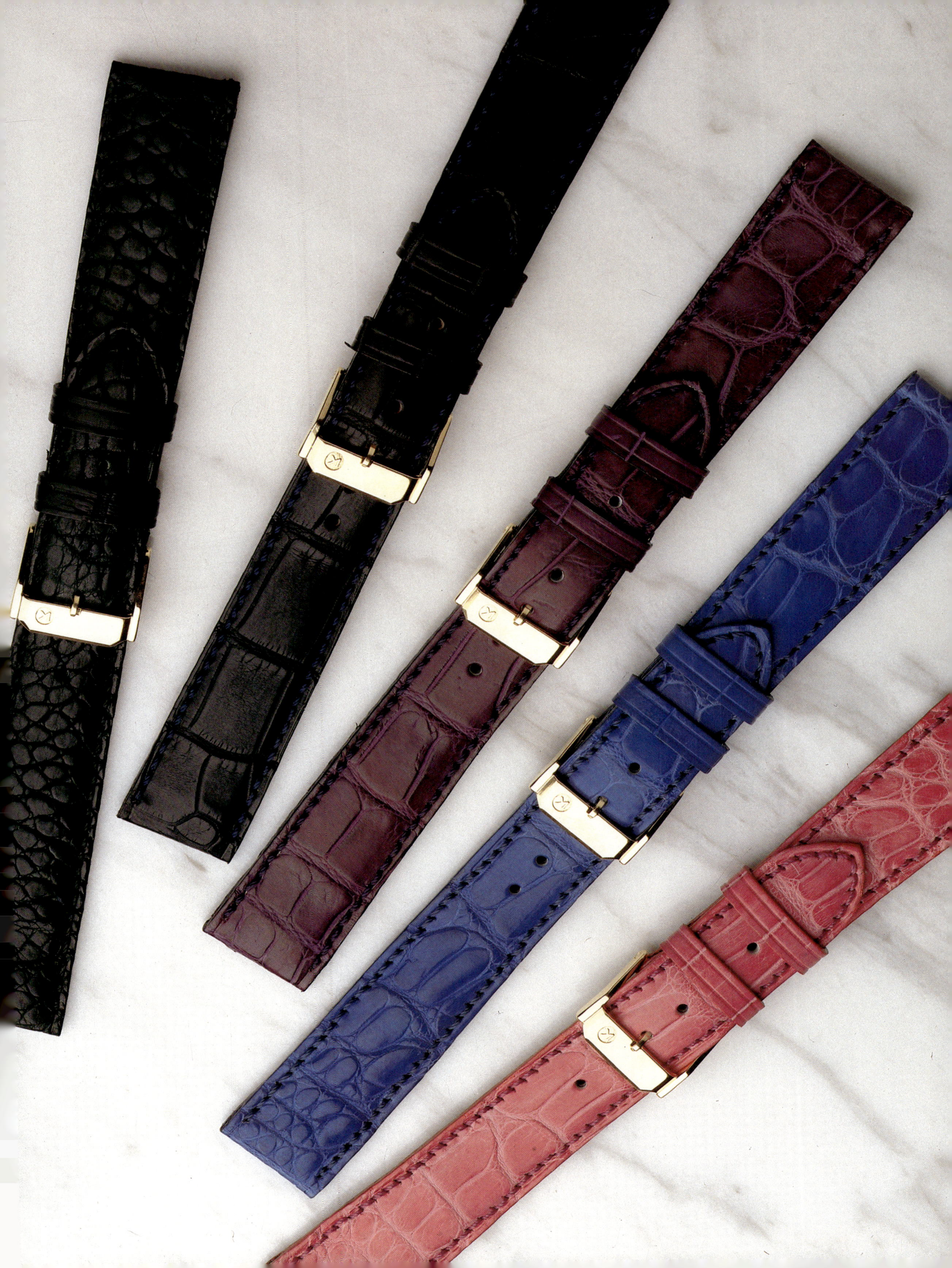

EULIT

Der Uhrbandhersteller Eulit, im oberbayerischen Peiting ansässig, hat sich als Zulieferer für die Schweizer Uhrenindustrie einen hervorragenden Ruf erworben. Darüber hinaus verfügt Eulit natürlich auch über ein großes Bandsortiment für den Endverbraucher. Das enorm breitgefächerte Angebot besteht aus Rembordé-, Bug- und Coupébändern. Die verarbeiteten Ledersorten umfassen alle gefragten Arten: Reptilleder aus kontrollierten Zuchtbetrieben, Straußenleder, Hai- und Lachsleder sowie Kalb- und Schweinslederarten. Eulit schenkt bei seinen Uhrbändern der Hautverträglichkeit besondere Beachtung. Das Futterleder wird deshalb entsprechend sorgfältig ausgewählt und bearbeitet. Die hier abgebildete Vielfalt in zum Teil modischen Farben kostet zwischen 68.– und 136.– DM.

ORIGINELLE UHRENMODE

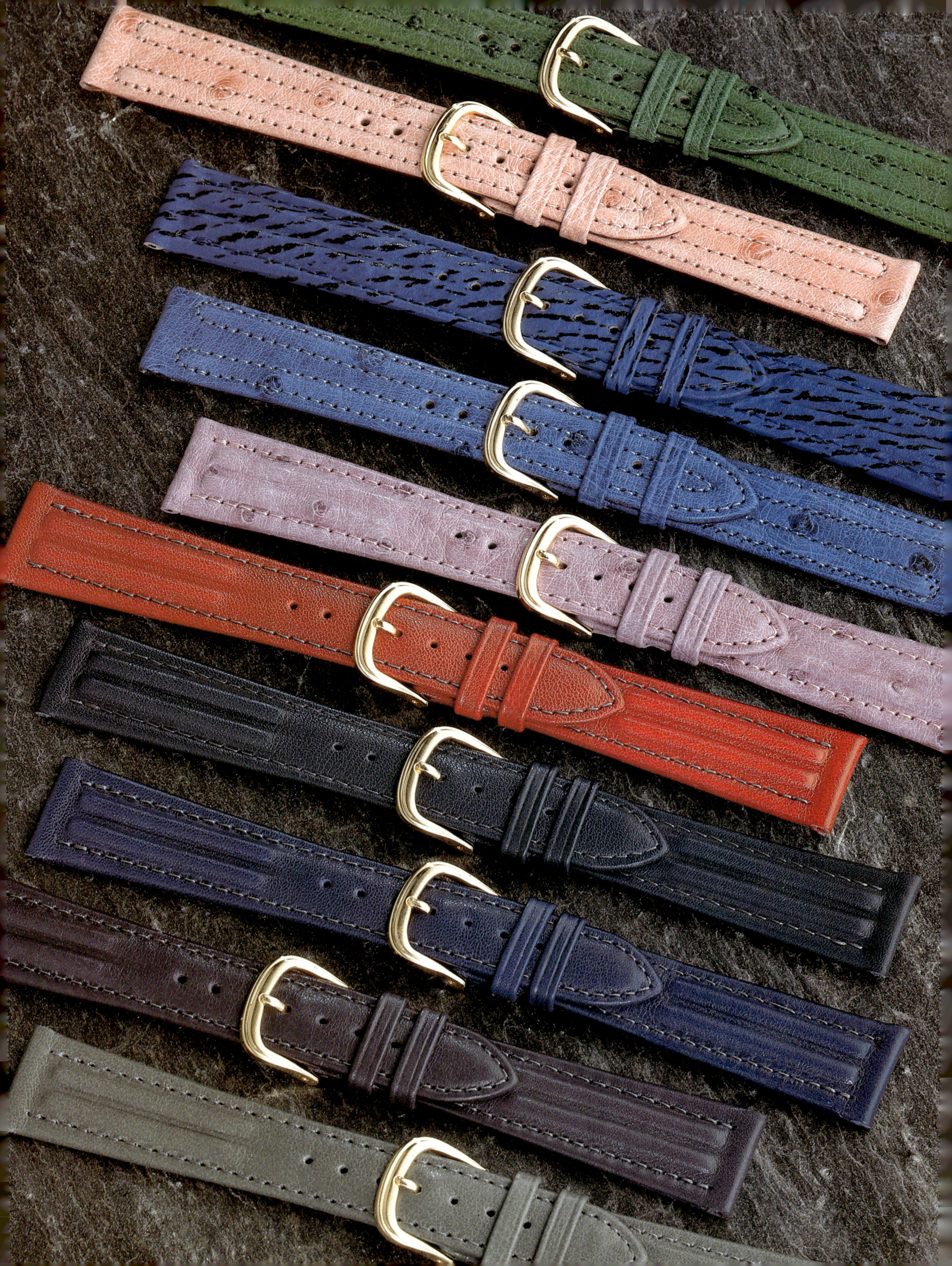

STREET

Monza heißt die berühmte Rennstrecke in Italien. Der Name erfreut sich dennoch immer wieder bei vielerlei Produkten großer Beliebtheit, vielleicht deshalb, weil er einen sportlichen Touch verleiht. Sportlich wirkt die Street Monza tatsächlich, ohne auf die Street-eigene extravagante Note zu verzichten.

Modell:	Monza
Hersteller:	ab ovo watches & chronographes
Referenz:	730 M 2 T 4
Debüt:	1992
Werk:	Herren: ETA 955-414 Damen: ETA 956.114
Gehäuse:	Messing
Besonderheit des Gehäuses:	Mineralglas, wasserdicht bis 30 m
Band:	Stahl
Maße:	Ø 35 mm, Höhe 6,3 mm
Varianten:	Goldplaqué, Bicolor
Preis:	345.– DM

ORIGINELLE UHRENMODE

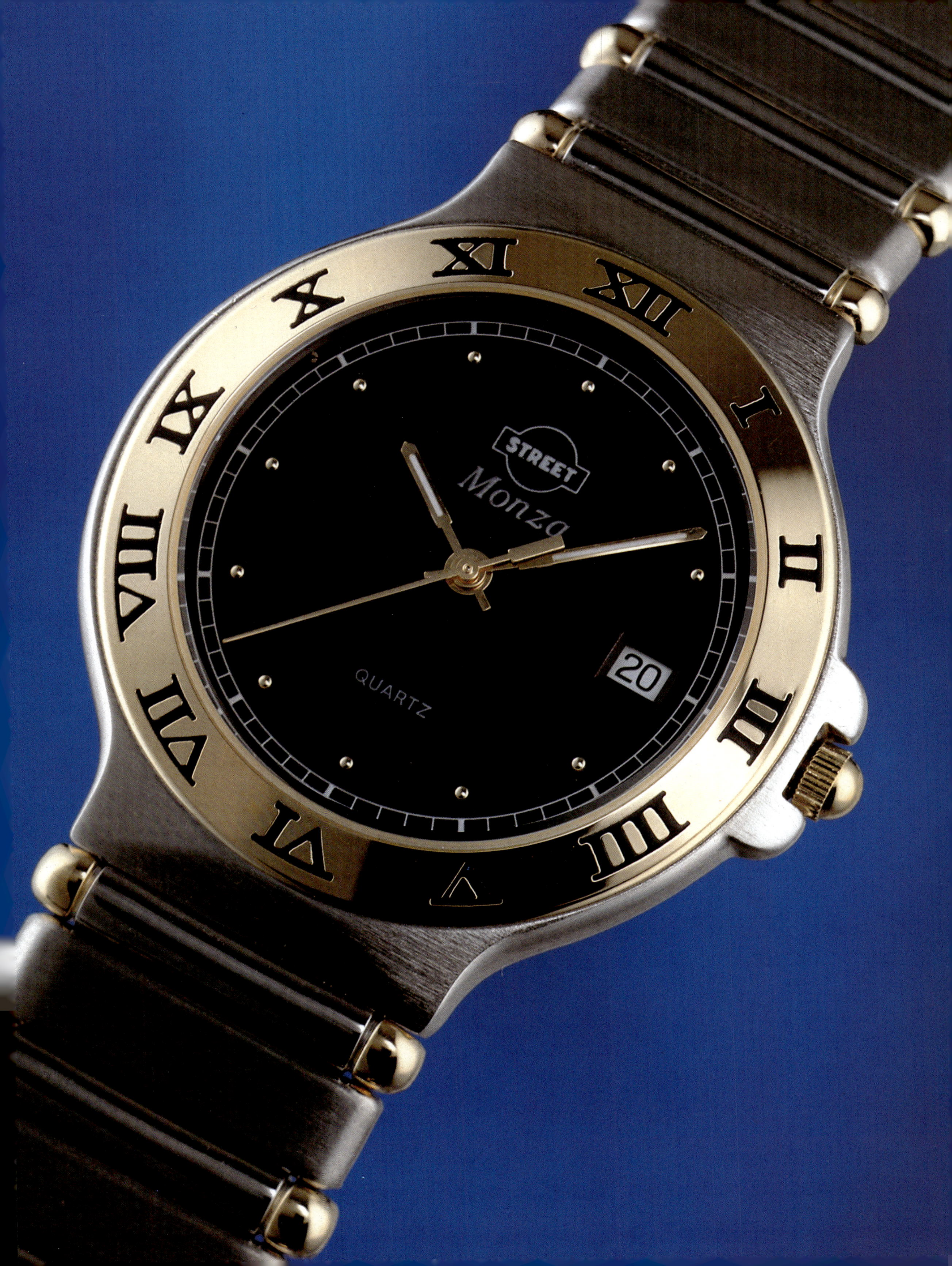
STREET
Monza
QUARTZ
20

Street

Street baut modische Uhren, die auch qualitativ verwöhnten Ansprüchen genügen. Eines der beliebtesten Street-Modelle heißt Picadilly. Der Name des berühmten Londoner Platzes stand hier Pate. Die flach gehaltene Uhr ist rechteckig und paßt sich, ähnlich wie das klassische Vorbild Gruen Curvex, dem Handgelenk perfekt an.

Modell:	Picadilly
Hersteller:	ab ovo watches & chronographes
Referenz:	313-2 T-06
Debüt:	1992
Werk:	ETA Quarz, 980.163
Gehäuse:	Messing, 5 Micron
Band:	Lederband
Maße:	Breite 21,6 mm, Länge 32,5 mm
Varianten:	Bicolor, Goldplaque
Preis:	295.– DM

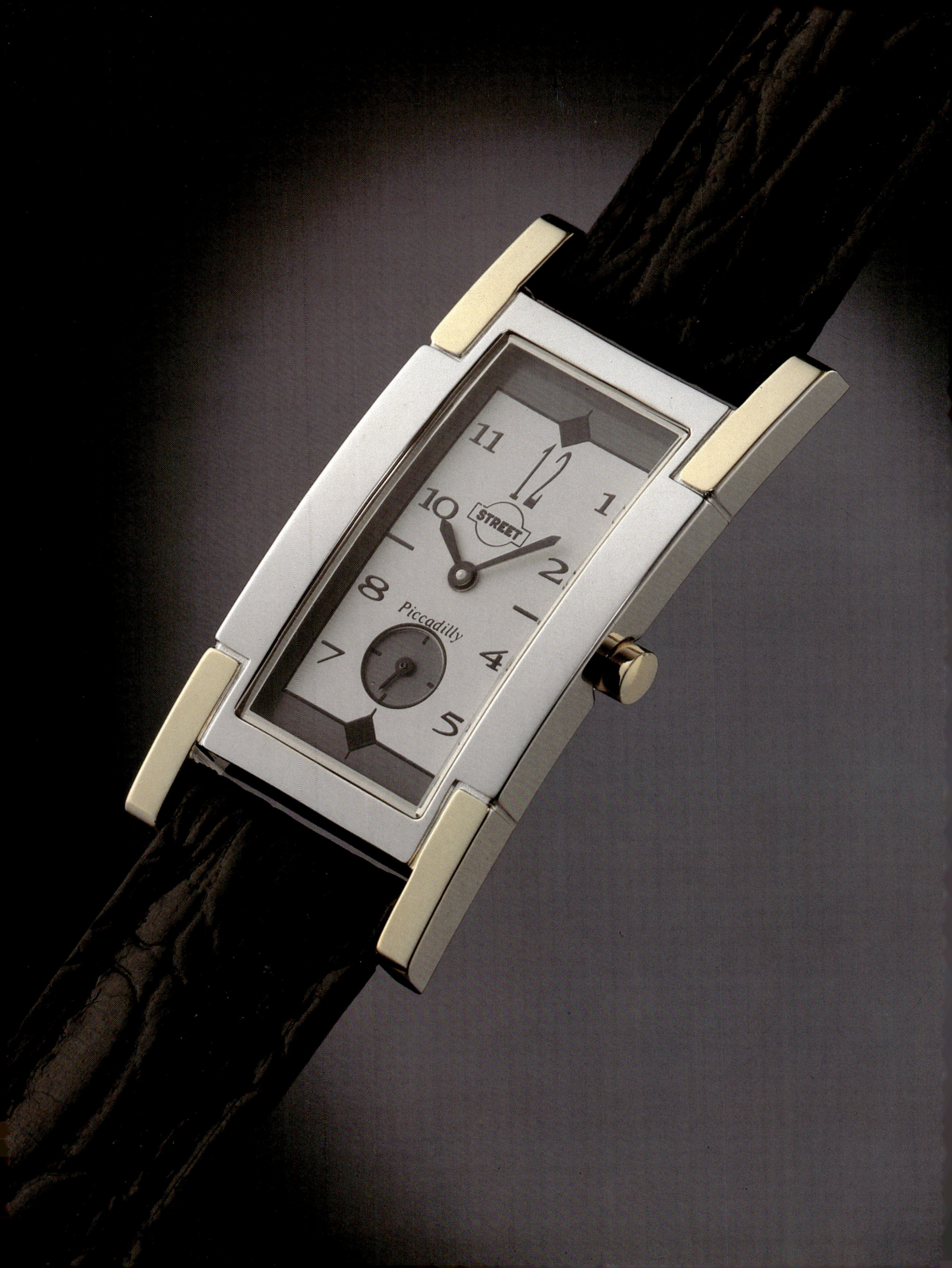
STREET
Piccadilly

STREET

Wie alle Street-Uhren ist auch die Champs-Ellysees nach einer berühmten Straße oder Rennstrecke benannt. Die Champs-Ellysees ist zweifellos die originellste Kreation des Hauses. Die Uhr wird ganz und gar von dem stilisierten Golfspieler auf der Lünette dominiert. Dies verleiht ihr im wahrsten Sinne des Wortes einen liebenswert verspielten Charakter. Diese eigenwillige Note ist nicht jedermanns Sache, dafür wird die Champs-Ellysees sicherlich reichlich Zuspruch bei Sammlern ausgefallener Uhren finden, denen Alltägliches fremd ist.

Modell:	Champs-Ellysees
Hersteller:	ab ovo watches & chronographes
Referenz:	VSD 2608
Debüt:	1992
Werk:	Quarz
Gehäuse:	Sterlingsilber 925 mit Goldplattierung 5 Micron
Besonderheit des Gehäuses:	wasserdicht bis 30 m, bombiertes Mineralglas
Band:	Karpfenleder
Maße:	Ø 34,2 mm, Höhe 7,2 mm
Varianten:	Bicolor, Silber, Goldplaque
Preis:	4990.– öS

ORIGINELLE UHRENMODE

Bezugsquellennachweis

Sie wollen mehr über eine Uhr oder Marke erfahren? Bei folgenden Adressen hilft man Ihnen gerne weiter. Dort erfahren Sie auch, welcher Juwelier oder welches Uhren-Fachgeschäft in Ihrer Nähe die für Sie interessanten Uhren führt.

Seite	Adresse
66	**Alain Silberstein** Créations SA., 5 Avenue Cusenier, F-25000 Besancon, Tel. 0033-81831406, Fax 0033-81832295 **H. Th. Unkhoff**, Niederoesbern 156, 5750 Menden 1, Tel. 02373/2237, Fax 02373/10374
160	**Alpina**, Montana Uhren GmbH, Norbertstr. 2–4, 5000 Köln 1, Tel. 0221/120292/93, Fax 0221/136245
32	**Andersen, Svend**, 34, Quai du Seujet, CH-1201 Genève, Tel. 0041-22/7324374, Fax 0041-22/7380568 **Fa. Albrecht**, Haidplatz 7, 8400 Regensburg, Tel. 0941/54310, Fax 0941/566031
88	**Antima, J. Pauler**, Karl-Bieber-Höhe 13, 6000 Frankfurt 56, Tel. 069/5076769, Fax 069/5075655 und Antima S. A., Rue Th. Kocher 11, CH-2502 Biel, Tel. 0041-32/223462, Fax 0041-32/220471
154	**Ars Temporis Uhren und Schmuck Vertriebs GmbH**, Muffendorfer Hauptstr. 37, 5300 Bonn 2, Tel. 0228/332440, Fax 0228/331700
6–11/180	**Audemars Piguet Uhren GmbH**, Postfach 1149, 6232 Bad Soden, Tel. 06196/25061, Fax 06196/25065
122	**Baume & Mercier**, Cartier GmbH, Seidlstr. 18 a, 8000 München 2, Tel. 089/55984-0, Fax 089/5233797
206–209	**Benetton**, Junghans Uhren GmbH, Postfach 100, 7230 Schramberg, Tel. 07422/18479, Fax 07422/18694
134	**Bertolucci**, M & M Uhren, Kaiserswerther Str. 95, 4000 Düsseldorf 30, Tel. 0211/494125 + 494126, Fax 0211/4981958
18–23	**Blancpain**, Le Rocher 12, CH-1348 Le Brassus, Tel. 0041-21/8454092/93, Fax 0041-21/8454188 **Swiss Prestige Uhren Handel GmbH**, Wilhelmstr. 12, 7410 Reutlingen, Tel. 07121/339306, Fax 07121/339213
78	**Borel Ernest**, CH-2725 Le Noirmont, Tel. 0041-39/531361, Fax 0041-39/531602 **Kopp Gustav GmbH**, Postfach 3348, 7730 VS-Schwenningen, Tel. 07720/83040, Fax 07720/21434 **DB Uhrenhandelsgesellschaft mbH**, Obersteinergasse 17, A-1190 Wien, Tel. 0043-222/3698950, Fax 0043-222/361208
62–65	**Brand, Rainer**, Watch-Manufacture, Friedenstr. 9, 8751 Heimbuchental, Tel. 06092/5372, Fax 06092/6903
24	**Breguet**, Helmut Teriet GmbH, Heinrich-Heine-Allee 4, 4000 Düsseldorf 1, Tel. 0211/320446, Fax 0211/320276
80	**Breil**, Gauthey Diffusion SA 13, Chemin de la Toffeyre, CH-1095 Lutry, Tel. 0041-21/396131, Fax 0041-21/396141
146	**Breitling**, Uhren Trautmann GmbH, Hans-Sachs-Str. 13, 7500 Karlsruhe 1, Tel. 0721/855035, Fax 0721/855093
34	**Bucherer AG**, Langensandstraße 27, CH-6002 Luzern, Tel. 0041/41437000, Fax 0041/41437364
82	**Bulova**, Time & Design GmbH, Bleichstr. 56, 7530 Pforzheim, Tel. 07231/24077, Fax 07231/26757
100/128	**Bunz**, Postfach 80, 7544 Dobel, Tel. 07083/4048 und 4049, Fax 073083/4338
120	**Cartier GmbH**, Seidlstr. 18 a, 8000 München 2, Tel. 089/55984-0, Fax 089/55984-219
190	**Century Time AG,**, Viaduktstr. 30, CH-2501 Biel, Tel. 0041-32/222666, Fax 0041-32/226166
166	**Cerutti 1881 Swiss Watches**, Collection Uhren und Schmuck GmbH, Haardtring 100, 6100 Darmstadt, Tel. 06151/392201, Fax 06151/392237
68	**Chevignon Watches**, by Hendrix Warehouse, Postfach 1344, 7080 Aalen, Tel. 07361/73041, Fax 07361/75300
36–39	**Chronoswiss**, Nikolaus-Rüdinger-Str. 15, 8000 München 50, Tel. 089/8126475, Fax 089/8121235
174	**Citizen GmbH**, Horner Landstraße 302–304, 2000 Hamburg 74, Tel. 040/6508-0, Fax 040/650887
198	**Cogito**, Montres Cogito, Georg Barotkowiak, Wilhelmstr. 48, 7536 Ispringen, Tel. 07231/983000, Fax 07231/80850
118	**Corum**, Helmut Teriet GmbH, Heinrich-Heine-Allee 4, 4000 Düsseldorf 1, Tel. 0211/320446, Fax 0211/320276
182	**DeLaneau**, 16, Rue de la Gare, CH- 2500 Bienne/Biel, Tel. 0041-32/223481, Fax 0041-32/223432
156	**Delma** Les Supremes GmbH, Lameystr. 38, 7530 Pforzheim, Tel. 07231/24534, Fax 07231/26977
170	**Dugena Handelsgesellschaft**, Uhren und Schmuck GmbH, Haardtring 100, 6100 Darmstadt, Tel. 06151/392-1, Fax 06151/392277
72	**Eberhard**, W. Rebesberger, Kaiserallee 62, 7500 Karlsruhe 21, Tel. 0721/556168, Fax 0721/556178
92/142	**Eterna Uhren GmbH**, Postfach 1280, 6232 Bad Soden, Tel. 06196/28096, Fax 06196/28090
214	**Eulit-Werk**, Staude & Co. KG, Kapellenstr. 17, 8922 Peiting, Tel. 08861/685-0, Fax 08861/68555
98	**Genée**, Time Connection GmbH, Schellingstr. 27, 8000 München 40, Tel. 089/282446, Fax 089/282479
54	**Girard-Perregaux**, H. T. Time Handels GmbH, Heinrich-Heine Allee 4, 4000 Düsseldorf 1, Tel. 0211/131199, Fax 0211/131489
164	**Glashütter Uhrenbetrieb GmbH**, Altenberger Str. 1, O-8245 Glashütte/Sachsen, Tel. 035053/6476, Fax 035053/6222
184	**Hermes**, Ambassadeur Horlogerie Joaillerie GmbH, Postfach 1149, 6232 Bad Soden, Tel. 06196/25061, Fax 06196/25065
196	**Hirsch, Hans**, Hirsch Edelsteinuhr GmbH, Kaigasse 8, A-9500 Villach, Tel. 0043/4242242860, Fax 0043/424225180
124	**Jean d'Eve**, Machtolf GmbH, Postfach 1752, 7530 Pforzheim, Tel. 07231/53004-05, Fax 07231/53000
90	**Jean Marcel**, Adolf Gengenbach GmbH + Co. KG, Simmlerstr. 10, 7530 Pforzheim, Tel. 07231/358061, Fax 07231/358064
12–15	**IWC Uhren GmbH**, Eschborner Landstr. 42–50, 6000 Frankfurt 90, Tel. 069/783085, Fax 069/786087
44–47	**Jaeger-LeCoultre**, Rathsbergstr. 17, 8500 Nürnberg 1, Tel. 0911/5215041–43, Fax 0911/5216947
124	**Jean d'Eve**, Machtolf GmbH, Postfach 1752, 7530 Pforzheim, Tel. 07231/53004, Fax 07231/53000
176	**Junghans Uhren GmbH**, Postfach 100/120, 7230 Schramberg, Tel. 07422/18, Fax 07422/18500
212	**Kaufmann, Wilhelm**, Lämmerspieler Str. 85, 6052 Mühlheim am Main, Tel. 06108/6006-0, Fax 06108/600630
48	**Kelek**, Gerd Hofer GmbH, Kossmannstr. 3, 6600 Saarbrücken, Tel. 0681/5846578, Fax 0681/5846584

194	**Lapponia Jewelry GmbH,** Stephanstr. 3, 6000 Frankfurt/M. 1, Tel. 069/288741, Fax 069/287219	138–141	**Rado,** SMH Uhren- und Mikroelektronik, Königsteiner Str. 5 a, 6232 Bad Soden, Tel. 06196/204105, Fax 06196/204205
	Laudier SA, Boite Postale 163, CH-1211 Genève 25, Tel. 0041-21/460775	86	**Raymond Weil,** Collection Uhren und Schmuck GmbH, Haardtring 100, 6100 Darmstadt, Tel. 06151/392-201, Fax 06151/392237
188	**Laudier by Georg Lauer GmbH + Co.,** Postfach 1108, 7530 Pforzheim, Tel. 07231/169-0, Fax 07231/105486	52	**Revue Thommen,** C. C. Time Art, Kossmannstr. 3, 6600 Saarbrücken, Tel. 0681/5846576, Fax 0681/5846584
192	**Lippuner Christian,** Aurotec System AG, CH-8274 Gottlieben, Tel. 0041/72692980, Fax 0041/72692981	70	**Roamer,** Uhren Deutschland, Postfach 1127, 4973 Vlotho, Tel. 05733/8350, Fax 05733/80942
144	**Longines,** SMH Uhren- und Mikroelektronik, Königsteiner Str. 5 a, 6232 Bad Soden, Tel. 06196/204281, Fax 06196/204285	28	**Roth, Daniel,** Sieber Hegner, Route de Chardonne, CH-1604 Puidoux, Tel. 0041-21/9463581, Fax 0041-21/9462611
84	**Loran Artec GmbH,** Badener Str. 153, CH-8004 Zürich, Tel. 0041/12421606, Fax 0041/12419835	102	**Sattler Erwin,** Rochusstr. 28, 8032 Gräfelfing, Tel. 089/852790, Fax 089/8541751
74–77	**Marvin, Gramer GmbH,** Pfarrstr. 16, 8000 München 22, Tel. 089/296408, Fax 089/296408	168	**Royce,** Tutima Uhrenfabrik GmbH, Postfach 2875, 2875 Ganderkesee 2, Tel. 04221/808-1, Fax 04221/8084
210	**M & M Uhren,** Kaiserswerther Str. 95, 4000 Düsseldorf 30, Tel. 0211/494125, Fax 0211/4981958	216–221	**Street,** ab ovo watches & chronographes, Laaspher Str. 33, 6344 Dietzhölztal-Mandeln, Tel. 02774/3606, Fax 02774/51509 und MCA, Mode Creation Avantgard, Waldrandweg 9, A-9311 Kraig/Überfeld, Tel. 0043-4212/6769, Fax 0043-4212/676915
50/136	**Maurice Lacroix,** Postfach 1226, 7530 Pforzheim, Tel. 07231/9214-0, Fax 07231/9214-71		
148	**Mido,** Montana Uhren GmbH, Norbertstr. 2–4, 5000 Köln 1, Tel. 0211/120292/93, Fax 0221/136245	202–205	**Swatch Deutschland,** Königsteiner Str. 5a, 6232 Bad Soden/Taunus, Tel. 06196/20401, Fax 06196/204206
150	**Milus,** Gerd Hofer GmbH, Kossmannstr. 3, 6600 Saarbrücken, Tel. 0681/5846578, Fax 0681/5846584	94/152	**TAG-Heuer,** Deutschland GmbH, Frölingstr. 22, 6380 Bad Homburg v. d. H., Tel. 06172/92610, Fax 06172/926161
158	**Momo Design Vertrieb und Marketing,** Ecksweg 14, 2055 Dassendorf, Tel. 04104/7788, Fax 04104/7766	162	**TTC Microelectronic GmbH,** Bahnhofstr. 36, 3060 Stadthagen, Tel. 05721/75076, Fax 05721/6170
96	**Motochron,** Postfach 356, Praterstr. 21, A-1020 Wien, Tel. 0222/2169071, Fax 0222/2143953	40–43	**Ulysse Nardin,** Swiss Brands, Friedenstr. 87, 7530 Pforzheim, Tel. 07231/25589, Fax 07231/25371
30	**Muller, Franck,** 15, Rue du Village, CH-1294 Genthod, Tel. 0041-22/7743127, Fax 0041-22/7943288	60	**Universal Geneve,** Stelux GmbH, Bleichstr. 56, 7530 Pforzheim, Tel. 07231/25905–07, Fax 07231/27786
56/132	**Omega,** SMH Uhren- und Mikroelektronik, Königsteiner Str. 5 a, 6232 Bad Soden, Tel. 06196/204222, Fax 06196/204204	26	**Vacheron Constantin,** 1, Rue des Moulins, CH-1204 Genf, Tel. 0041-22/3103227, Fax 0041-22/3103228
16	**Patek Philippe S. A.,** Rue du Rhône 41, CH-1211 Genève 3, Tel. 0041-22/3100366, Fax 0041-22/3108515	172	**Yonger & Bresson,** Ambre Uhren GmbH, Postfach 120, 7530 Pforzheim, Tel. 07231/25035, Fax 07231/25152
126	**Philippe Charriol,** Stöhrle KG, Zähringer Allee 25, 7530 Pforzheim, Tel. 07231/93120, Fax 07231/359447		**J. Baron GmbH & Co. KG,** Averdiekstraße 28, 4500 Osnabrück, Tel. 0541/944040, Fax 0541/443318
186	**Piaget GmbH,** Seidlstr. 18 a, 8000 München 2, Tel. 089/55984-0, Fax 089/55984-219	58/130	**Zenith** Time GmbH, Leopoldstr. 12, 7530 Pforzheim, Tel. 07231/14061–62, Fax 07231/17383

Impressum

DIE SCHÖNSTEN UHREN EDITION 1993

Sonderedition der Zeitschrift Schmuck & Uhren

Herausgeber und Verlag:
Ebner Verlag
GmbH & Co. KG
7900 Ulm/Donau
Karlstraße 41, Postfach 3060
Telefon (07 31) 15 20-67/68
Fax (07 31) 15 20 71
Telex 7 12 537
edrud d (Ebner Ulm)

Geschäftsführer:
Eberhard Ebner,
Frank Sellien

Verlagsleitung:
Michael Brumme

Chefredaktion:
Reinhold Ludwig

Redaktion:
Alf Cremers
Paul Dolt

Art Direction:
Jörg Zimmermann

Layout:
Martina Roschmann

Kontakt:
Ruth Patrich
(07 31) 15 20 67

Vertrieb:
Rainer Herbrecht (Leitung)
(07 31) 15 20 22

Sigrid Jobst
(07 31) 15 20 68

Satz und Montage:
J. Ebner, Graph. Betriebe
7900 Ulm

Lithos:
R+P Reprogesellschaft
Neu-Ulm

Druck:
Süddeutscher Zeitungsdienst
Aalen

Alle Daten beruhen auf den Angaben der aufgeführten Firmen sowie den Unterlagen des Herausgeber-Verlages.
Die Preise sind die unverbindlichen Preisempfehlungen.
Für die Richtigkeit der Eintragungen wird keine Haftung übernommen.

Fotohinweis

Fotostudio Miko, Pforzheim
Seiten: 24, 25, 78, 79, 118, 119, 126, 127, 154, 155, 198, 199

SW Studio, Ulm
Seiten: 14, 15, 18–23, 36–39, 44–49, 52–55, 60, 61, 84, 85, 90–93, 96–99, 122–125, 130–133, 138–145, 148–151, 156–165, 168, 169, 172–175, 186–189, 192, 193, 202–221

art contact Milde, Oberelchingen
Seiten: 6–11, 50, 51, 56, 57, 62–77, 80–83, 86, 87, 94, 95, 120, 121, 134–137, 146, 147, 152, 153, 166, 167, 170, 171, 180, 181, 184, 185, 194, 195

Es wurde Zeit

Steigen Sie ein in die wunderbare Welt der Uhren! Das Magazin Chronos zeigt Ihnen alles, was die Uhrenszene zu bieten hat.

Chronos
Faszination der Technik, atemberaubende Bilder

Chronos
Reportagen und Tests, neue Uhren, Fakten und Meinungen

Chronos
Anregungen zum Kaufen, Sammeln und Tauschen

Ebner Verlag, CHRONOS-Leserservice, Karlstraße 41, 7900 Ulm
Telefon (07 31) 15 20 32, Fax (07 31) 15 20 77